高校学生工作法治化研究

陆 岸 董召勤 钱春芸 著

苏州大学出版社

图书在版编目(CIP)数据

高校学生工作法治化研究／陆岸,董召勤,钱春芸著. —苏州:苏州大学出版社,2017.3
ISBN 978-7-5672-1940-3

Ⅰ.①高… Ⅱ.①陆…②董…③钱… Ⅲ.①高等学校-学生工作-教育法-研究-中国 Ⅳ.①D922.164

中国版本图书馆 CIP 数据核字(2016)第 300426 号

书　　名：	高校学生工作法治化研究
作　　者：	陆　岸　董召勤　钱春芸
责任编辑：	巫　洁
装帧设计：	吴　钰
出版发行：	苏州大学出版社(Soochow University Press)
社　　址：	苏州市十梓街1号　邮编:215006
印　　装：	南通印刷总厂有限公司
网　　址：	www.sudapress.com
邮购热线：	0512-67480030
销售热线：	0512-65225020
开　　本：	700mm×1000mm　1/16　印张:13　字数:227千
版　　次：	2017年3月第1版
印　　次：	2017年3月第1次印刷
书　　号：	ISBN 978-7-5672-1940-3
定　　价：	35.00元

凡购本社图书发现印装错误,请与本社联系调换。服务热线:0512-65225020

目录

第一章 高校学生工作法治化概述

第一节 法治的诠释本 / 1
第二节 高校学生工作内涵与外延的界定 / 7
第三节 高校学生工作法治化的具体内容 / 14

第二章 加强学生工作队伍的法治化水平

第一节 学生工作队伍的现状分析 / 32
第二节 法治化是高校学生工作的必然发展趋势 / 36
第三节 高校学生工作法治化的实施途径 / 43

第三章 高校与学生的权利冲突与平衡

第一节 高校与学生的双重法律关系 / 51
第二节 高校与学生民事权利的冲突与平衡 / 56
第三节 高校学生安全保障义务 / 66

第四章 依法依规处理日常学生事务

第一节 学生工作制度构建的原则与程序 / 74
第二节 学生工作制度共性问题的探讨 / 80
第三节 提升学生自我管理水平 / 89
第四节 二级学院依法依规处理学生事务的探索 / 95

第五章　畅通学生民主参与途径

第一节　学生组织及其作用　/ 98

第二节　议校制度　/ 102

第三节　听证制度　/ 111

第四节　会办制度与公示制度　/ 119

第六章　构建完善的学生权利救济体系

第一节　学生权利救济体系概述　/ 135

第二节　申诉制度　/ 141

第三节　复议制度　/ 153

第四节　诉讼制度　/ 161

第七章　突发事件的预防与应对

第一节　突发事件的基本内涵　/ 172

第二节　突发事件预警机制的构建　/ 176

第三节　突发事件的处置与应对　/ 190

第一章　高校学生工作法治化概述

第一节　法治的诠释

"法治"观念源远流长,它作为一种治国方略、社会理想而逐渐被人们所认可和倡导,但其也有着众说纷纭的基本原则以及永远需要我们去探索的构成要件,因而自古希腊先哲们开创法治理论的先河以来,无数的思想家、哲学界、法学家都为这一研究乐此不疲。现今,没有人敢公然冒天下之大不韪,发表拒绝法治的观点。即使是在法治名义下偶尔会出现反讽性颂扬之辞,但法治被反复提及这一单纯的事实也是强有力的证据,说明遵循法治是全世界范围内政府正统性的公认标尺。那么这一经典性的观念是如何产生和发展的呢?它的含义又是什么?下面我们会进行简明扼要的概述。

一、法治观念的产生和发展

法治观念源于古希腊,自其以降,出现了众多法律学说、法律理论和法律实践,在这一漫长的历史积累过程中,法治逐渐形成了今天的现实状态。

在古希腊明确把法治作为治国方略而提出来的思想家是柏拉图,不过他的思想经历了较大转变。在治国理论上,他最初并不主张法治,而提倡"哲人"统治,他认为理想的国家必须由德才兼备的哲学家来统治,而不是由法律来统治,治理国家的最佳的方法不是给予法律最高的权威,而是给予明晓统治艺术、具有大智大慧的人以最高的权威。而亚里士多德起而批驳其师,在他看来,"法治应当优于一人之治"[①]。他说:"谁说应该由法律逐行其统治,这就有如说,唯独神祇和理智可以行使统治;至于谁说应该有一个人来统治,这就在政治中混入

[①] 【古希腊】亚里士多德:《政治学》,吴寿彭译,商务印书馆1965年版,第171页。

了兽性因素。"①他之所以这样认为,是基于以下几点:第一,法治代表理性的统治,它免除了情欲之影响,也即消除了任意和不确定性。第二,法律是由多数人制定的,集体的智慧往往可能超过少数贤良的智能,一个人的智虑虽然可能比成文法更为周详,却未必比所有不成文法更为广博。第三,一人之治不能独理万机,他还得任命若干官员帮助处理各项政务。这实际上就等于宣告了一人之治的无能。第四,"人治"的结果是造成无法遏止的恶性循环,而"法治"虽有不足之处却完全可以改善。②其中,还尤为重要的是,法治还内含这平等、自由、正义等诸多社会价值,推行法治的过程就是在促进这些社会价值的实现。他进而指出:"法治应包含两重含义:已成立的法律获得普遍的服从,而大家所服从的法律又应该本身是制定得良好的法律。"③这一对法治经典性的描述被以后的法治论者奉为圭臬。法律具有至上权威是法治的关键,而良法是法治的基石,这是法治的两大基本要素。亚里士多德首次论述了法治的理由,并阐明了其核心含义。因此,我们将亚里士多德视为西方法治理论的开拓者和奠基人远不为过。

务实的罗马人同样主张"以法为据",他们制定了大量反映发达的简单商品生产关系的法律,此外,在法治理论上也做出了自身的贡献。古罗马人是古希腊法治思想的后继者和传播者,在这一继承和传播的过程中不得不提到西塞罗,他把古希腊的法治思想同斯多葛学派的自然法思想有机地结合,进一步论证法治的必然和正当,且根据自己的政治实践的经验教训来阐述法治建构中的若干现实问题。④西塞罗强调理性的重要性,他认为理性是神赋予人的本质属性,凭借理性人们才能知晓自然法的存在,自然法早于国家和成文法律的存在。藉此,西塞罗说明了法律的本质只不过是成文的理性而已,并强调法律的权威和作用。他说:"既然法律统治长官,长官统治人民,因此确实可以说,长官是能言善辩的法律,而法律是沉默寡言的长官。"⑤古罗马法治思想在西塞罗的学说中可窥一二,他的学说能很好地反映这一时期的法治观,即强调对法律的服从,罗马皇帝也不例外。

古希腊、古罗马的法治思想对西方法律文化产生了深远影响,即使在中世纪,托马斯·阿奎仍在神学的一统天下中为法治挣得了一席之地,他认为皇帝

---

① 【古希腊】亚里士多德:《政治学》,吴寿彭译,商务印书馆1965年版,第172页。
② 【古希腊】亚里士多德:《政治学》,吴寿彭译,商务印书馆1965年版,第171-174页。
③ 【古希腊】亚里士多德:《政治学》,吴寿彭译,商务印书馆1965年版,第202页。
④ 张晓晓主编:《法理学导论》,知识产权出版社2013年版,第163页。
⑤ 【古罗马】西塞罗:《国家篇·法律篇》,沈叔平等译,商务印刷馆2002年版,第224页。

(立法者)应在上帝和法律之下,应当受自己所制定的法律的约束。他说一个皇帝"应当自愿地、毫不勉强地满足法律的要求"①。由此,法治的观念在中世纪神学的夹缝中得以延续,当然,其中也增添了新的时代内容。

近代西方社会,法治观念逐渐成为占支配地位的意识形态,且无数法治论者不断推动着这一社会理想制度化和现实化。这里首先需提的是自然法学派,近代的自然法学派除少数学者外都是法治论者。他们主张人民主权、社会契约、权力制约、天赋人权等一系列思想,这些思想作为坚实地基,构建起法治大厦。他们认为国家主权属于人民,政府的权力是人民权利的让渡,因而政府受人民委托而得以行使治理权,且这一治理权必须保障人民的自由、平等、权利。洛克就把自由与权力的有机平衡作为法治的目标,他认为,政治权力首先必须通过既定的、公开的、有效的法律行使。公民社会只能依法治理,若非,则违背了社会契约,与人民组成政府的目的不相符。孟德斯鸠则把法治看作自由和平等的保护层,法治即为"法律之下的自由和权利","没有法治,自由便不会存在,权力就会为所欲为,国家便将腐化、堕落"。② 因而,为防止权力的滥用,孟德斯鸠提出了著名的"三权分立"理论——将国家权力划分为立法权、行政权和司法权,三种权力分属于不同的机构,并依据法律来合理行使。权力制衡理论更为重要的是将权力的存在和运作置于法律之下。因而,从此意义上而言,权力制衡可谓法治之基本要求,甚至可以说等同于法治本身。卢梭也提倡法律至上,他认为实行法治的国家必须也只能是民主共和国,在民主共和国,法律是社会公意的体现,具有至上的权威,而统治者仅仅是法律的臣仆,他们的一切权力来源于法律并须依法行使。这些都是近代自然法学派为法治理论所做出的杰出贡献。而美国的潘恩、杰弗逊、亚当斯、汉密尔顿等政治家和思想家在治国实践中将其加以运用,将这些法治思想写进了独立宣言、宪法和人权法案中。

"与法治传统生成与演化的丰富多彩的历史相比,理论家们的解说未免显得苍白和含混。"③纵观西方法治演化的历史,我们亦可看出理论家们对法治的说法各异,人言人殊。但值得注意的是,从个人不同的见解中不是不能抽象出法治最基本的要素,或者说,法治至少可以具有普适的社会内涵和意义。这些理论家们关于法治的解说连同关于自然法、公民权利以及自由平等等思想为法治逐渐形成今天的现实状态提供了不可缺少的理论资源。于我国这样一个欲

---

① 【意】阿奎那:《阿奎那政治著作选》,马清槐译,商务印书馆1982年版,第123页。
② 【法】孟德斯鸠:《论法的精神》,张雁深译,商务印刷馆1995年版,第278页。
③ 夏恿:《法治是什么——渊源、规诫与价值》,载《中国社会科学》1999年第4期。

启蒙变法的国家而言,这些理论资源被奉为经典,被视为关于理解法治的最具权威的文本来源。经过两个世纪的法治启蒙以后,西方国家开始组建自己的法治社会,其他国家亦然。1959年,世界法学家在印度德里召开法治讨论会,最后达成《德里宣言》,其后,1961年各国法学家又在尼日利亚首都谈论法治问题。自此,我们可以说,法治成为人类的共识,它作为一种治国方略、社会理想而被人们所认可和倡导。

二、法治的含义

西方权威的法学辞典《牛津法律大辞典》在法治(Rule of Law)这一词条下是这样写的:"一个无比重要,但未被定义,也不能随便定义的概念。它是指所有的权威机构、立法、行政、司法及其他机构者要服从于的某些原则。"①在西方另一部有名的法律辞典《布莱克法律辞典》中,没有就此单设词条,而是将其放在"统治"(Rule)一词下面:法治是官方确认以普遍强制适用的法律原则和在法律格言或者逻辑前提中明确表达的惯例。之所以称之为"统治"(Rule),是因为在犹豫不决或未预见的情况下,它是一种指示或者规范。有时称法治为"法律至上",是指它在不妨碍适用自由裁量的情况下规定适用公认的原则或法律的决定。② 不只是这两本权威的法律辞典对法治的含义有不同的理解,现代学者们对此也有不同的理解,中西方学者亦然。

我国在春秋战国时代就已开始有关法治的讨论,著名的"儒法之争"即为证明。儒家向来重视人在国家治理中的地位,强调圣贤的表率和道德感化作用;而法家则重"法治",商鞅就主张"垂法而治",韩非子也对道德教化的作用表示怀疑,认为只有法才能解决问题:"严家无悍虏,而慈母有败子,吾以此知威势可以禁暴,而厚德不足以止乱也。"③但不得不指出,"儒法之争"只是就国家治理方式上法与人孰优孰劣的争论,儒家从来不否认法的作用,法家也不否认人的作用。儒法两家严格意义上来说也并不同于柏拉图师生关于"法治"和"人治"之争,而是有关君王(人)治理天下(他人)的手段之争,它不是法律原则之争,也不涉及法律的普遍性,更不涉及良法问题,遑论自由、平等、人权等基本法治原则。④ 那真正的法治在西方社会是怎样的呢?

---

① 《牛津法律大辞典》,光明日报出版社1988年版,第790页。
② 参见《布莱克法律辞典》,英文版,第5版,第1196页。
③ 《韩非子·显学》。
④ 参见周永坤:《法理学——全球视野》,法律出版社2010年版,第453-454页。

在西方,最早指出法治含义的是亚里士多德,他认为法治有两层含义:"已成立的法律获得普遍的服从,而大家所服从的法律又应该本身是制定得良好的法律。"① 英国宪法学家戴雪在《英宪精义》中将法治要素归纳为三点:第一,除法律明文规定外,任何人不应因做了法律未禁止的行为而受到处罚;第二,法律面前人人平等,任何人无法律之外或法律之上的特权,任何人的权利与义务的确认,都受命于法律;第三,宪法不是个人权利的渊源,相反,宪法为法院保障个人权利的结果。② 从中戴雪揭示了法治的一个核心所在——法律至上,也提示出法治的实现途径——权力受到司法限制。1959 年的《德里宣言》把法治归结为四个方面:第一,立法机关的职能是创造和维护个人尊严得到维护的各种条件;第二,既需要法治原则来规范政府的行政权力,同时也需要一个有效的政府来维持法律秩序,但赋予行政机关以委任立法权时以不能取消基本人权为限度;第三,要求有正当的刑事程序,充分保障被告辩护权、受公开审判权,取消不人道的和过度的处罚;第四,司法独立和律师自由。结合上文对法治观念的产生与发展的大致梳理,我们或多或少可感觉法治的内涵或原则最起码应包含以下几个方面:法律至上,能得到普遍遵守;良法的实体内容;良法的形式内容;维护法治的基本制度。③ 下面分而述之。

(一) 法律至上,普遍遵守

哈耶克在《通往奴役之路》中曾这样对法治予以阐释:"撇开所以技术细节不论,法治的意思就是指政府在一切行动中都受到事前规定并宣布的规则的约束——这种规则使得一个人有可能十分肯定地预见当局在某一情况中会怎样使用它的强制权利——和根据对此的了解计划他自己的个人事务。"④ 哈耶克在这里说的就是法律至上。法律至上也即法律的至上权威,在周永坤教授看来,这一至上权威包括法律内部秩序和法律与外部权威的关系两个方面。就法律内部秩序而言,法律至上更多地指宪法至上和法律位阶制度之维护。"宪法处于法律位阶的顶端,一切其他法律违反宪法无效,法律高于行政法规、规章和命令。"⑤ 就法律与外部权威关系而言,法律至上则表明了法律介入社会生活的广泛性,它要求全部国家生活和社会生活都必须依法办事,这里不仅仅只包括国

---

① 【古希腊】亚里士多德:《政治学》,吴寿彭译,商务印书馆 1965 年版,第 202 页。
② 【英】戴雪:《英宪精义》,雷宾南译,中国法制出版社 2001 年版,第 231-245 页。
③ 参见周永坤:《法理学——全球视野》,法律出版社 2010 年版,第 451 页。
④ 【英】哈耶克:《通往奴役之路》,王明毅等译,中国社会科学出版社 1997 年版,第 94 页。
⑤ 周永坤:《法理学——全球视野》,法律出版社 2010 年版,第 451 页。

家的任何机关、团体和个人,国家最高领导人尤应包括在内。因而法治意味着在所有社会规范中,法律具有最高的权威,法律在各种社会调整措施中具有至上性、权威性和强制性,而不是当权者个人意志的"任性"。

(二) 良法的实体内容

"立善法于天下,则天下治;立善法于一国,则一国治。"① 法治不只是规则之治,且更为良法之治。良法之治首先体现在良法的实体内容方面,即法律必须体现民主精神和公平正义价值,能维护人类尊严,保障自由、平等、权利等基本人权。这一实体内容是法治的根本目的之所在,是法治之灵魂。但对世界中的事务进行恶与善的评价,无疑众口难调,更何况所要面对的是如何治理一个国家这样尤为复杂的问题。而这并不妨碍我们达成一些共识,更不妨碍人类对一些普适性基本人权的追求和向往。法治的实体内容经大宪章、法国人权宣言、美国独立宣言、美国宪法等这些具有历史里程碑的文件而得到不断充实,并达至巅峰。1959 年的《德里宣言》更是明确提出法治是一个积极概念,它不仅应当保障公民权利,且更应创造有利于实现个人尊严的社会、经济、教育以及文化的各种条件。人的尊严这一极具包容性和指导性的核心价值此后也逐渐成为良法最重要的实体内容。

(三) 良法的形式内容

良法不单只是要求实体内容的善,且要求形式的善。这里所言的形式内容不单指那些用以申明、证实和强制实现实体权利义务的法律程序,或保证在它们遭到侵害时能够得到有效补偿,而更多的是指法的外在形式。这一外在形式富勒称为法的内在道德,其关注一些建构和规范人类行为的规则系统的方式,而这些方式使得这种规则系统逼近有效,而且保持着作为规则所应具备的品质。关于法律这种内在的道德品质,富勒提炼了八项具体要求:适用的普遍性(不得针对具体个人立法)、公开性、不溯及既往、明确性、一致性(法律不得互相矛盾)、可行性(法律不得强人之难)、安定性(法律不得朝令夕改)、官方行为与法律的一致性。此外,拉兹的法治观也是对良法形式的强调,他认为法治应具备的形式性属性要素主要有:法律应该面向未来,而非溯及既往;法律应相对稳定;具体法律应由公开、普遍与清晰的规则引导;应存在独立的司法机关;应有司法救济的途径;执法机关所拥有的自由裁量权不应破坏相关法律规则。②

---

① 《王安石文集·周公》。
② 【英】拉兹:《法律的权威:法律与道德论文集》,朱峰译,法律出版社 2005 年版,第 187 - 190 页。

(四) 维护法治的基本制度

这些制度可谓众说纷纭,然而比较一致的有:(1)权力制约。政府各权力机构间实行牵制与平衡,以防止单个机构权力过大。(2)司法独立。司法独立是法治十分重要的内容和必不可少的组成部分,它是实现诸如民主原则、平等原则、程序公正、依法行政等法律原则的重要条件。司法机关独立行使职权,不受行政机关干预,是保证政府权力在法律之下行使的前提条件。且在中国语境下,司法独立还有利于摆脱地方保护主义的束缚及其他体制方面的障碍。(3)司法审查。"在美国,几乎所有政治问题迟早都要变成司法问题。"①实现这一转变的最有利手段即司法审查,其为现代民主国家普遍设立的一项重要法律制度,它通过司法机关对其他国家机关行使国家权力的活动进行审查,借此来纠正"权力任性",保障公民、法人或其他组织的合法权益。权力控制是法治不言而喻之真谛,行政权一直是法律控制的重点对象,通过司法审查这一权力对权力的制约能有效维护法治。

第二节　高校学生工作内涵与外延的界定

"学生工作"这一术语越来越多地被教育工作者所使用,然而这一概念经常与学生管理、学生事务(管理)以及学生教育这些概念混用,混用的结果就是对"学生工作"的定义歧义互见,人们很难对高校学生工作的内涵与外延有个清晰的认识。因而对相关概念的厘定显得尤为重要,进而,也有利于高校学生工作的内涵和外延的清晰界定。

一、相关概念之厘定

我国"高校学生工作"这一概念一般用来表示我国高校学生事务或对这些事务的管理活动。然而近年来,我国高等教育的弊端不断被人们所认识,高校学生工作管理也自然成为研究重点,学者们于是纷纷欲从西方的管理模式中吸取精华。美国高校事务管理是一个历经二百余年发展历史的专业化职业,其向来有重视学生工作的传统。因而,以美国为参照系,通过比较中美两国高校学生工作管理的差异来获得某种有益的启示便成为学者们的研究重点。"学生事

---

① 【法】托克维尔:《论美国民主》(上册),董国良译,商务印书馆1988年版,第310页。

务"是典型的美国式用法,在美国,学生事务(Student Affairs)相对于学术事务(Academic Affairs)而言。我们不能对"高校学生工作"简单地下一结论,但可从中美两国高校学生事务管理的产生和发展历程出发,来厘定与之相关的概念,并据此大致正确地推导出"学生工作"这一概念形成过程的轮廓。

由于历史发展、社会制度以及文化差异等方面的原因,国内外关于高校"学生事务"内涵和外延的理解并不完全一致。对于美国"高校学生事务"的概念,可以根据不同历史发展时期进行不同的解释。关于美国高校学生事务管理的的演变和发展主要有三段论、四段论和五段论三种观念。[①] 而蔡国春老师根据美国高校学生管理模式的嬗变而划分的"五段论"更受青睐,其"五段论"包括"替代父母制""学生人事""学生服务""学生发展"和"SLI 计划"五个阶段。[②] 美国高校事务教育的历史可追寻到 1636 年第一所高校——哈佛学院,那时美国高校学生事务管理为"替代父母制"——"校方代替学生的父母行使职责,由教师、校长乃至董事对学生在校的活动加以管教、约束,通过精神、肉体和经济手段惩罚违纪行为。"他们多关注"学生的思想、道德、品格培养以及学识的提高"。[③] 19 世纪中叶前的"学生人事工作始终将强调的重点放在课外活动的宗教性及对学生私人生活的调查之上"。到 20 世纪初,学生事务进入"学生人事"时代,其侧重于对学生行为的控制和福利方面的工作,诸如纪律、职业指导、健康、资助及住宿等。[④] 进入"学生服务"时期后,学生事务范围明显扩大,包括"招生录取、注册记录、学术咨询、健康服务、食宿服务、学生活动、经济资助、就业安排、个人咨询、特殊诊断(包括阅读补习、学习习惯、演讲与听力)和特殊服务(包括新生入学教育、老生顾问服务、外国学生项目、婚姻咨询、宗教活动)"[⑤]。20 世纪 70 年代以来学生事务实践的需要推动了学生发展运动的兴起,并使其逐渐专门化。学生发展理论促进了学生事务管理在原有的服务体系基础上的进一步发展,如加强学术事务和学生事务的联系,并突出学生事务管理的教育功能。在学生发展理论的指导下,最近几年,学生事务与学术事务紧密联系,美国学者们意识到,尽管学生事务管理的专业化尤为重要,但并不当然表示其与学术事务的天然割裂。因而,1994 年学者们将二者的结合点落于"学生学习"之上,提出了 SLI 理论(Student Learning Imperative:Implication for

---

① 参见王显芳:《十年来我国对美国高校学生事务管理研究综述》,载《比较教育研究》2006 年第 3 期。
② 蔡国春:《美国高校学生事务管理模式之嬗变》,载《吉林教育科学·高教研究》2000 年第 1 期。
③ 蔡国春:《美国高校学生事务管理模式之嬗变》,载《吉林教育科学·高教研究》2000 年第 1 期。
④ 程晋宽:《欧美高校学生事务管理的理论基础》,载《比较教育研究》2006 年第 10 期。
⑤ 蔡国春:《美国高校学生事务管理的观点、实务及其启示》,载《黑龙江高教研究》2002 年第 1 期。

student affairs)——"学生学习是当务之急:学生事务的含义"。这成为当前人们实践、质疑并反思学生事务管理工作的新基础,并促使学生事务工作者思考自己的责任,明确未来的工作使命——必须把培养学生的学习作为任务和根本目标。

关于我国高校学生工作发展历程,有些学者将其划分为"四阶段"——萌芽期(1978年至20世纪80年代中期)、探索期(20世纪80年代末至90年代)、初步建立期(20世纪90年代末至21世纪初)和全面发展期(2007年至今)[①];还有些学者将其划分为"两阶段"——新中国成立之初到20世纪90年代(工作重点是"管人")和20世纪90年代至今("管人"又"管事")[②]。为凸显出我国学生工作领域的变化,本书认为采两阶段说更适宜。我国"学生工作"这一概念更强调其思想政治教育功能,而"学生事务管理"则突出其服务功能,我国学生工作的两阶段也正是由对学生的集中教育、管理到引导、服务的过程。第一阶段是新中国成立之初到20世纪90年代,该阶段以思想政治教育为主线,对学生强调控制、约束和规范。这一阶段的学生工作范畴主要有:思想政治教育(马克思主义教育、伦理道德和法制教育等);学籍管理(入学与注册、成绩考核与记载办法、升级、留级、降级、休学、复学、退学、毕业文凭和学位文凭发放、分配工作等);秩序管理(校园秩序、安全管理与突发事件处理等);社团管理以及奖励和纪律处分;等等。而进入第二阶段之后,也即20世纪90年代至今,"随着我国的经济、政治和社会发展等宏观背景发生迅速变化,高等教育领域进行的改革不断深化,高校学生工作的范围进一步扩展,一系列前所未有或过去不以为然的学生事务变得引人注目,如学生心理咨询、学生资助、勤工助学管理、毕业生就业指导等"[③]。因而,该阶段开始强调对学生的服务,不仅"管人",还更侧重"理事"。在这一阶段,除了前一阶段的工作内容之外,还包括学习科研指导、个性创新指导、生活服务、"奖、贷、助、减、免"资助管理、就业指导、心理咨询以及特殊群体关注等。

从中、美两国学生工作的发展历程观之,"学生事务管理"一词是西方学界惯以称谓的范畴,在我国基本等同于"学生工作"这一概念,它们的内涵并非完全一致,二者的侧重点也存在不同,但内容仍有相当程度的交叉。从功能上来

---

① 储祖旺等:《改革开放以来我国高校学生事务管理发展历程分析》,载《中国高教研究》2013年第3期。
② 黄晓波:《我国高校学生事务管理:问题与对策》,载《高等教育研究》2009年第7期。
③ 蔡国春:《高校学生事务管理概念的界定——中美两国高校学生工作术语之比较》,载《扬州大学学报(高教研究版)》2000年第2期。

说,学生工作和学生事务管理都包含教育、管理、服务的内容,我国"学生工作"这一概念更强调其思想政治教育功能,而美国"学生事务管理"则突出其服务和发展功能。因而,诸如"学生工作(管理)""学生事务(管理)"和"学生教育"等概念之间的厘定可能变得清晰起来了,广义上的"学生工作"既包括"管理学生(人)",同时又包括"管理学生工作(事)",我国广义上的高校学生工作于是主要包括学生事务管理和学生教育("学生思想政治教育"或"德育")这两个子系统。本书也是从"高校学生工作"广义上来理解,而不区分"高校学生工作"和"高校学生事务"。

二、高校学生工作的概念

(一) 内涵

"高校学生工作"这一术语虽然越来越多地被人们使用,但关于其内涵却歧义互现。有学者认为,"学生工作是指那些直接作用于学生,由专门机构和人员从事的、有目的、有计划、有组织地发展、养成、提高学生政治、思想、品德、心理、性格素质和指导学生正确地行为的教育、管理和服务工作"①。概括来讲,高校学生工作主要指在学校学术事务之外,为了实现高等教育的培养目标,实现学生全面的发展,由专门机构和人员对各类学生事务进行教育、管理、服务和发展的过程。

不管对"高校学生工作"怎样定义,我们都可以从以下四个方面来理解其内涵:

其一,高校学生工作的主体。我国多数高校的学生工作采取学校、学院二级管理,校党委、校行政均设立分管学生工作的校党委副书记、副校长,校党委职能部门中设立学生工作部,校行政职能部门中设立学生工作处,采取"两块牌子、一套班子"的模式实行合署办公。校内各教学院(系)通常设分管学生工作的党委副书记兼副院长领导本院系学生工作办公室及辅导员开展工作,并配备有专职的学生工作干部——辅导员、班主任,同时有共青团组织、兼职党政干部、学生骨干作为其重要的辅助力量。近几年,随着国家对高校毕业生工作的高度重视,有些高校将毕业生就业工作从学生处独立出来,与研究生就业工作整合在一起,成立了独立的学生就业指导部门,并作为机关职能部门直接在主

---

① 叶骏、金永发:《高等学校学生工作规范与指导》,同济大学出版社1991年版。转引自蔡国春:《高校学生事务管理概念的界定——中美两国高校学生工作术语之比较》,载《扬州大学学报(高教研究版)》2000年第2期。

管学生工作的校党委副书记兼副校长的领导下开展工作。①

其二,高校学生工作的客体。客体很好理解,即高校施以影响的人(高校学生)和事(与学生相关的学生事务)。

其三,高校学生工作的目的。从我国高校学生工作的发展历程,并结合美国学生事务的发展历程来看,我国高校学生工作的目的主要有:一是对学生进行思想政治教育;二是实现高等教育培养目标;三是实现学生全面发展。且随着高校学生工作的发展,思想政治教育会逐渐淡化,取而代之的是公民教育;而学生全面发展将会作为高校学生工作的终极目标,服务学生、"以学生为本"将会作为高校学生工作的价值导向。

其四,高校学生工作的内容。高校学生工作是一系统工程,在高校学生工作过程中,主要有教育、管理、服务和发展等活动内容。且学生工作必须围绕学生发展为目的,为学生提供个别化服务,培养学生的个性,并为之提供展现的空间和机会。

(二)外延

"高校学生工作"的外延非常宽,但基本包括教育工作、管理工作、服务工作和发展工作这四大类。

1. 教育工作

"学生教育"("学生思想政治教育"或"德育")强调"政治统帅",这是具有"中国特色"的一个概念。它主要围绕"端正学生的政治立场,坚定中国必须走社会主义道路的信念"来展开,对学生进行思想政治教育,使之具有坚定正确的政治方向和良好的政治素质。"大学生政治素质的培养是综合素质的核心,是要对大学生进行以爱国主义、社会主义、集体主义、道德规范为基础的思想政治教育,使大学生把握正确的政治方向、政治立场、政治观念、政治态度、政治信仰、政治技能等。其目的概括地讲是要大学生具有为人民服务的思想、树立马克思主义基本观点,掌握唯物主义的认识论和方法论。"②此外,对高校学生进行思想政治教育,其目的还在于指导和帮助学生树立正确的"三观",以此实现培养社会主义事业的建设者和接班人的根本任务。

---

① 参见盛云、段志锦:《1999—2009大学生特点十年变迁与学生工作问题研究》,东北财经大学出版社2009年版,第221-222页。

② 张瑛:《本科生科研能力培养和提高方法研究》,中央民族大学出版社2011年版,第36页。

2. 管理工作

高校管理权的法律依据:《教育法》第二十八条①;《高等教育法》第十一条、第四十一条第四项;《普通高等学校学生管理规定》更是在前两者的基础上对高校的管理权在内容上进行了完善,包括高校的学籍管理、校园秩序管理和奖励处分权的管理。由此可见高校是在法律法规授权的基础上对学生进行管理,这些管理权概括起来有:招生录取行为、奖励和处分行为、学籍管理行为、颁发毕业证和学位证行为。

招生录取行为。《高等教育法》第三十二条规定②,高校有招生录取的职责。高等学历教育招生工作时确定考生入学资格,直接关系到考生是否能受到高等教育的第一步。

奖励和处分行为。根据《教育法》第二十八条第四项的规定,学校及其他教育机构有权对违反校纪校规的学生进行处分。纪律处分规定在《普通高等学校学生管理规定》第五十三条中③。纪律处分包括警告、严重警告、记过、留校察看和开除学籍,其中,前四种处分并不改变学生的身份关系,可以继续在学校以学生的身份学习,但是开除学籍的处分决定,将改变学校和学生之间的关系,学生将被学校排除在外。与此相对应,对优秀集体和个人则予以奖励。

学籍管理行为。高校的学籍管理行为是高校在对学生在校期间进行学业管理的行为,是对学生资格的管理,是一种身份的证明。学籍管理的内容涉及入学和注册、成绩考核、生级和降级、转学与休学、退学等事宜。

颁发毕业证和学位证行为。根据《教育法》第二十一条规定④,得到国务院授权的高校享有颁发学历证书或者其他学业证书的行政职权。毕业证是高校对学生在规定的修业年限内学完学校规定的课程,考试成绩符合学校的规定或者修完学校规定的学分的对外证明;学位证书是高校对学生具备相应的学业水

---

① 《教育法》第二十八条规定:"学校按照章程自助管理,组织实施教育教学活动,招收学生或者其他教育者,对受教育者进行学籍管理,实施奖励或者处分,并颁发相应的学业证书,聘任教师及其他职工,实施奖励或者处分,管理、使用本单位的设施和经费等。"《高等教育法》第十一条规定:"高等学校应该面向社会,依法自主办学,实行民主管理。"第四十一条第四项规定:高等学校有权对"受教育者进行学籍管理,实施奖励或者处分"。

② 《高等教育法》第三十二条规定:"高等学校根据社会需求、办学条件和国家核定的办学规模,制定招生方案,自主调节系科招生比例。"

③ 《普通高等学校学生管理规定》第五十三条规定:"纪律处分的种类包括:警告;严重警告;记过;留校察看;开除学籍。"

④ 《教育法》第二十一条规定:"国家实行学业证书制度。经国家批准设立或者认可的学校及其他教育机构按照国家有关规定,颁发学历证书或者其他学业证书。"

平和学术资格的对外证明,这两证实际上是对学生法律地位的一种设定。学生在毕业时拿不到毕业证或学位证的原因可能有学生在校期间违纪,比如考试作弊、打架斗殴等,被学校加以处分而拿不到毕业证书;在校期间修不满学分,或多门学科考试成绩不合格和毕业答辩没有通过的毕业生,往往拿不到学位证书。

其他高校学生管理行为。为保障教育教学活动的有序开展,营造良好的学习氛围,高校还拥有校园秩序的管理权力,如宿舍管理、作息时间管理等。

3. 服务工作

服务型高校学生工作将学生的成长、成才视为工作开展的出发点、落脚点和着力点,通过引导、激励以及培养、发展学生,它有利于学生的全面发展,帮助学生进一步认识自我、把握自我和发展自我。服务的内容十分广泛,主要集中于学生在成长过程中会遇到的或需要解决和帮助的问题与困难,我国有学者将其概括为"十大服务":招生咨询服务、入学指导服务、思想道德引导服务、身心健康服务、日常生活服务、学习指导服务、素质拓展服务、就业指导服务、救济资助服务和后续发展服务。[1] 这一概括十分细致和全面,但以列举的方式难免挂一漏万,如法律援助服务、技能培训服务、留学咨询服务以及学生社团服务等就未能涵括在内。我们不能对此过于苛求,因为我们永远也无法完全预见未来高校学生发展之需要,当然这也并不意味着我们在这一问题上就束手无策,因为在把握学生工作服务之宗旨以及"以学生为本"的教育理念后,我们一定会探索到服务学生的切实有效的途径,进而构建起科学合理的、富有实效的学生工作服务体系。

4. 发展工作

我国高等学校存在过分强调"社会本位"的价值取向,该传统下,高校严格管理、主动干预学生生活,把学生约束、规范到正确的行为方式上来,以此做到防微杜渐,保证校园的稳定。[2] 其造成的结果是学生个性和创造力遭到抑制,个人价值被要求服从组织、社会的需要。这还导致了传统教育下的学生个体习惯于被动地接受管理,缺乏个体主体性,同时也缺乏自我管理、自我设计和自我控制的意识,进而其造成大学生的创新意识和能力的弱化。而创新是一个民族进步的灵魂,是一个国家兴旺发达的不竭动力。因而,重视学生的个性,实现学生的全面发展显得尤为重要。这就要求我们在高校学生工作管理过程中,充分尊

---

[1] 杨金廷等:《服务型学生工作体系构架研究》,载《国家行政学院学报》2006年第4期。
[2] 郝文军:《中美高校学生事务管理的比较与启示》,载《现代教育科学》2012年第2期。

重学生的个性,努力营造培养学生创新思维的氛围,"培养学生具有勇于探索、勇于创新的个性,进而引导学生形成创造的动力,并自觉进行创新尝试"①。学生个性的发展离不开自我规划,一个人对生活乃至人生有一个清晰的目标和前进路径,有利于其沿着规划好的路径脚踏实地地向前进,从而最终达到成功的终点。因而,对学生发展规划的指导是高校学生工作者的责任,其有责任向大学生提供一些必要和有效的方法与工具,帮助他们克服障碍、激发潜能和实现自我。

第三节 高校学生工作法治化的具体内容

随着依法治国方略的推进,法治观念逐渐深入人心,整个社会的法治化程度得到了较大的提高。人们对各种事务的处理逐渐趋向于依靠法律手段来解决。高等学校作为培养适应21世纪发展需要的高等人才的阵地,落实依法治校、依法治学的精神,对于培养具有法律素养的人才,对贯彻依法治国的方略有着更为重要的意义。作为高校教育管理重要方面之一的学生工作,对稳定学校的教学科研秩序,促进教学改革的发展,培养德才兼备的人才,起着基础性的作用。那么高校学生工作法治化的具体内容有哪些呢?这是我们迫切需要予以解答的问题。要解答这一问题首先就需要我们对高校的地位、高校与学生之间的法律关系有个清晰的认识,继而基于高校与学生的主要纠纷类型而廓清高校学生工作法治化的具体内容。

一、高校与学生之间的法律关系

关于高校与学生之间的法律关系,长期以来盛行着一种特别权力关系理论,它强调了高校的自主权,避免外部过多干预办学自主权和学术自由,但同时其也带有鲜明的封建身份关系色彩。该理论逐渐受到诸多批判,目前较盛行的理论认为,高校与学生之间存在行政法律关系和民事法律关系双重法律关系,我国高校不仅具有行政主体的法律地位,还具有民事主体的法律地位。

(一)行政法律关系

为了满足高校多元化发展,政府权力部分下放,从而高校拥有了一定的办

---

① 陈发瑶、姜群瑛:《高校学生工作"管理—服务—发展"模式研究》,载《黑龙江高教研究》2001年第6期。

学自主权,接受国家的委托行使教育行政权力和公共管理权力。高校所具有的这一行政主体地位可从我国相关法律、法规对其授权中予以确认。《教育法》规定高校在学生工作中享有的权利主要有招生录取权、学生管理权(包括学籍管理、教学管理、奖惩权与校园秩序管理权等)和学历学位证书授予权。①《高等教育法》以及《学位条例》也对高校享有的一些行政权力予以了规定。② 高校在学生工作中所行使的权力具有明显的单方意志性和强制性,具有典型的确定力、约束力和执行力,这些都符合行政行为的特征。但这并不当然意味着行政法律关系中所有的事务都能纳入司法审查的范围。行政法律关系中的事务分为重要性事务和非重要性事务。凡涉及学生基本权利和法律身份的事务,具体包括招生录取权、学籍管理权、奖惩权、教学管理权、毕业文凭发放权和学位授予权等七种基本权利,学校必须严格按照法律法规处理。当学生的这类权利受到侵害时,应允许学生提起行政诉讼,请求司法救济。但当学校从事的普通内部管理事务是非重要性事务时,如制定作息时间、成绩评定、宿舍楼管理等,这类内部管理规定既能够维持必要的教学教育秩序,又能够显示对高校自主办学权的尊重,若学生以这类事务受到学校的干涉和影响而向法院提起诉讼,法院应不予以支持。③

(二)民事法律关系

随着高等学校教育制度的改革,学校在人才培养、就业体制方面发生了根本变化,高校已从计划体制下的纯公益性事业单位转变为既坚持公益性又有产业性的教育实体。高校与学生之间不再仅仅是命令——服从的管理关系,而更多的是平等主体之间的关系。且在现代"依法治校"的法治原则要求下,高校在法律上作为教育服务主体的地位也已得到确认,作为事业法人,高校与学生之间处于平等的民事主体地位,发生一种教育契约关系。具体表现主要有以下几个方面:

---

① 《中华人民共和国教育法》第二十八条规定:"学校及其他教育机构形式下列权利:(一)按照章程自主管理;(二)组织实施教育教学活动;(三)招收学生或者其他受教育者;(四)对受教育者进行学籍管理,实施奖励或者处分;(五)对受教育者颁发相应的学位证书;(六)聘任教师及其他职工,实施奖励或者处分;(七)管理、使用本单位的设施和经费;(八)拒绝任何组织和个人对教育教学活动的非法干涉;(九)法律、法规规定的其他权利。"
② 《中华人民共和国高等教育法》第四十一条第四项规定:高校校长行使"聘任与解聘教师以及内部其他工作人员,对学生进行学籍管理并实施奖励或者处分"的职权。
③ 卢祖元、陆岸:《论高校与学生的双重法律关系》,载《苏州大学学报(哲学社会科学版)》2001年第4期。

其一，提供教学和生活服务。根据《中华人民共和国合同法》第二条之规定，《中华人民共和国教育法》第三十一条第三款和第四十二条第一款的规定，高校的校园设施、教学设备、图书等既是学校的财产，也是学生在校学习所必需的物质条件。① 因而，高校对学校内的公共财产享有财产权，与此同时，学校为了保证财产的正常使用，一方面有进行维护和管理的义务，另一方面，如果学生人为破坏公共财产，学校也可基于所有权而要求学生进行一定的赔偿。

其二，保护学生人身和财产安全。《学生伤害事故处理办法》第二条规定："在学校实施的教育教学活动或者学校组织的校外活动中，以及在学校负有管理责任的校舍、场地、其他教育教学设施、生活设施内发生的，造成在校学生人身损害后果的事故的处理，适用本办法。"本法第九条还规定了学校应当依法承担相应责任的情形。依此可知，高校负有保护学生人身和财产安全的义务，如果由于学校管理不善而导致学生伤害事故，学生可以按照相关法律通过民事诉讼获得救济。

其三，提供非国家学历教育活动。这一方面具体表现在学校完全按照市场化的要求，面向校内外提供各种形式的教育培训和考试辅导行为。在这类活动中，学生因交了培训费而享有接受培训的权利，而高校则因收取培训费而履行提供培训服务的义务。这类权利义务关系属于典型的民事法律关系，在这类关系中，高校与学生之间处于完全平等的主体地位，双方各自的权利义务关系都受相关法律规则的保障和约束，当一方的权利受到侵害时，另一方可以通过民事程序获得救济。

二、高校学生工作中高校与学生的主要纠纷类型

（一）行政纠纷

高校的行政纠纷主要是指高校和学生之间由于高校行使行政权力而引起的纠纷。该类纠纷主要表现在以下两类：(1)因高校行使纪律处分所引起的纠纷。学生处分是高校管理的常见形态，也是高校办学自主权的重要组成部分，更是高校侵犯学生权益的主要领域。《普通高等学校学生管理规定》第五十三

---

① 《中华人民共和国合同法》第二条规定："本法所称合同是平等主体的自然人、法人、其他组织之间设立、变更、终止民事权利义务关系的协议。"大学生缴费入学，学校收取费用提供服务的过程符合上述法律之规定，也即高校与学生之间成立民事法律关系。《中华人民共和国教育法》第三十一条第三款规定："学校及其他教育机构中的国有资产属于国家所有。"第四十二条第一款条规定："受教育者享有下列权利：（一）参加教育教学计划安排的各种活动，使用教育教学设施、设备、图书资料。"

条规定了学校纪律处分的种类①,就纪律处分而言,高校对学生进行警告、严重警告、记过以及留校察看时,并不涉及学籍变化,属于内部行政法律行为;在对学生处以开除学籍处分时,涉及学生学籍的丧失,属于外部行政法律行为,易造成高校的学籍处理权与学生受教育权的冲突,受开除学籍处分的学生往往会通过行政诉讼来维护自身合法权益。此外,《普通高等学校学生管理规定》第五十四条又规定了学校可以给予学生开除学籍处分的几种情形②,但由于规定过于抽象、模糊,以及在相关程序设置上不够规范,因而,在纪律处分这块成为行政纠纷产生的"高发区"。(2)因高校在两证授予过程中所引起的纠纷。《中华人民共和国学位条例》明确规定了学士、硕士和博士三级学位的授予条件③,但很多高校在具体实施过程中,为了便于自身管理,对学位的授予做出了诸多限制,如与外语、计算机成绩以及纪律处分挂钩。既然《中华人民共和国学位条例》已明确规定了学位授予的条件,也就是说,高校绝不能改变授予条件,那么,这属于行使自己授权之外的权利,是无效的。此外,学位答辩过程中,一些学位答辩委员会、评定委员会的行为不遵循正当程序,甚至有些决定无法律依据,这些也易引起学生与高校之间的行政纠纷。如刘燕文诉北京大学拒绝颁发博士毕业证书案④及刘燕文诉北京大学学术评定委员会案⑤。当然,这两类划分也不是

---

① 《普通高等学校学生管理规定》第五十三条:"纪律处分的种类分为:(一)警告;(二)严重警告;(三)记过;(四)留校察看;(五)开除学籍。"

② 《普通高等学校学生管理规定》第五十四条:"学生有下列情形之一,学校可以给予考出学籍处分:(一)违反宪法,反对四项基本原则、破坏安定团结、扰乱社会秩序的;(二)触犯国家法律,构成刑事犯罪的;(三)违反治安管理规定受到处罚的;(四)由他人代替考试、替他人参加考试、组织作弊、使用通讯设备作弊及其他作弊行为严重的;(五)剽窃、抄袭他人研究成果,情节严重的;(六)违反学校规定,严重影响学校教育教学秩序、生活秩序以及公共场所管理秩序,侵害其他个人、组织合法权益,造成严重后果的;(七)屡次违反学校规定受到纪律处分,经教育不改的。"这一规定中就存在大量模糊性词语:"性质恶劣""其他作弊行为严重"以及"严重后果"。对这类词语,我们很难有个客观的判断标准,因而在适用上容易引发争议。

③ 《中华人民共和国学位条例》第四条:"高等学校本科毕业生,成绩优良,达到下述学术水平者,授予学士学位:(一)较好地掌握本门学科的基础理论、专门知识和基本技能;(二)具有从事科学研究工作或担负专门技术工作的初步能力。"第五条:"高等学校和科学研究机构的研究生,或具有研究生毕业同等学力的人员,通过硕士学位的课程考试和论文答辩,成绩合格,达到下述学术水平者,授予硕士学位:(一)在本门学科上掌握坚实的基础理论和系统的专门知识;(二)具有从事科学研究工作或独立担负专门技术工作的能力。"第六条:"高等学校和科学研究机构的研究生,或具有研究生毕业同等学力的人员,通过博士学位的课程考试和论文答辩,成绩合格,达到下述学术水平者,授予博士学位:(一)在本门学科上掌握坚实宽广的基础理论和系统深入的专门知识;(二)具有独立从事科学研究工作的能力;(三)在科学或专门技术上做出创造性的成果。"

④ 参见北京市海淀区人民法院行政判决书(1999)海行初字第104号。

⑤ 参见北京市海淀区人民法院行政判决书(1999)海行初字第103号。

绝对的,有时候是交叉在一起的,如田永诉北京科技大学拒绝颁发毕业证书、学位证书案①,该案例中田永不被授予毕业证以及学位证即因其违纪而起。此处对这一类型不再赘述。

(二)民事纠纷

学生与高校之间,除容易产生行政纠纷之外,还会产生民事纠纷,这是由高校与学生之间的法律关系所决定的。根据上文中高校与学生之间民事法律关系的具体表现,我们可将学生与高校之间的民事纠纷划分为以下几类:

第一,教育消费的纠纷。高校与学生之间的民事法律关系主要体现在高校提供教学和生活服务上,此外,也体现在高校提供非国家学历教育活动中。学生与高校在某种意义上属于教育服务的买卖关系——高校提供教育服务,学生进行教育消费,因而学校理应为学生提供合同要求的服务。② 但某些高校,尤其是一些师资力量较差的高校,在教学活动中不遵守之前招生简章上的承诺,而是由社会上一些不具有相应教学资质的人进行教育活动,这就侵犯了学生的教育消费权,属违约行为,如首宗高等教育索赔案③。

第二,学生人身、财产受侵犯的纠纷。近几年,高校自杀、自伤以及突发事件造成的人身伤害事件越来越多。在这类事件中,我们应明确的是:学生人身伤害事故的归责原则采用过错责任,即如果高校在教学管理、后勤管理、秩序管理等过程中存在过错,高校应承担法律责任。这就要求高校在学校实施的教育教学活动或者学校组织的校外活动中,以及在学校校舍、场地、其他教育教学设施、生活设施管理问题上,应认真履行其管理责任。此外,当事故发生后,高校应厘清事故发生的原因,并固定好证据,以便划定责任。学生财产受侵害的纠纷主要体现在高校乱罚款以及随意没收学生物品方面。高校对学生乱罚款现象层出不穷,然大量存在此类现象并不表示其合理。高校虽根据授权而行使一定的行政权力,但罚款作为行政处罚的一种并不在这类权力之中,如果学生在校违反相关教学制度规定,高校可对其采取纪律处分,但无权罚款。随意没收学生物品方面,多发生在宿舍管理中。为保障宿舍用电安全,避免火灾等危险

---

① 参见北京市海淀区人民法院行政判决书(1998)海行初字第142号。该案直接原因是北京科技大学拒绝为田永颁发毕业证书,但北京科技大学之所以不给田永颁发毕业证书是因为田永考试作弊学校给予退学处理,取消其学籍。

② 不论学校与学生之间是否签订正式规范的合同文本,我们都可视为两者合同关系的成立。因为,学校在其管理规则和招生简章中已明确规定了相应的条款,例如对学费、师资力量、人才培养的规定,这些条款都可作为合同条款对待。

③ 段峰:《首宗高等教育消费索赔案:状告学校货不对板》,载《信息时报》2003年8月4日,第3版。

情况的发生,对违规电器予以一律没收,然而此类办法明显侵犯了学生的财产权。正确的做法可以是先暂行就违规电器予以没收,待学期末再归还给学生,这样只限制了学生财产的使用权而未剥夺所有权。

第三,学生隐私权受侵犯的纠纷。在高校学生工作管理中,常常容易发生高校管理权与学生隐私权冲突的现象,主要有以下几种情况。一是对学生私人信息的侵犯。例如姓名、身高、出生年月、家庭状况、联系方式以及爱好、特长等,这类私人信息因高校学生工作管理的需要而多被高校所掌握,学校在管理过程中若随意公开这类信息就易引起侵权纠纷。二是对学生私人场所的侵犯。如学生宿舍内部属于宿舍成员的私人场所,学校在行使管理权时不能不经同意就进入这些场所。若学校为保证在校学生的人身安全和卫生健康,对学生宿舍卫生和安全进行定期检查,就需有正当且合法的理由,并严格按照适当的程序、方式有序地来进行。三是对学生私人事务的侵犯。随着现代科技的发展,许多高校都在校园公共场所安置了摄像头,这对于规范学生的言行举止以及保护学生的人身安全起到了不可忽视的作用。但是,如果不正当使用,就容易造成对学生隐私权的侵犯。例如,对大学生情侣在校园拥抱亲吻的情形进行拍摄,并作为校园不文明现象张贴于公告栏或公开播放以作警示,这就构成了侵权。除这三类情形外,尤需注意的是,高校对学生考试作弊、打架、偷窃等违纪行为连同违纪学生的个人详细信息一并以公告的方式进行处理,这也易引起对学生隐私权的侵犯。此外,高校贫困生隐私权的保护也需引起我们注意。在贫困生的资助评定时,学校首先应履行告知的义务,提醒学生如参加资助评选,须公布个人信息,以保证资助结果的公平公正,由学生自己决定是否参加评选;其次,对已获得资助机会的学生,不能任意扩大他们个人信息的知情权主体。

三、全方位地构建高校学生工作的法治化体系

高校如何贯彻依法治校的方略,涉及高校管理的方方面面,学生工作管理作为重要的一个方面,面临的法律问题很多。当前我们应从迫切需要解决的问题入手,从以下一些方面来构建起全方位的高校学生工作法治化体系。

(一)加强普法,提高管理者法治意识

法治的首要一点即法律至上,法律至上表明法律介入社会生活的广泛性,它要求全部国家生活和社会生活都必须依法办事,这里不仅仅只包括国家的任何机关、团体和个人,国家最高领导人尤应包括在内。就高校学生工作法治化而言,首先要做的就是"学校管理者要带头学法、尊法、守法、用法,牢固树立依

法办学、依照章程自主管理、公平正义、服务大局、尊重师生合法权益的理念,自觉养成依法办事的习惯,切实提高运用法治思维和法律手段解决学生管理中出现的矛盾与问题的能力"①。提高管理者对法律的遵守意识有利于法律确认的权利和义务的实现,因为"法只能以法律规则的形式,对权利和义务认定提供一种指导。权利和义务的实现,还取决于对这些法律规则的遵守"②。管理者对法律的遵守继而很大程度上也能为整个高校师生守法提供动力,"周围优良的社会环境对公民产生潜移默化的作用,周围人群的守法行为将会被人模仿"③。再者,在我国特有的文化氛围内,自觉与不自觉地效仿管理者对法律的遵守还能为其赢得一定的社会尊重与周围人群的认同。当然,管理者对法律的遵守必须是真实的内心认同。更为可贵的是,法律的普遍遵守又能反过来防止管理者的"权力任性"。管理者的"权力任性"的结果必然导致腐败,古今中外概莫能外。现代法治意蕴着高校学生享有自由、平等的权利,学生权利可以成为管理者权力的有效牵制力量。

让高校学生工作管理者严格遵守法律,按照法治要求来行使权力,这就需要他们有壮士断腕的要求和决心。我们要尊重这个事实,也要认识到这需要一个过程,在提升其法治意识的过程中需循序渐进,具体可以从三个方面入手:一是在高校学生工作管理者任职前,优先考察其掌握相关法律知识和依法治校理念的情况。高校学生工作是个综合事务,需要极其优化的知识结构,而法律知识占有相当重要的地位。二是认真组织高校学生工作管理者的法治宣传教育,将法律知识纳入其继续教育内容,提高其对法律意识、法治理念的理解和掌握程度。具体途径可以建立学生工作法治化研究团队、利用辅导员沙龙平台进行经验研讨、参加学生工作法治化培训等。三是建立合理的管理制度,这点尤为重要,这使得管理者在按照管理程序工作时就是一个守法的过程,还能有效将法治理念内化到行动中来。

(二)制度建设,突出大学章程重要性

中国特色的现代大学制度对大学章程的呼唤,是在中国建设社会主义法治国家的背景下出现的,与社会的法治进步相联系。1999 年的"田永诉北京科技大学拒绝颁发毕业证书、学位证书案"开辟了学生权利司法救济的渠道,使司法的阳光第一次照进了高校的殿堂。之后,此类个案不断涌现,在这些典型案例

---

① 见《依法治校——建设现代学校制度实施纲要(征求意见稿)》。
② 张文显:《法理学》,高等教育出版社 2003 年版,第 58 页。
③ 周永坤:《法理学——全球视野》,法律出版社 2010 年版,第 305 – 306 页。

中,高校在行政诉讼中的屡屡败诉凸显出高校内部管理行为缺少合法的规范可循,同时也显现出高校内部制度体系的不完善以及符合法治精神的程序规则的严重缺失。正是在这样的背景下,规范高校学生工作管理,制定符合法治要求的大学章程以适应中国法治的发展和现实需要,很自然地成为大学治理走向法治进程中的重要一环。

如上所述,提倡依法治国,建设法治国家这样的一个必然趋势或背景倒逼着高校加快大学章程的建设。但换个角度,这也说明大学章程在"依法治校"中确实有其自身价值:一是厘清高校与外部社会的法律关系,为落实高校的法人地位和办学自主权提供重要保障。大学章程通过教育行政主管部门的核准之后就具有了法律效力,凡大学章程中规定属于高校自主管理的领域,管理者和举办者不能再加以干预。这从而淡化了高校与政府间的"行政关系",将高校与政府的关系置于法律之下,实现包括学生工作等管理事务的法律化,为学生工作的开展创造良好的法治环境。二是有利于高校学生工作法治化的内部建设,规范高校管理行为,为高校学生工作者和学生提供行为指导。现代大学制度的核心内容,诸如学校办学理念和特色、校内各种关系、学校的领导体制、治理结构、管理模式以及学生的权利和义务等,都应该是大学章程记载的事项。大学章程公开颁布后,高校学生工作者受到事前规定并宣布的规则之约束,其工作必须按照大学章程中既定的法定权限和程序来开展。此外,这种规则也使得学生十分肯定地预见学生工作管理者在某一情况中会怎样使用其权力,继而根据对此的了解计划他自己的个人事务。三是有利于增强学生对学校的认同感。大学章程的制定过程,从应然层面讲,是一个充分体现法治原则的民主过程,它充分反映广大教职员工、学生的意愿,凝练着共同的理想和价值认同。这有利于激发学生的积极性和创造性,并增强其对规则的认同感,使之自觉服从规则。那在大学章程建设浪潮中,怎样借这股"春风"更加有力地规范高校学生工作管理呢?我们认为,大学章程建设中重点彰显学生主体性能很好地对这一问题进行回答。

第一,章程结构中增大"学生工作"比重。《中华人民共和国高等教育法》第二十八条规定:"高等学校的章程应当规定以下事项:(一)学校名称、校址;(二)办学宗旨;(三)办学规模;(四)学科门类的设置;(五)教育形式;(六)内部管理体制;(七)经费来源、财产和财务制度;(八)举办者与学校之间的权利、义务;(九)章程修改程序;(十)其他必须由章程规定的事项。"这条规定略显粗略,甚至对学生工作都没有单独列出。有学者对已公布的11所高校章程进行分析后得出:"我国现有章程的重点为管理体制或者组织机构,而对学生事务方面的强调力度不够。"①而学生事务与学生直接相关,从大学章程制度要素健全的角度看,上述制度安排上的缺位,显然十分遗憾。

第二,章程建设中强调学生参与。目前国内很多大学章程制定过程中,很多利益相关者甚至都不知晓章程的存在,大学章程制定成为"少数人的时髦游戏"。学生工作的制度理应充分吸收和体现民主性,而不能照官画瓢,对这一常识我们深信不疑。若不能满足民主性,制度极有可能变成服务少数人的"私人产品",或刻意迎合法治潮流的"皇帝的新装"。"现代学校制度是以学生发展为中心的制度,学生参与是现代学校制度建设的重要途径。学生参与对实现现代学校制度的公正与自由,促进制度的人文关怀,增强学生对制度的信任,保障现代学校制度的'善',具有十分重要的意义。"②激励学生参与高校学生工作,一方面能增强学生对制度的信任,使之对制度的遵守来源于积极主动的服从,另一方面也是防止学校肆意专断、滥用权力的良方,有利于打破长期以来权力过于集中的现象,实现权力分散,形成权力的相互依赖和制衡,从而更好地调动各方力量参与进学校的治理中来。

第三,章程内容中重视对学生权益的保护。如前所述,高校依相关法律、法规之规定,而享有自主管理权,然这对学生来说即为"权力"。学生是高校自主管理权行使的直接对象,因而通过赋予学生权利来制衡"权力"的行使就显得尤为重要。赋权应在大学章程中予以强化明确,如学生有权利知悉涉及自身利益的事项、对学校处分和侵犯其合法权益的行为表达异议、提出申诉或依法提出诉讼、对学校工作提出意见和建议等。除了明确列举这些权利之外,在大学章程中还应阐明学生意愿表达的具体途径,诸如意愿表达的正当渠道、相关程序以及受理部门等。此外,尤为重要的是,在章程建设中需严格恪守法治之"法律保留"原则,也即对涉及学生基本权利的限制、义务的科予等"重大事项"不得在章程中予以规定。近年来,学生与高校对簿公堂的案例不胜枚举,其多由学校对学生受教育权做出重大影响决定所致。③

(三)重视程序,尊重和保护学生权利

"法治的核心问题是程序问题,程序不仅可以对法治的基本价值:自由、平

---

① 金箱等:《论在大学章程建设中彰显学生主体性》,载《宁波大学学报(教育科学版)》2013年第2期。该文中用的是"学生事务",但按本书文中观点,对"学生工作"和"学生事务"不做严格区分。
② 王珊、苏君阳:《学生参与对现代学校制度建设的伦理意义》,载《教育学术月刊》2015年第2期。
③ 湛中乐:《大学法治与权益保护》,中国法制出版社2011年版,第142页。

等、人权等予以维护,而且公开、参与的程序本身是法治的重要组成部分。可以说,没有法治的程序,就不会有法治。"① 良好的程序要求做出决定的过程应向社会公开,特别是向利益相关方公开,做出决定的过程即决定的多方充分互动、相互诘难的过程。这有利于决定趋向公正和合理。因为在这一过程中,事实得以充分展示,问题的利弊得失也得到了较全面的分析,各种利益在这一过程中也得到了充分的考虑以及平衡。我国流行国家工具主义法律观,重实体而轻程序,重结果而轻过程,似乎只要结果好就当然意味着为之付出的行动皆正当且合理。这导致的后果就是,程序的价值历来不太受重视,程序难以进入制定法,人们开始更多相信"潜规则",而对程序这一能感受得到的"显规则"产生不信任和怀疑。此外,程序的价值达不到重视的一个原因,还在于权力的拥有者对此有畏惧,因为控权的一个重要手段就是权力行使的公开化、高度的民众参与以及高度的程式化,这无疑离不开法律程序。高校学生工作对程序的重视主要体现在两个方面:一是规范学生工作管理制度的制定过程;二是规范处分违纪学生的程序。

首先,规范学生工作管理制度的制定过程。高校学生工作管理制度的制定最起码应包含以下程序:第一,符合上位法精神,立法程序有法可依。高校学生工作管理立法应有其自身的"立法法",该法应该详细规定高校学生工作管理立法的条件、立法机构、立法程序以及学生工作管理制度的修改和废止程序。第二,立项。由管理部门根据工作需要发起和组织相关人员对该立法工作的必要性、可行性以及立法后的后续问题进行研究,由相关专家评审通过后,方可启动制定工作。第三,起草,征求修改意见。由学校管理部门组织专业人员草拟初稿,完成后征求意见。征求意见的对象应包括但不限于学校管理者、学生工作者、学生以及法律专家等。此外,还可将草案通过多种途径公开,例如将草案放置在学校官网、校内 BBS、贴吧、公告栏等,以求征得广泛意见。第四,组织听证,审议草稿。参加听证的人员应具有广泛性,不得流于形式而指定参与者。参与者包括但不限于学校相关管理部门、学生工作管理部门、学生组织、学生、学生家长、校友会成员以及相关专家等。听证的最理想结果是能就该草案进行投票,决定其实施与否。若不能决定,最起码听证笔录应具有排他性,日后再决定该制度实施与否时,需以此为唯一依据。第五,颁布、宣传。该制度决定通过实施后,需要有一定的公示期,且还应进行必要的广泛宣传,组织相关人员学

---

① 周永坤:《法理学——全球视野》,法律出版社 2010 年版,第 350 页。

习。第六，修改、废止。在实施过程中，制度肯定会或多或少有不适应现实情况的时候，此时就需要进行修改或废止。这也需遵循必要的程序，程序可借鉴以上第一至第五之步骤。

其次，依据学生工作管理制度，对违纪学生进行处分时要设定一套科学合理的程序规则。当高校对学生违纪行为进行处分决定时，一般应包括调查、取证、陈述和申辩、处分、送达等程序。结合近些年一些案例，本书认为在这些程序规则中尤应注意的是证据制度和告知制度。

1. 证据制度

《普通高等学校学生管理规定》第五十五条规定："学校对学生的处分，应当做到程序正当、证据充分、依据明确、定性准确、处分适当。"虽然该规定有点粗线条，但我们仍可得出这样的决定：只有在对事实已经查明清楚，且已经收集到充足证据的基础上，才能认定学生的违纪行为。但该规定未对证据的收集再做说明，而收集证据是一项重要的程序活动，如何在收集的过程中使用一些办法将证据固定下来，这对保证收集证据的顺利进行和证据的有效性、真实性，实现程序正义具有重要作用。在高校收集证据的过程中，应遵循以下原则：一是依法进行原则。高校应该严格遵守相关法律规定，确保全面了解案情经过和结果的同时，保护当事人及其他行政程序参与人的合法权利不受侵犯。对于那些通过违法手段获得的证据，应运用非法证据排除规则予以必要的排除。二是客观全面原则。收集证据的事实材料应当全面、客观地反映证据的本来面目。事情弄清楚之前不要主观武断、先入为主，应听取当事人双方意见，提取知情人意见，做到全面了解情况。不仅只收集对学生不利的证据，同时还要收集对学生有利的证据。三是及时进行原则。收集证据应及时进行，以免因时间过长造成物证丢失、现场毁坏、当事人对案件事实记忆不清等后果，致使证据灭失，不能获得充分确凿的证据。

2. 告知制度

《普通高等学校学生管理规定》第五十九条规定："学校对学生做出的处分决定书应包括处分和处分事实、理由及依据，并告知学生可以提出申诉即申诉的期限。"第六十二条规定："学生申诉处理委员会对学生提出的申诉进行复查，并在接到书面申诉之日起15个工作日内，作出复查结论并告知申诉人。需要改变原处分决定的，由学生申诉处理委员会提交学校重新研究决定。"因此，被处分的学生被他所在高校做出不利的决定之前，高校应当将拟处分决定的所有内容、相关证据、所依据的规则以及学生所享有的程序性权利以书面通知的形式送达并告知该学生。告知的内容又因告知时间的不同而有不同,事前告知的内容主要有拟做出处分决定的主要依据、理由以及处分的主要内容,这有利于学生更有针对性地进行陈述和申诉;事中告知的主要内容则是参与最终处分决定的种种途径和方法,让学生充分地参与到学校做出处分决定的过程中来;事后告知的内容为学校最后做出的处分决定,以及需求法律救济的途径、机构和时间期限等。此外,还需明确不予告知的法律后果。在近些年的学生与高校行政案件中,法院判决学校撤销其处分决定,就是因为很多高校在处分学生的过程中未遵循告知程序。于此,明确不予告知的法律后果十分必要,这一点可借鉴《中华人民共和国行政处罚法》第四十一条之规定——"行政机关及执法人员在作出处罚决定前,不依照本法第 31 条、第 32 条的规定向当事人告知给予行政处罚的事实、理由和依据,或者拒绝听取当事人的陈述和申辩,行政处罚的行为不能成立"。因而,高校在做出处分决定前必须向当事人告知处分决定的事实、理由和依据,否则高校的学生处分决定将不会成立。这有利于保障被处分学生的知情权,从而有效地督促在处分学生时履行告知义务。

3. 听证制度

我国现行的《普通高等学校学生管理规定》在对学生进行处分之时并未引入高校听证制度,这不能不说是一个缺失。[①] 高校听证制度的引入,可以成为保护学生合法权益的有效途径,同时也是使学生权益救济从事后转向事前的重要途径。听证制度为相对弱势地位,且持有不同意见的当事人提供了表达自己意见的机会,使学生和调查人员能面对面地平等交流,平衡了高校权力与学生权利,这很能够促使高校全面客观地查清事实,积极寻求合理的处分方案。而且能够进一步促使高校学生管理工作向公开化、透明化、程序化发展,保证实施处分过程的民主化。引入听证制度还为高校的学生事务管理争取主动权,将学生与高校的权益纠纷解决在处分决定之前,避免出现可能发生的后续问题。[②] 为了能更加充分地发挥听证制度的作用,有必要对其从以下四个方面进行完善:一是在听证程序的适用上,出于对行政资源的合理有效利用,有正式听证和非正式听证两种,正式听证可采用司法型审批程序听取意见。在影响学生重大权

[①] 《普通高等学校学生管理规定》第五十六条规定:"学校对学生作出处分决定之前,应当听取学生或者其代理人的陈述和申辩。"第五十七条规定:"学校对学生作出开除学籍处分决定,应当由校长会议研究决定。"这两条对陈述、申辩以及校长会议的具体形式并没有明确规定,更谈不上引入听证制度了。

[②] 钱春芸:《高校学生事务管理中学生权益保护的行政救济》,载《黑龙江高教教育》2013 年第 10 期。

益,诸如退学、开除学籍和不颁发两证时,才适用正式听证;而警告、严重警告、记过和留校察看这四种处分,可采用非正式听证。二是在听证人员的组成上,"自己不做自己的法官",不能"又做运动员又做裁判",一般应把调查机构、提起指控的机构和做出最后决定的机构这三者互相独立开来。三是听证的具体流程,可借鉴《中华人民共和国行政程序法》有关听证制度的规定,在当事人提出听证申请后,学校表示受理,并应在举行听证前的7日内,把听证的时间、地点和其他有关听证会的注意事项通知给被处分的学生。然后再落实公开质证、辩论、抗辩以及做出决定等程序。四是听证笔录的效力问题。要发挥听证制度保障被处分学生合法权益的作用,必须让处分的决定机构将听证笔录作为决定的唯一依据,以免"听也听了,证也证了,就是没有实际效果"的情况。

(一)建立多元化的法律救济制度

"有权利必有救济"这一亘古未变的法谚,正说明现代大学的校纪校规必须明确在学生管理中相关的权利申诉和救济渠道。随着权利意识的觉醒,大学生的公民意识也在不断强化,并且需求正身权利的正当保障。若否,大学生的正当诉求被否决或不能完全实现时,极易引发学生心理上的抵触,从而需求体制外的解决办法,不利于学生工作的开展。建立多元化的法律救济制度主要包括高校内部救济体系和外部救济体系——内部救济体系以内部申诉制度为主,而外部救济体系则以行政复议和行政诉讼为主。

1. 内部申诉制度

"申诉"一词在《辞海》中的解释是:申诉是公民就有关的问题向国家机关申述意见,请求处理的行为。申诉可分为两种:一种是诉讼上的申诉,即当事人或其他有关公民对已发生法律效力的判决和裁定不服,依法向审判机关、检察机关提出重新处理的要求;另一种是非诉讼上的申诉,即当事人认为自己的权利或利益因国家行政机关违法行为或处分不当而遭受损害时,依法向原处分机关的直接上级机关提出制止违法行为、撤销或变更原处分或赔偿损失的请求。[①]那就学生工作而言,按照《普通高等学校学生管理规定》中相关规定,大学生申

[①] 辞海编辑委员会:《辞海》,上海辞书出版社1989年版,第43页。

诉有两种类型:校内申诉和行政复议。① 从中我们可看到,受理申诉的组织、范围、提起申诉的条件和时效等都有具体规定,诸如:强制性要求高校成立学生申诉处理委员会,申诉处理委员会应当由学校负责人、职能部门负责人、教师代表、学生代表组成;申诉的受理范围包括取消入学资格、退学处理或者违规、违纪处分的申诉;程序有校内申诉和行政申诉,校内申诉为学生对处分决定有异议的,在接到学校处分决定书之日起5个工作日内,可以向学校学生申诉处理委员会提出书面申诉;对于行政申诉则为学生对复查决定有异议的,在接到学校复查决定书之日15个工作日内,可以向学校所在地省级教育行政部门提出书面申诉。省级教育行政部门在接到学生书面申诉之日起30个工作日内,应当对申诉人的问题给予处理并答复。"学生申诉制度是高校与学生权益纠纷的专门解决途径,是解决纠纷简捷、高效、节约成本的途径。在高校设立学生申诉制度,赋予学生申诉的权利,不仅方便学生将争议和纠纷及时反映出来,也体现了依法治校、以人为本的学生事务管理理念。"②

  但是,现有的申诉制度只是明确了申诉的主体和范围,总体上相关法律规范还是过于原则化,缺乏具体程序规则,并未对校内申诉制度做出实质性规定,譬如"学生申诉委员会"的构成人员构成比例应如何?在校内的身份和地位又是怎样?如果不能保证其自身的独立性以及学生代表的参与,学生的申诉权依然会流于形式,成为一句空话,这无疑严重影响了学生通过申诉维护自身合法权益的成效。此外,现有的申诉制度并未厘清校内申诉与行政诉讼,乃至行政诉讼的关系,对是否应将校内申诉作为其他两者的前置程序并未给予回应。若将校内申诉作为前置程序,可以方便当事人迅速获得有效的法律救济;而基于教育案件的特殊性,尊重高校办学自主权,则校内申诉不是可有可无,而是必须先行经过此程序。

  基于对高校申诉制度及其缺陷的介绍,在健全学生申诉制度时,要从以下

---

  ① 《普通高等学校学生管理规定》第六十条规定:"学校应当成立学生申诉处理委员会,受理学生对取消入学资格、退学处理或者违规、违纪处分的申诉。学校申诉处理委员会应当由学校负责人、职能部门负责人、教师代表、学生代表组成。"第六十一条规定:"学生对处分决定有异议的,在接到学校处分决定书之日起5个工作日内,可以向学校学生申诉处理委员会提出书面申诉。"第六十三条规定:"学生对复查决定有异议的,在接到学校复查决定书之日15个工作日内,可以向学校所在地省级教育行政部门提出书面申诉。省级教育行政部门在接到学生书面申诉之日起30个工作日内,应当对申诉人的问题给予处理并答复。"第六十条和六十一条规定的是校内申诉,而第六十三条规定的虽是"申诉",但其实就是行政复议的同语反复。见章清、杜志宏:《高校学生权益救济制度的层级递进结构研究》,载《现代教育科学》2006年第4期。

  ② 钱春芸:《高校学生事务管理中学生权益保护的行政救济》,载《黑龙江高教教育》2013年第10期。

方面加以完善:一是出于保持独立、中立以及维护学生利益的原则,应从国家法律层面来构建全国统一的学生申诉程序规范。对管辖、申诉期限、申诉理由、申诉处理的人员组成及处理程序等问题都予以明确化和细致化。二是扩大申诉的受理范围,凡是高校做出的侵犯学生受教育权、人身权和财产权的行政行为或其他不当行为,学生均可以通过申诉机制进行救济。三是科学成立申诉处理机构,该机构可以常设在学生处,由教师代表、学生代表、教育专家、法学专业组组成申诉处理委员会且教师代表和学生代表的比例不得少于三分之一。也可以考虑专门成立由省级教育行政机关指导但没有隶属关系的大学生申诉处理委员会,成员由大学生协会(或联合会)、高校教师协会以及律师协会等按照一定的条件和程序协商或选举产生。①

2. 教育行政复议制度

行政复议是指行政相对人认为行政主体的具体行政行为侵犯其合法权益,依法向行政复议机关提出复查该具体行政行为的申请,行政复议机关依照法定程序对被申请的具体行政行为进行合法性、适当性审查,并做出行政复议决定的一种法律制度。② 我国《普通高等学校学生管理规定》第六十三条规定:"学生对复查决定有异议的,在接到学校复查决定书之日 15 个工作日内,可以向学校所在地省级教育行政部门提出书面申诉。省级教育行政部门在接到学生书面申诉之日起 30 个工作日内,应当对申诉人的问题给予处理并答复。"第六十三条有学者认为规定的是行政申诉③,有学者则认为是二次申诉制度④,还有学者认为就是行政复议的同语反复⑤。由于高校是依据《教育法》的规定行使特定行政权的事业组织,在行政法中有行政主体资格,可以自己的名义对学生的学籍、入学资格等受教育权独立行使行政职权并承担相应的法律责任。《行政复议法》第二条规定:"公民、法人或者其他组织认为具体行政行为侵犯其合法权益,向行政机关提出复议申请,行政机关受理行政复议申请、作出行政复议决定,适用本法。"且该法第六条在谈及行政复议范围时,以列举的方式强调了与

---

① 钱春芸:《高校学生事务管理中学生权益保护的行政救济》,载《黑龙江高教教育》2013 年第 10 期。
② 姜明安:《行政法与行政诉讼法》,北京大学出版社 2005 年版,第 413 页。
③ 湛中乐:《大学法治与权益保护》,中国法制出版社 2011 年版,第 179 页。
④ 张恩学:《教育行政复议制度研究——以高等院校校生纠纷为视角》,载《教育探索》2015 年第 1 期。
⑤ 章清、杜志宏:《高校学生权益救济制度的层级递进结构研究》,载《现代教育科学》2006 年第 4 期。

高校学生相关的一些事项也包含在行政复议的范围之中。① 另外,《教育行政处罚暂定实施办法》第三十一条规定:"当事人对行政处罚决定不服的,有权依据法律、法规的规定申请行政复议或者提起行政诉讼。"由此可见,结合行政复议的定义以及考虑法律之间的协调性,我们可认为《普通高等学校学生管理规定》第六十三条规定的"申诉"其实就是教育行政复议。同时,也可知晓教育行政复议的范围主要有两点:其一是如开除学籍和取消入学资格等将改变学生特定身份和实质性地位的处分;其二是裁定不授予学业证书、学位证书等资格的行政许可决定。而出于尊重高校办学自主权之考虑,其对学生进行管理以维护校内正常管理秩序而对一般违纪行为所作的处分,如警告、严重警告、记过、留校察看等,则不宜属于行政复议的受理范围,而应当使用上文所说的校内申诉制度。做一个总结,即当高校依据《教育法》的授权,对学生的学籍、入学资格等受教育权以及学业证书、学位证书等资格的授予行使职权时,学生可以依法提出复议申请,省级教育行政机关为行政复议机构,其依照法定程序对被申请人(高校)的管理行为进行合法性与适当性审查,督促高校依法行使学生管理权,维护申请人(学生)的合法权益。②

教育行政复议制度是高校行政法律地位定位的必然要求,它的功能主要表现在以下三个方面:一是内部监督功能,教育主管部门和高校共同构成一个完整的教育系统,在这个系统中,教育主管部门依法指导、检查和督促高校实施学生管理工作,并对高校进行必要的监督,及时处理高校内的纠纷。二是权利救济功能,申诉制度由于本身并非一种规范的纠纷解决模式,在该制度模式下,申诉处理机关的权力和责任界定并不明确,因此在申诉处理过程中,处理机关往往流于形式,或选择对其有利的结果。行政复议制度的引入,一定程度上能责成高校重新做出决定,达到解决冲突和纠纷的目的,以维护学校合法权益。三是保障高校管理自主权。严格限定行政复议的受理范围,高校出于维护教学秩序而对违纪学生所作的一般处分不包含在内,这就是基于尊重高校自主管理权的考虑。更者,教育行政复议制度也保障了高校学术自主权,对学术自主权的控制只作用于其程序而非对实体进行干预即为证明。

---

① 《行政复议法》第六条规定了行政诉复议的受理范围,第三款规定"对行政机关做出的有关许可证、执照、资质证、资格证等证书变更、中止、撤销的决定不服的";第八款规定"认为符合法定条件,申请行政机关颁发许可证、执照、资质证、资格证等证书,或者申请行政机关审批、登记有关事项,行政机关没有依法办理的";第九款规定"申请行政机关履行保护人身权利、财产权利、受教育权利的法定职责,行政机关没有依法履行的"。

② 章清、杜志宏:《高校学生权益救济制度的层级递进结构研究》,载《现代教育科学》2006年第4期。

此外，行政复议制度的落实还有利于实现行政复议制度与行政诉讼制度的有效衔接。根据行政法诉讼法的相关规定，申诉人对复议结果不服的，可以向人民法院提起行政诉讼，或者直接提起行政诉讼。

3. 教育行政诉讼制度

我国当前的《行政诉讼法》仅界定了两项行政诉讼范围的标准，即具体行政行为标准和侵犯人身权、财产权标准，同时，高校的行政主体在学界和司法实践中还存在争议，这使得学生对高校的诉讼并不完全适用于《行政诉讼法》。在知识经济时代里，受教育权的重要性不言而喻，此等重要的权利却被排除在行政诉讼受案范围之外，从基本权利的保护来看，确有不妥！司法作为权利救济的最后手段，在法律适用中既要维护学生的权利，又要尊重学校的办学自主权。也正是司法审查对高校管理的介入，使得无论大学管理者的主观意愿如何，大学在保持其必要自治的同时，也无法独立于法治社会之外。

虽然在现实生活中司法审查对高校学生工作管理的介入很难，但这并不代表教育行政诉讼制度无可行性。立法上的缺乏，通过近几年受教育权受侵犯的案件而某种程度上得到了突破和弥补。1999年的"田永诉北京科技大学拒绝颁发毕业证书、学位证书案"开辟了学生权利司法救济的渠道，使司法的阳光第一次照进了高校的殿堂，该案也成为法院创造性地适用法律对大学管理进行司法审查的一个成功典范。之后，此类个案不断涌现，通过这些一个个具体而鲜活的法律适用过程，学校行政主体资格得以在司法实践中得到确定，因而高校可以作为行政诉讼的被告参加诉讼，这从而开辟了对高校内部管理行为进行司法审查的先例，高校管理逐步进入法治状态。现在的问题是，高校学生工作管理和行政诉讼作为两个彼此独立的系统，司法的介入会不会妨碍高校自主办学权？我们的回答是否定的。"司法救济作为一种普遍性和终极性而运作成本高的一种纠纷处理机制，如果不必要、不合时宜地介入高校管理权，对于大学生合法权利的保护同样存在着不可克服的局限性。"[1]因而，司法审查的介入需要有限性，也即在一定的范围之内介入高校学生工作管理。换言之，这涉及教育行政诉讼的受理范围，我们认为如同教育行政复议的受理范围一样，做出如开除学籍、取消入学资格等将改变作为学生的特定身份和实质性的地位处分，以及不授予学位证书或毕业证书等行政许可决定之时，才能提起行政诉讼。当然，涉及人身权和财产权的纠纷当然可以直接向法院提起民事或刑事诉讼。

---

[1] 章清、杜志宏：《高校学生权益救济制度的层级递进结构研究》，载《现代教育科学》2006年第4期。

综上,在高校学生工作管理过程中,对学生权益的救济形成了一个由校内学生申诉制度、教育行政复议制度和教育行政诉讼制度组成的体系,三者之间层层递进,受理范围也是根据救济渠道的特点逐渐缩小。这一多元化的法律救济制度总结起来如下:一是高校做出的侵犯学生受教育权、人身权和财产权的行政行为或其他不当行为,学生均可以通过申诉机制进行救济;二是学生若对校内复议结果不服,可以向省级教育行政机关提起行政复议,其中,涉及人身权和财产权纠纷的还可以直接向法院提起民事或刑事诉讼;三是如果高校处分决定将改变作为学生的特定身份和实质性的地位,那学生可在提起行政复议后再提起行政诉讼,或直接提起行政诉讼。当然,为使高校自主办学权和司法之间形成平衡,司法审查需有限介入,而不能毫无保留、无限制、武断和专横。因而,如果学生受到的处分是高校基于自己内部的正常管理制度而做出,且学生的实质性地位也不至于因这种处分而受到影响的,那司法就不能介入进来。

第二章　加强学生工作队伍的法治化水平

第一节　学生工作队伍的现状分析

　　高校学生工作是高等学校培养人才的总体工程中的重要组成部分,一支素质高、能力强、结构合理的学生工作队伍,是保障育人质量、维护校园稳定、确保学校可持续发展的不可或缺的力量。高校的学生工作队伍主要由学校学生处、宣传部、团委老师和学院专职辅导员、班主任组成,在学生教育、管理、服务的过程中发挥着重要的作用。从目前我国高校的实际来看,学生工作队伍的中坚力量是学院的一线辅导员,2006年教育部发布了《普通高等学校辅导员队伍建设规定》,在文件中明确了辅导员在高校教师队伍中的身份:"辅导员是高等学校教师队伍和管理队伍的重要组成部分,具有教师和干部的双重身份。辅导员是开展大学生思想政治教育的骨干力量,是高校学生日常思想政治教育和管理工作的组织者、实施者和指导者。"根据该文件,辅导员的日常工作主要包含两大块内容:一是大学生思想政治教育,要组织学生积极参加专门的与党的知识相关的政治理论学习和实践,推而广之,凡是和思想政治教育有关的所有问题辅导员都要参与解决;二是要通过各种活动来进行思想政治教育,各类校园文化活动、教学秩序维护、文化建设等环节都成为辅导员施展拳脚的舞台。无论从哪方面来看,以上两大块内容都需要从业人员有专门的知识储备和能力储备,但是实际情况又是如何呢?

一、苏州大学学生工作队伍现状调查

　　作为省属综合性高校,苏州大学近年来学科发展迅猛,在全国的知名度不断提升,学生工作各方面实绩在全国省属高校中也排名居前。无论是专业教师人数还是学生人数均比较适中,以这样的高校作为研究对象,可以看出目前我

国高校学生工作队伍的现状。

1. 苏州大学学生工作队伍基本情况

苏州大学目前有专职学生工作干部共119名(含党委副书记),其中男性辅导员52名,占43.69%;女性辅导员67名,占56.31%。在全校范围而言,专职学生工作干部的男女比例失衡表现为男教师偏少,女教师偏多。这一情况代表着苏州大学的总体情况,也是全国范围的普遍情况,从事专职辅导员工作的男教师人数连年呈现下降趋势。

学生工作干部与学生比例是1∶2450,超出教育部规定的1∶2200的要求,但这也是目前全国范围的普遍情况,反映出高校对学生工作不太重视的普遍现状。

2. 学生工作干部的学历结构

苏州大学119名专职辅导员中,本科学历者8人,占6.72%;获得硕士学位者106人,占89.08%;获得博士学位者5人,占4.2%。硕士(含)以上高学历比例占学生工作队伍总人数的93.28%,该比例高于该校其他系列的教职工,更是远远高于社会其他职业。苏州大学作为省属"211"学校,对学生工作干部的学历要求较高,早在2008年就规定新任的辅导员必须至少为硕士研究生毕业,从业人员总体素质较高。

3. 学生工作干部的学科结构

苏州大学是一所综合性大学,涉及除军事学以外的所有学科门类,共有23个二级学院,其中理工类学院13个,文科类学院10个。在119名专职辅导员中,具有工科专业知识背景的辅导员有17人,占14.29%;理科类专业毕业的辅导员有11人,占9.24%;医学专业毕业的有7人,占5.88%;经济学专业毕业的有5人,占4.2%;农学毕业的有2人,占1.68%;具备化学类知识背景的有1人,占0.08%。文学、法学、教育学、管理学等文科类专业毕业的辅导员共76人,占63.87%。从全校情况来看,专职学生工作队伍的学科结构不尽合理,在理工类学院表现得更为突出,当学生出现学习困难情形时,具备文科学历背景的辅导员很难真正对理工类学生提出学习方面的建设性意见,对其从事本职工作带来一定挑战。

4. 学生工作干部在岗位上的服务时间

苏州大学119名专职学生工作干部中,从事辅导员工作年限4年以下的有45人,占37.82%;从事辅导员工作年限5~10年的有37人,占31.09%;从事辅导员工作年限11~20年的有32人,占26.89%;从事辅导员工作年限达20

年以上者有 5 人,占 4.2%。从分析看,形成了以老带新、以新促进的人员梯队,年轻学工干部占三分之一以上,为不断适应学生创造了条件,人员队伍比较科学。

5. 学生工作干部取得其他职业资格情况

为不断适应学生工作的挑战,苏州大学鼓励专职学生工作干部工作之余参加和工作相关的职业证书的培训,119 名专职学生工作干部中,取得职业指导师资格的有 67 人,占总人数的 56.3%;取得心理咨询师资格的有 18 人,占总人数的 15.13%;取得国家生涯规划师资格的有 18 人,占总人数的 15.13%。具备"三师"资格的专职学生工作干部合计有 103 人,占总人数的 86.55%,为更好地从事辅导员工作打下了良好的基础。

二、高校学生工作队伍存在的主要问题

从苏州大学学生工作干部队伍的情况来看,以点带面,可以发现中国高校学生工作队伍普遍存在着以下问题:

1. 学生工作干部的精力与繁杂事务之间存在着矛盾

以苏州大学王健法学院为例,王健法学院现有 3 名专职学生工作干部,1 人兼任学院党委副书记,1 人兼任团委书记,1 人兼任学工办主任。3 人同时均兼任学生党总支书记、副书记。2 人同时兼任 8 个班级的班主任工作。每人的工作量均为超工作量状态,每人均身兼数职,而且每个职务均有明确的岗位职责及必须完成的任务。在"上面千条线,下面一根针"的局面里,要将所有任务落实就已经占据几乎所有精力。除了常规工作以外,随着时代的发展,还增加了心理咨询、就业指导、安全教育、危机处理、健康服务、学业指导、助学贷款、社团指导等新内容,而且心理咨询、危机处理、就业指导等内容已经呈现占据学生工作干部精力越来越多比重的趋势。

2. 日常事务工作与个人业务发展需求之间存在着矛盾

各项事务性工作如评奖评优、国家奖助学金发放、就业指导、职业生涯规划等都需要实际指导,占据着学生工作干部大量的时间和精力,往往被其束缚。国家高度重视高校思想政治教育工作者队伍,从政策层面规定学生工作干部既是高校专业教师中的一部分,又是高校教育管理队伍的一员。但实际上高校用人机制和评价体系存在着缺陷,导致学生工作干部既不是专业教师,又不是管理人员,地位偏低,学生工作干部没有固定的发展路径,对未来的发展前途感到迷茫。在苏州大学的 119 名专职学生工作干部中,获得高级职称的仅有 13 人

(其中11名副教授、2名教授),只占10.92%;获得讲师职称的有69人,占57.98%,这69名中级职称的辅导员由于工作任务的繁重、职称评定规则的死板僵化等原因难晋升到高级职称,导致不少辅导员个人职业发展需求得不到满足。因此,很少有人愿意长期从事学生工作,出现专职学生工作干部"身在曹营心在汉"的现象。

3. 学生工作系统组织模式与日新月异的现实存在着矛盾

目前国内高校的学生工作系统几乎都没有突破以下组织模式:校级层面专设一名党委副书记、副校长主管学生工作,学生处对分管校领导负责,作为全校学生思想政治教育的协调和管理部门,代表学校制定和实施除学籍管理以外的各种学生工作规划和管理规定,负责管理全校专职辅导员的业务考核和业务上的指导与培养;校团委在校党委的领导下,以团的工作为主线,以校、系、班级三级团组织为工作网络,开展各项工作;各学院设一名党委副书记负责本学院学生思想政治教育工作和管理工作,按年级或专业配备专职辅导员,辅导员在工作上对学院分管学生工作的副书记负责,接受其领导。[①] 这种单一的系统组织模式与当前高等教育鼓励高校个性个化发展以及高校谋求形成自身特色的培养人才多样化、国际化的发展趋势不相适应。

4. 思想政治教育工作的泛化和边缘化

学生工作干部往往在实际工作中把不属于思想政治教育范畴的综合素质教育、日常事务管理、文化娱乐活动等工作当成工作内容,并且这种长期的、大量的边缘性的工作,导致学生和其他老师认为学生工作干部是管理学生杂事的可有可无的"业余老师",发展上缺乏专业化培训和清晰的发展路径,客观上造成其工作停留在低层次、低水平的阶段,疲于应付,不能适应学生工作的实际需求。

从现有学生工作队伍的现状来看,要适应目前学生的特点,适应目前我国高等教育的发展趋势,必须进行变革,原有的组织模式必然要打破,如何建立一个内外协调一致、纵横交错的学生工作系统,如何强化学生工作队伍的专业化,如何完善学生工作队伍的发展机制,将是高校学生工作必须面对并且要思考的课题。

[①] 朱卫平:《浅析独立学院学生工作现状及问题》,载《河北函授大学学报》2011年第5期。

三、解决学生工作队伍现有矛盾的措施

1. 在系统组织模式上，走平面化的道路

原有的学生工作系统模式是层级制，已经不能适应目前实际工作的需要。高等教育的改革不仅仅是学科专业知识、教学方式、教学理念的改革，管理理念、育人理念也需要有很大的变革。世界教育强国的高等教育体系中，将学生放在很高的地位，高校的所有工作都围绕着学生的发展，学生工作的组织模式也大多是扁平化的、贴近学生需求的。我国要想取得学生工作的大突破，必然要学习这一经验并将其移植到现有的学生工作体系中。

2. 在个人职业发展上，走专家化的道路

学生工作是集理论性、知识性、实践性、时代性、时效性为一体的工作，是致力于学生的全面发展，是一门专门的职业。[①] 学生工作干部既是完成学生日常教育管理及服务工作的多面手，又是学生就业指导、生活学习指导、成才指导、心理咨询、形势政策教育等某一方面的专家学者，才能满足学生工作的客观需要，才能保证工作质量，增强自身的竞争力。因此，在个人职业发展上，专家化的发展方向是高校发展的客观要求，也是学生工作干部自身的需求。

3. 在具体管理理念上，走法治化的道路

在全社会都提倡法治的前提下，学生工作法治化是改革的必然趋势，高校学生的法律意识不断增强，以往的管理经验不能满足实际需求。所以原先的人力管理应变为制度管理，规范学生工作的程序，依法治校，依规执行，从而可以将学生工作干部从"事务堆"里解放出来，节省工作时间，拓展学生工作的空间，从而提高工作效率，提高工作成效。

第二节　法治化是高校学生工作的必然发展趋势

随着我国法制建设步伐的加快，我国已经初步构建了一个相对独立的教育法律体系，高校学生工作法治化，是法治宏观视野下能够且必须触碰到的微小细胞，作为高校管理的一部分，高校学生工作不可能游离于法治之外。2003年7月教育部颁布了《关于加强依法治校工作的若干意见》，要求各高校在国家相

---

① 郑晓明、陆国志：《关于高校学生工作队伍建设的思考》，载《现代教育科学》2004年第5期。

关法律法规的基础上，建立一整套完善的高校规章制度，明确学校、学生等各方的权利和义务，严格依照教育相关法律和学校规章制度管理事务。高校学生工作法治化最根本地体现在与学生相关的管理规范在根本上与宪法、法律一致，最低限度是保障学生权利的实现与救济，最高目的是促进学生的全面成长成才。

一、学生工作法治化的必要性

高校学生工作法治化主要是指高校按照国家的法律法规和方针政策的规定，调整学校与学生之间的关系，用法治的思想、原则和方法，处理学校与学生之间发生的各种矛盾，在大学生的学习、生活、社会活动等各个方面实现规范化、合理化、秩序化，使教育、管理、服务工作合法化进行。高校学生工作法治化是一种新的学生管理工作模式，有别于传统的学生工作模式，它侧重于从法律角度，充分运用法律手段对学生进行日常行为的教育、服务和管理，从学习活动到课余活动，从课堂到课外，从教室到宿舍，从校内到校外等各个方面，对学生规定了明确的法律标准，提出了相应的行为责任，对学生行为具有指导性强、操作性强的特点。[①]

治国方略要求高校学生工作法治化。依法治国是我国的基本治国方略，要求"有法可依、有法必依、执法必严、违法必究"，依法治校是依法治国的细化，是依法治国方略在学校管理中的具体表现。依法治校要求高校根据国家的法律法规调整学校各方面的关系，并且在国家法律框架的范围内制定学校的各项规章制度，明确规定高校教育、教学、管理、服务各项工作的实施办法和程序，做到有章可循。对被教育者——高校学生来说，通过高校依法实施教育、管理、服务的行为逐步营造民主法治的校园环境，在法治的氛围下可以培养学生有较强的法律意识，久而久之形成学生学法、守法、用法、护法的习惯，从而推动国家的法治进程，为国家依法治国创造成熟的环境。

高校与学生的关系要求高校学生工作法治化。在计划经济时代，高校与学生主要是管理与被管理的关系，改革开放以后，学生开始缴费上学，在市场经济条件下，接受高等教育成为家长和学生对人力资源的一种投资，高校与学生形成了教育服务的提供者与消费者的关系，变成了双方权利义务对等的市场主体，传统的管理与被管理的模式必然不适应目前的高校实际工作的需求。从高

---

① 赖少坤：《高校实施依法治校与学生工作法治化的探究》，载《济南职业学院学报》2012年第1期。

校学生工作法治化的内涵来看,高校与学生都是权利义务主体,在出现矛盾的时候,必然要用法律手段来协调解决。此外,以人为本的理念近些年开始深入人心,崇尚法治平等精神也是高校学生工作的基点,适应法治社会的要求,用平等的眼光看待高校和学生的关系,尊重学生的权利,尊重学生对合法权利的追求,确保学生的利益得到保护。因此,市场经济条件下,高校与学生的新型关系必然要求高校学生工作走法治化的道路,这是必然的也是唯一的选择。

二、高校学生工作法治化现状

学生工作法治化的核心是通过对高校管理权的有效限制和依法运用,实现对大学生权利的保障。可以引申为五层含义:一是高校管理权所依之法应当是符合法律精神的良法;二是高校应依法对学生行为做出评价,而非依据道德规范;三是高校必须依据法定程序行使管理权;四是高校管理权被违法行使造成对大学生权利的侵害后,有一套完善的救济制度保障大学生顺利行使其救济权利;五是在满足上述四点的前提下,高校管理权所依据之法律得到大学生的自觉遵守。① 以此作为参照,我国高校目前的学生工作离法治化的理想状态还存在不少距离。

1. 当前高校学生工作非法治化的主要表现形式

在当前高校的学生工作中,存在着诸多非法治化现象,从不同程度损害了学生的合法权益,集中体现在以下方面:

存在着对学生受教育权的侵害现象。受教育权的侵害集中体现在对学生学籍权的侵害上。学籍是学生在受教育的过程中享受权利、承担义务的一种资格,是学生在高校进行教育活动的身份,体现在入学和退学两方面。在入学学籍的取得方面,高校录取工作存在着不公平现象,但这一现象不属于本书的主要讨论范围。在退学方面,主要表现为高校在勒令退学和开除学籍方面存在着违反法律的现象。

存在着对学生人身权、财产权的侵害现象。学生在高校的人身财产安全是高校学生工作的重要内容,由高校管理者思想松懈、制度不合理造成的侵害事件时有发生,如各种原因造成的学生校园伤亡事件、学生财物失窃事件、校园火灾事故等,对学生的人身权、财产权造成了侵害。

存在着对学生参与权利的侵害现象。我国长期将学生作为学校管理的对

---

① 吴名蒙:《高校学生管理工作法治化研究》,湘潭大学2008年硕士论文,第9页。

象,学校是实施管理者,学生是被管理者,学生应有的主体权利往往被忽视。学生自治是现代大学制度的重要组成部分,《国家中长期教育改革和发展规划纲要(2010—2020年)》第四十条明确规定了"各类高校应依法制定章程,依照章程规定管理学校",要"加强教职工代表大会、学生代表大会建设,发挥群众团体的作用"。但是目前我国高校的学生组织更多的是完成学校交代的任务,最多只是向学校提出建议和意见,在维护学生权利、参与高校管理方面所起的作用甚微,这些情况实质上形成了对学生参与权利的侵害。

存在着对学生程序性权利的侵害现象。"对学校给予的处分不服向有关部门提出申诉,对学校、教师侵犯其人身权、财产权等合法权益,提出申诉或者依法提起诉讼。"这是《教育法》第四十二条明确规定的,而《普通高等学校学生管理规定》也明确:"处理结论要同本人见面,允许本人申辩、申诉和保留不同意见。对本人的申诉,学校有责任进行复查。"这两个法律法规明确在程序上设置了对学生权利的保护,但是,在目前高校的学生工作中,很多高校"重实体、轻程序",有时甚至直接忽略对学生程序性权利的保护。

2. 高校学生工作中非法治化现象的成因

当前高校学生工作还存在着诸多非法治化的现象,究其原因,有管理体制的问题,有管理理念的问题,有传统思想的影响,也有具体方法的问题,原因是多方面的。

一是"师道尊严"的传统思想使高校学生工作人员法治意识淡薄,轻视法治。中国传统文化中一向"重权力、轻权利",对高校的自主权的理解存在偏差。有的高校对学生的处分缺乏公正性、透明度,缺乏详细的规定。有的院系没有学校的正式授权,自己设定学生处分权;处分学生时,未履行严格的程序,对学生的复议权和申诉权没有给以足够的制度保障等。归根结底,这种现象仍是"人治"观念在起作用。有的学生工作人员认为学生工作法治化就是要加强高校的权威,强调着重管理,而现代教育重视"以人为本"的育人理念被极大地忽视了。

二是目前高校的现有校内规章制度滞后,存在着缺位现象。从国家层面来看,我国目前所有的教育立法体系由宪法、教育法、教育行政法规等组成,新中国成立之初制定后就一直没有变化,呈现出原则性条款多、程序性条款少、操作性差、可诉性弱的特点,使得当前高校与学生的各种法律关系不能囊括其中,严重落后于时代的发展。从高校个体层面来看,高校的校内规章制度和现行国家的法律法规相冲突、相矛盾的现象时有发生。在各高校的校内规章制度中,"不准""应该"等限制性条款充斥其间,对学生的要求更高更严,远远超出了法律要求的范围,从而和法律法规相抵触。

三是缺少对学生程序性权利的申诉制度和救济制度。学生程序性权利得不到保障的情形主要表现在以下三个方面:(1)学校处分的性质不明,导致诉权归因不明。学校根据高校的校内条例对学生进行处分,一旦发生纠纷,属于民事还是行政纠纷?这些在现行高等教育法律体系中没有明确。(2)高校的学生违纪处理条例中涉及处理程序的内容偏少,措辞原则、概括、模糊,操作性差,在处分学生的过程中,只体现校方意志,不注重调查取证,没有听证会,学生没有机会申辩。(3)事后救济方面,学生的申诉权也往往不能有效行使。如何申诉、向谁申诉、申诉期限等问题在现有高等教育体系中同样没有明确。学生的权利在其中找不到明确的位置,法律失去了对权利的关照。[1]

四是高校学生工作缺乏有效的监督和约束。这种监督和约束分为两个方面:一是法律对高校是否侵犯学生的权益缺乏监督和约束;二是对高校校内权力导致的腐败问题缺乏监督和约束。由于我国现有法律对高校法律地位的规定比较模糊,对"法人"没有进一步进行划分,也没有像国外那样将高校定位为"财团法人""社团",因此,一旦出现纠纷,在审视高校管理是否侵权时缺乏足够的法律依据。尽管司法实践中出现了把高校作为法律授权的组织来看待,但毕竟缺乏明确的法律规定,各地法院按照各自的理解做出不同的判断,有的对侵犯学生权益的案件受理并做出判决,有的被以"不属于人民法院受案范围"为由驳回,如轰动一时的"刘燕文案"。另外,高校内部由于缺乏相对有力的监督机制,在学位评定、学生处分、招生等环节缺乏透明性,引发高校与学生之间的纠纷,"领导决策不民主,内部监督不到位,使个别领导一旦大权独揽,就会把学校的发展机遇当成了谋取个人利益的就会"[2]。

三、学生工作法治化的基本思路

学生工作法治化的目标是保证高校的学生工作遵循"有法可依,有法必依,执法必严,违法必究"的原则,实现制度化、法律化、规范化管理,从而提高学生工作的水平,促进学生的成长成才,确保高校的办学质量。为了实现这个目标,首先要理清思路,明确方向,使得学校管理从无序走向有序,从随意走向规范,从经验走向科学。

---

[1] 石红心:《权利需求与司法回应》,载《行政法论丛》(第三卷)2008 年第 8 期。
[2] 刘祥国:《论高校行政权力的监督》,载《湖南人文科技学院学报》2005 年第 9 期。

1. 坚持以人为本,强化学生工作法制理念

知法懂法是实现依法治校的基本要求,高校管理者能否真正从思想上与时俱进、提升自身的法制意识和法治观念,并将这种观念贯穿于整个学生工作的全过程,是其中的关键所在。所以,高校领导者应该把"依法治校"作为学校管理的基本理念,为高校真正走向法治化轨道做好思想准备和理论准备。

在高等教育的过程中,高校的权力往往只受到道德标准的衡量和限制,受到传统"人治"观念的束缚,缺乏法律的规范。因此,高校管理者法治观念的培养首先要从消除错误观念、树立正确理念入手,培养管理者的守法意识。在高校的学生工作中,以人为本、法治化的学生管理理念是高校发展的本质要求,实质就是在强调在依法对学生进行管理的同时充分保护学生的个性发展并尽力维护其合法权益不受侵害。

2. 严格依法建章,完善高校学生管理制度

学生工作法治化实际上是要解决高校管理权与学生个人各项权利之间的冲突,具体表现为学校在行使法律赋予的管理学生的公共职权时如何避免侵害宪法和法律赋予学生的正当权利,在学生在诉求现有权利的同时,如何服从学校依法管理的权力[①]这两个方面。当前国内各个高校校内制度存在不少问题,主要表现为权利义务设定失衡、有些条款与法律法规相抵触等。高校内部管理制度是落实学生工作法治化的主要途径,所以必须依法严格建立校内规章制度。

依法建章,要遵循法律优先原则。在规范学生行为管理的一系列法律规范时,下位法必须在基本原则、精神实质和具体法条的内容上不能与上位法相抵触,这一立法基本原则给下位法的制定提出了很高的要求。教育行政主管部门的规章不得与国家的宪法、法律和行政法规相抵触。作为只对本校学生适用、没有法律效力的高校内部的各项制度更不能与国家的宪法、法律和行政法规以及教育行政主管部门的规章相抵触,与法律法规相抵触的高校校内自治性规章无法律效力。教育部颁布的《普通高校学生管理规定》中对学生的纪律处分分为警告、严重警告、记过、留校察看、勒令退学、开除学籍六种,而某高校在其校内公布的《违纪学生处罚规定》中增加了"勒令休学察看"这一处分形式,属于对行政主管部门规章的越权增加,该条款应属无效。

依法建章,要遵循法律保留原则。对有关公民基本权利的限制等事项属于

---

① 谭晓玉:《权力与权利的冲突与平衡》,教育科学出版社 2006 年版,第 80 页。

立法范畴,应当通过立法机关来规定,行政机关无权规定。即使行政机关有了立法机关的授权,也不得与法律相抵触。所以在涉及教育权的取得与否的问题上,也就是在学生身份的取得与丧失方面,理应使用法律保留原则,由立法机关通过法律来规定。

依法建章,要遵循合理性原则。高校对于学生的管理工作中,存在很大的自由裁量的空间,这种自由裁量权的使用要受到合理原则的制约。高校内部各项规章制度的制定、实施、标准都要体现公正合理这一法理精神,例如因为迟到就给以学生留校察看的处分,显然违背了合理性原则。

3. 规范各种教育关系,培养师生法律意识

在人类发展的各个阶段,人们在生活生产中结成了各种社会关系,形成了处理这些社会关系的各种社会规范,如政治规范、道德规范、法律规范等。在教育活动中,教育活动主体之间形成种种教育关系,如教与学的关系、教师与家庭的关系、教师与社会的关系等。当我们把法律关系作为规范教育关系的手段,使得教育活动与法律活动相互渗透、有机结合时,就形成了教育法律关系。高等学校的学生工作过程中,一方面要立足师生情感关系,以情感作为维系管理的基本途径;另一方面要坚持教育法律关系,以法律作为规范管理的基本准绳。既不能因为情感关系影响管理,制约学生工作的法治化;也不能因为过分强调法治化而忽略情感关系的积极功能,只见法律不见师生情感。

法律意识是属于社会意识的范畴,是社会意识的一种特殊形式,是人们关于法律现象的观点、思想、心理和知识的总称,法律意识可以分为法律心理、法律思想、法律学说三个组成部分。法律心理层次最低,是社会生活中人们对法律方面原义性情绪和愿望,带有直观性和表面性。法律思想层次较高,是人们对法律和法律现象的理性认识,具有概括性和抽象性,比较自觉和规范。法律学说是最高阶段,是对法律思想和法律观点的理论性和系统化,有严密的逻辑结构和理论体系。① 法律意识具有认识功能、评价功能和调节功能,这些功能是交错结合在一起的。只有将学到的法律知识消化吸收,确立科学的法律观念和法律态度,对自己和他人的社会行为做出正确的法律评价,并恰当地调节自己的法律行为,才是培养高校师生法律意识的重点。

---

① 李海亭:《高校应加强对学生现代法律意识的培养》,载《洛阳大学学报》1997年第3期。

第三节　高校学生工作法治化的实施途径

　　囿于传统思维和传统习惯,我们较少从法律角度认真思考学校与学生的关系,对法治原则与法治精神的重视与遵从不足,主观随意性较大,特别是在师道尊严的思想影响下,在制定或执行一些规章制度时,片面强调学校的权力,对学生的权利重视不够,以从严管理有助于学生成才的简单推理,来替代对合理性、合法性的冷静思考,对事关学生切身利益的事情,较少听取学生的意见,逐渐产生了高校学生工作管理过程中的很多问题,比如少数管理者垄断一切事务,使学生的某些权利因缺乏可靠的保障而流于形式;对学生行为评价无明确的标准,或者有一定的标准却缺乏实施的具体程序;学生与高校学生工作人员的权利义务不清,学生的权利得不到应有的保障;等等。"高校学生工作法治化"仅仅停留在口号的阶段是不行的,要想适应世界高等教育的格局,建设国内一流、国际知名的高等学校,应该切实有效地实施,将思路变成现实,这样才能完成我国高等教育的改革目标。

一、建立专门的立法委员会,加强学生工作制度建设

　　学校行政权的行使不能游离于社会的法治状态之外,法治状态下的学校管理不能像非法状态下那么自由和随意。学校行政权的行使,同样必须遵循行政法治原则。① 完善的制度体系是构建学生工作法治化的保证,一套反映客观规律、符合行使根本利益、结构统一完整的法律法规体系是学生工作法治化的基本保障。高校学生工作法治化,要求高校的管理必须依靠制度,而不能依靠个人的意志。只有按章办事、依章而行,才能有力地约束管理者的权力,实现高校学生工作的法治化。

　　建构学生工作法律体系,首先要建立确定校内规章制度的制定程序和合法性审查制度,理顺国家现行法律法规与高校制定的规章制度之间的法律关系。《中华人民共和国高等教育法》第四十一条赋予高校校长的第一项职权就是制定具体的规章制度,使高校能够在符合国家法律法规和教育政策的前提下,依法有效地开展形式管理工作。目前我国高等教育体系中有关学生工作的规定

---

① 王辉:《学校规则及其合法性管窥》,载《中国教育法制评论》2007年第7期。

大多是原则性的条款,仅仅依靠国家制定的法律法规来开展高校的具体学生工作是远远不够的,高校内部的学生管理立法要对现行高校的有关学生管理的法律规章进行系统梳理,随着形势的发展不断得到完善。高校必须根据自身实际情况制定一套与现行国家法律法规不相冲突的内部制度体系,使之对国家高等教育有关法律法规起到相应的补充和维护的作用。制定科学、合法、规范、完整的高校内部学生工作规章制度,应该统领在高校章程下,要在高校章程中进一步落实校内规章制度的制定程序,落实民主管理、民主监督原则,保证学生的知情权和参与权。对《学生奖惩条例》《学生宿舍管理规定》《学生奖学金评定实施细则》等事关学生利益的事项要向学生公开,广泛征求学生意见。其次要保持学生工作相关规章制度的稳定性和延续性,应当尽量用明确的法律概念和法律术语,表述要规范,避免和减少诸如原则性、笼统性的规定和表述,使法律规范明确。学生工作规章制度属于高校的内部自治规则,同样不能朝令夕改,不能带有随意性,这样才能保证规章制度的严肃性。非法律术语的随便使用,会导致在出现矛盾、纠纷时无法定性,造成在管理中自由裁量权的滥用,出现适用法律时"无法可依"的局面。最后,要完善学生管理工作中的法律监督机制。没有监督就没有法治的实施。学生工作法治化的一个最大表现是必须依法建立相应的监督机制,特别是要建立、健全学生主体对学生工作的评估和参与监督的机制。[1] 学生工作必须依法严格进行行政管理,要遵循法定权限、法定规则办事,真正做到事前明确授权权限、事中依照法定程序操作、事后依法进行行政复议,有过错责任的,要依法承担相应法律后果,确保广大学生的合法权益不受侵害。

高校内部规章制度的建设也是高校内部的立法过程,应由立法委员会统筹校内立法事宜。高校管理者大多是非法律专业出身,对学校法治的建设和实施无法从法律专业角度来思考和执行,社会分工呈现出越来越专业的细化分工状态,以往多面手的经验主义已经不能很好地适应目前高校学生工作的实际需要,专业化、专家化必定是将来学生工作的发展趋势,因此,高校应该成立专门的立法委员会,专门负责高校的校内立法事宜,就像学术委员会负责高校的学术事宜、教学委员会负责高校的所有教学事宜一样,立法委员会应该负责高校所有规章制度的建设,将风险控制在源头,以最大限度地减少纠纷的发生或纠纷发生后能以最小的代价、最便捷的方式来处理。在开设法学专业的高校,立

---

[1] 刘敏、杨登山:《沿着法治化方向推进高校学生工作》,载《山东省团校学报》2007年第7期。

法委员会成员中法学专家要占三分之二以上，在没有法学专业、缺少法学专家的高校，应该聘请专业的法律顾问团队、律师团队负责高校的立法事宜，立法委员会的职能不限于与"学生工作法治化"有关的法律事务，还应该扩展到与高校正常教学、研究有关的所有方面，能从制定规章制度开始就参与，保障制度的专业性，这样才能体现立法委员会的重要，同时也是国家倡导的"依法治校"的要求。

二、积累法治文化，养成师生法治思维

高校是我国人才培养的高地，从不时见诸媒体的各种学生事件、教师事件的报道来看，高校的人、事、物往往是社会关注的焦点，要想使高校的行为发挥最大限度的示范和引导作用，高校的法治化建设势在必行。法治化的过程是一种文化生成过程，文化的核心表现为思维方式的转变。从人治到法治，实际是法治文化积累的过程，也就是法治思维养成的过程。在高校学生工作法治化的过程中，师生双方都要进行培训，都要提高法律意识。由于我国高等教育中的师生关系长期处于管理与被管理的模式，所以在法治化过程中，老师法治意识的提高显得尤为重要。

在学生管理工作中，辅导员养成法治思维的关键在于信仰法律、学习法律、践行法律。

信仰法律，内化法治思维法律信仰是人们对法律规范本身及法律所追求的价值和理念的自觉认同和信服，并以此来指导自己的行为，是人们主观上以法律作为客体的精神活动，推进法治当从培育法治信仰开始。辅导员只有真诚信仰法律，才能使法治信仰转化为思考问题、解决问题的法治思维和法治方式，使法治思维内化于心灵深处。首先，在依法治校的进程中，要以大学章程建设为统领，健全和规范学生管理规章制度，把法治融入学生管理的方方面面，用法治魅力感染师生，形成师生自觉学法、守法的法治氛围，营造民主法治的和谐校园环境，使法治思维和法治方式在大学的土壤生根发芽。其次，要认同法治，辅导员在思想和行动上能自觉以法的理念和方式处理学生工作事务，要坚持把德育和法治相结合，管理过程要体现对学生的关怀与尊重，充分维护和保障大学生的正当权益，将育人的价值作为高校学生工作法治化的出发点和归宿。最后，要崇尚法治，高校学生工作要牢固树立法律至上的观念，在法与理、法与情的冲突之下，能坚决维护法律尊严和权威，才能最大限度地彰显法治的强大力量。

学习法律，提升法治思维。辅导员应当通过学习系统地掌握相关法律法规

和高校学生管理规定等,增强对法治的认同感,全面提升规则之治的能力,进而提升法治思维。首先辅导员要自觉认真学法,提高自身法律素养,为法治思维的养成奠定良好的理论基础,既要学习法理学的基础知识,熟悉中国特色社会主义法治理论体系,也是要学习实体法,树立宪法至上的观念,重点学习教育相关的法律法规,还要学习程序法,树立程序理念,学会通过实施正当程序来处理学生事务。

践行法律,固化法治思维。除了信仰法律,辅导员还要善于运用法治思维思考问题,以法治方式推动高校学生工作发展,把法治思维融入管理过程中,通过法治实践来增强和固化法治思维,使之成为学生管理中想问题、做事情的惯性思维方式。在学生工作管理过程中,辅导员应当不断追问相关权利是否合法、辅导员管理权限是否合法、学生事务处理程序是否合法、证据是否合法等问题,不任意扩大学生管理权,不因事因人因时而随意改变,要最大限度将法律法规的标尺运用于具体的学生管理工作中,将管理工作切实纳入法治轨道。另外,要注重程序,辅导员在进行学生管理的过程中,必须严格遵循行使管理权的方式,注意事前、事中、事后的程序一致和程序完备。做到依法管理,而非依法管制,并非强制学生遵守各项管理规章制度,而是要坚持以人为本,着力落实各项学生管理规定,用法治方式应对学生工作中出现的各种问题,提高学生工作的育人实效。[1]

对学生工作法治化的另一个重要对象——学生而言,同样需要对其进行培训,来提高学生的法治意识和法治思维。

目前我国高校非法学专业学生的法律意识的培养主要来自"思想道德修养与法律基础"这门课的学习,这门课程涉及法学专业知识的只有第七章"增强法律意识,弘扬法治精神"和第八章"了解法律制度,自觉遵守法律",在教材里所占据的篇幅有70页,在有限的课堂教学中,让学生全面掌握各种法律知识是不现实的。比较合适的做法是各个高校根据自身的实际情况,根据不同专业学生的不同特点开设不同层次的法律基础课,将其作为校内公选课,如针对艺术类学生、理工类学生可以讲授有关知识产权保护的内容,针对食品卫生类学生可以讲授有关食品安全方面的法律内容,这样既能激发学生的学习兴趣,又能让学生学有所用,将法律意识的培养和专业结合起来,比简单讲授法律条文更有意义。

---

[1] 董延彪:《论高校辅导员法治思维的养成》,载《湖北师范学院学报》2015年第4期。

法治教育应是一个从认同到接受再到运用的循序渐进的过程,目的是培养学生自觉、自愿的学法、守法、用法的精神。① 老师在教学中应该注重教学方法的更新,满足不同时期学生的需要。一方面,老师要理论联系实际,多采用社会热点、典型案例,先让学生自行提炼出和法律有关的焦点问题,引导学生就该焦点进行思考,再结合舆论、媒体的观点,充分讨论,调动学生的积极性和参与性。另一方面,要开展法律实践教学,和公安、检察院、法院、律师事务所等司法实践部门建立合作关系,组织学生旁听法院庭审,参观看守所、监狱等部门,让学生对法律实际有直观的感受,帮助学生明确自己所享有的权利和在高校平等的主体地位,自觉守法、主动学法,从而营造一种浓厚的依法治校的文化氛围。

三、搭建专属培训平台,培养学生工作干部法律素养

我国高校的学生工作一向以来主要由专职学生工作干部(又称为辅导员)来担任。辅导员制度自1953年实施以来历经半个多世纪,已经不能完全适应目前高校的实际需要,法治国家建设要求公民提高自身的法律素质,依法治校目标的提出要求辅导员既要立足公民身份,也要立足岗位职责去提高自身的法律素质。当前,从国家到地方再到高校,都认识到提高专职学生工作干部法律素质的重要性,国务院颁布的《关于进一步加强和改进大学生思想政治教育的意见》和教育部《关于加强高等学校辅导员班主任队伍建设的意见》《普通高等学校辅导员队伍建设规定》等法规都对辅导员法律素质的提高提出了新的要求,辅导员的法律素质总体状况正在向好的方向发展,但是也存在以下不足之处:

首先,学生工作干部的综合素质不断提高,但法律素质发展层次不齐。为了适应日益国际化的高等教育形势,高校在选聘辅导员时一般要求具有硕士研究生学历,为了更好地贴近学生的专业背景,对辅导员的学业背景则是多学科并举,通常有文科专业背景的辅导员会到文科学院工作,有理工科专业背景的辅导员会被安排到理工科学院工作,对辅导员的法律素质则没有额外要求,导致不同专业的学生工作干部对于法律知识的了解形成极大的差异化现象。法律必须普遍地为人所知,然后它才具有拘束力。多学科并举的学业背景导致学生工作干部的法律知识体系有较大差距,法律素养参差不齐。长期以来,教育部门和高校在辅导员在工作之初和工作过程中都会进行不同程度的职业培训,

---

① 胡沁熙:《高校法治化建设对提高大学生法律素质的影响》,载《湖北成人教育学院学报》2015年第1期。

但是培训内容更多的是倾向于心理指导能力和就业指导能力,而辅导员法律素质的提高更多的是依赖于辅导员自身的学习,更难以在实际工作过程中主动去发现问题、解决问题,欠缺一定的有效性。

其次,学生工作干部法律素质的提高与学生法律素质的教育未形成互动。"以学生为本"是高校辅导员工作的基本理念,管理和服务是有机融合在一起的。学生法律素质的培养既需要自身的努力,也需要辅导员的引导和教育;辅导员法律素质的提高则既需要学生法律意识的推动,也需要外在机制的促进。[①]但近年来时常见诸报端的校园恶性事件反映出学生法律素质的低下,辅导员的法律素质尽管在不断提高,但远远不能满足对当代大学生教育管理的实际需要。

最后,高校其他管理人员的行为失范导致学生工作干部的法律素养难以形成。法律信仰的形成需要完善的法律体系和严格的程序正义,教育部《普通高等学校学生管理规定》规定,凡是涉及学校学生的切身利益,必须遵循合理性和合法性原则,不能够超越法律的规定,否则高校的管理行为会导致教育纠纷的发生并承担败诉的风险。[②]从近些年所发生的学生状告学校的事件来看,涉及的内容主要集中在招生录取、学籍管理、学位学历授予、毕业就业等方面,一次次地暴露了高校学生管理制度上的弊端。从目前高校的人员结构来看,招生录取、学籍管理、学位学历授予、毕业就业等部门的工作人员属于教学部门、招生就业部门,不属于国家规定的专职学生工作干部,这些部门管理人员存在着校规校纪不依、适用法律不公的行为,其行为造成与学生之间的矛盾往往要依赖于专职学生工作干部去协调,导致学生工作干部面对学生时很难解释,从而间接导致辅导员个人的法律素养难以形成。

《普通高等学校辅导员培训规划》和教育部颁布的《普通高等学校辅导员队伍建设规定》都指出要大力加强高校辅导员培训,但均未具体提及对辅导员法律素质的培训。长期以来,教育部门和高校举办了多种形式的辅导员培训班,但涉及法律知识的培训非常少见。因此,要想从根本上改变这一局面,提高学生工作干部的法律素质,必须建立健全专职学生工作干部的法律知识培训体系,大力提升辅导员法律素养,搭建学生工作干部的专属培训平台,建立辅导员法律素质培训的长效和系统机制。

---

① 李军海、田原:《论高校辅导员的法律素质》,载《延边党校学报》2012年第4期。
② 井然:《论高校辅导员工作的法制化》,载《法制与社会》2010年第3期。

（一）建立和完善法律知识培训体系

法律知识是法律素养提升的前提,必要的法律知识有助于辅导员工作的顺利开展。为了使学生工作干部在接受法律知识培训的过程中有认同感,更易于理解和自我接受,必须建立和完善法律知识培训渠道。将针对新进辅导员的单一培训转变为多元化的培训方式,使短期培训和系统培训相结合。相关部门和高校应该利用现有的辅导员岗前培训、在职培训、短期培训、学习进修这一已经成熟的培训体系,在各类学习培训中加强法治理论教育,围绕依法治校的要求,在培训中要突出学生工作干部应具备的法律知识体系,着重强调辅导员应具备的各种规则意识(包含权利意识、证据意识和程序意识),逐渐改变法律素质培养单靠个人修养的局面,逐步帮助专职学生工作干部建立其个人的法律素养体系。

此外,高校要制定相关政策,鼓励有兴趣、有条件的专职学生工作干部攻读法律硕士和博士学位,培养法治化、专业化、职业化的学生管理队伍。

（二）开通多元化的法律知识培训渠道

设立专门的"辅导员沙龙",定期、系统开设特别法律知识课程和讲座。针对高校辅导员应当掌握和了解的法律知识,邀请法律专家或高等教育专家开办系列专题讲座,系统地开设实用性法律课程和专题讲座。比如针对大学一年级新生刚入学不适应大学人文环境可能引发的宿舍冲突矛盾,教育学生应防范故意伤害行为的发生,同时让学生工作干部了解一旦发生故意伤害行为的应对措施。再比如针对高年级学生因为勤工俭学、创业就业可能引发的合同权益保护问题,帮助学生分析法律风险,加强就业陷阱的预防教育,同时让学生工作干部知道合同纠纷产生以后的解决途径。[①]

学生工作干部只有对于与学生内部管理和外部行为有关的法律法规有了基本认知,才能进一步了解自身的工作特点,才能够结合自身工作的实际,将法律素养在工作中真正体现出来。

（三）编写简明易懂的法律教材和案例分析教材

我国的法律体系非常严密,涉及实体法和程序法,法律条文纷繁复杂,浩如烟海。和高等教育有关的法律虽然自成一体,但具体实施时又必须参照《合同法》《民法通则》的原则,在纠纷发生时又必须按照《民事诉讼法》《刑事诉讼法》

---

① 李阳、李庆瑞:《新时期高校辅导员法律素养提升路径研究》,载《湖北经济学院学报(人文社科版)》2014年第11期。

《行政诉讼法》规定的程序来进行,不是通过一些培训、一些讲座就能够掌握的。所以,要组织有经验的专家编写简明易懂的法律教材,要充分考虑到法律条文外部庞杂性和内部层次性的特点,应当更强调应用性,贴近高校学生工作干部的实际工作,要严格将这类教材与注重法学理论的教材区分开。

同时,针对高校特点邀请法学专业教师和学者编写简明案例分析手册。用通俗易懂的语言将法律知识融入实际案例中,要注意将法学基本理论的评述与典型案例的剖析相结合,使其具有较高的实用性,能够有效提升学生工作干部的法律知识理解能力。

(四)丰富和提升个人的法律实践能力

法律作为一门应用性较强的学科,单纯理论的灌输不能够有效提升法律意识的养成。高校与学生之间基于国家法律法规具有民事和行政两种法律关系,前者体现平等和自愿,后者强调管理和服从。它们的差异就在于权利义务的赋予程度上的不同。如何在学校管理行为法治化的过程中最大限度地保护学生合法权益,是学生工作法治化的精髓所在。高校学生工作干部在掌握一定法律知识的基础上,还要着重理解和应用,逐渐内化为法律意识,进而转化为法律能力,才能提高法律素质。因此,必须让学生工作干部队伍参加各种法律实践活动,从而转化为实际工作中的法律能力。

高校应当多为辅导员提供参加实际法律事务的机会,如观摩各种听政会或申诉会,定期观摩与学生工作有关的劳动争议仲裁开庭、法院开庭等。

提供参与学校管理的机会。可以考虑将学生辅导员纳入学校听证委员会或者吸收为申诉委员,合理采纳意见和建议,有效发挥辅导员一线管理者的作用,提升辅导员对于法律法规的理解和应用能力。

举办各种与法律素质培养有关的活动。比如以趣味法律知识竞赛、和学生互动、开展普法情景剧、心理法制剧展演等形式强化学生工作干部群体的法制观念,提升法律素养强化法律实践能力。

总而言之,提高高校学生工作干部的法律素质、贯彻实施"依法治校"的理念,不仅是现代化高等教育发展的大势所趋,而且是高校学生工作必须坚持"以人为本"的客观要求,高校学生工作干部只有在实际工作中摆正位置,扮好角色,把不断提升自身法律素质作为创新日常工作管理机制的不竭动力,在高校日常管理的细微角落都处处体现,才能将学生工作法治化落实到具体。

第三章 高校与学生的权利冲突与平衡

第一节 高校与学生的双重法律关系

通过对大陆法系国家公法学说中高校与学生之间法律关系性质的比较分析,结合我国高等教育立法及运行实际状况,我们认为我国高校与学生之间的法律关系是一种双重法律关系,即部分为民事法律关系,部分为行政法律关系,前者完全不排斥民事诉讼,后者部分排斥司法审查,部分可通过司法途径获得救济。

(一)高校与学生双重法律关系的三种学说

1. 特别权力关系说

特别权力关系说始于19世纪末的德国,其主要内容是:国家和公共团体是行政主体,基于特别的法律原因,在一定的范围内对相对人享有概括的命令强制权力,而另一方面负有绝对服从的义务,在法律救济上排除司法救济途径。这一理论为学校获得的学生概括的支配权力提供了依据,即校方是负有教育目的、提供专门服务的行政机构,只要校方认为自己对学生的管理行为符合教育目的,就能对学生课以各种义务而不需承担任何责任,不受行政一般原则的约束。与之相对应的,学生必须承担由此带来的各种义务,而且无法获得司法的支持。特别权力关系说虽然强调了高校的自主权,避免外部过多地干预办学自主权和学说自由,但违反了行政法治原则,必然给本处于弱势的学生带来更大的不公。

随着二次世界大战后法治思想的发展,特别权利关系由于违反了行政法治原则受到了多方面的质疑。德国行政法学界提出了将特别权力关系分为基础性关系和管理性关系,即学校与学生之间的关系可以区分为基础性关系和管理性关系。对涉及基础性关系的决定,如入学许可、学校毕业分配、参加考试许可、学位授予、退学、开除、留级、拒发毕业证书等,均认为是可诉性行为;对于一般的管理,如学术研究、成绩评定、宿舍管理等,均认为属于行政规定,不列入司法审查的范围。

2. 契约说

以日本室井力教授为代表,认为高校与学生之间的法律关系为民法上的契约关系,即高校与学生之间地位完全平等,是基于双方意愿缔结的为实现教育目的而订立的一种契约。学校对学生的所有管理行为如命令权或惩罚权等,都是基于这种契约的行为。[①] 契约说在当时为实现以国民教育权利为中心的教育理念,积极推广国民教育,有效防止国家公权力介入大学自治,提高学生的法律地位,起到了一定的保障和促进作用。但是它没有看到高校与学生之间的主体地位并未完全平等,高校的某些权力如违纪处分、授予学位等明显具有公权力的性质,这与民法中的契约原则是相违背的。因此,契约说也没有全面科学地概括高校与学生之间的法律关系。

3. 双重法律关系说

高校与学生之间的法律关系应是一种双重法律关系,即部分为民事法律关系,部分为行政法律关系,前者完全不排斥民事诉讼,后者部分排斥司法审查,部分可通过司法途径获得救济。

(二) 我国高校与学生的双重法律关系界定

1. 高校与学生法律关系的界定

《中华人民共和国教育法》第三十条规定,高等学校自批准设立之日起取得法人资格。高等学校的校长为高等学校的法定代表人。高等学校在民事活动中依法享有民事权利,承担民事责任。高校属于事业法人,是从事非盈利的社会公益事业的单位,学生作为受教育者有权参加学校为实现教育目的而组织的各种教育教学活动。作为事业法人,学校提供各种教学和生活设施,学生通过支付一定的费用接受服务,双方形成平等性的教育民事法律关系。

《中华人民共和国教育法》第二十一条规定,国家实行学业证书制度。经国家批准设立或者认可的学校及其他教育机构按照国家有关规定,颁发学历证书或者其他学业证书。第二十二条规定,国家实行学位制度。学位授予单位依法对达到一定学术水平或者专业技术水平的人员授予相应的学位,颁发学位证书。第二十八条规定,学校及其他教育机构行使下列权利:(1)按照章程自主管

---

① 马怀德:《公务法人研究》,载《中国法学》2000 年第 4 期。

理;(2)组织实施教育教学活动;(3)招收学生或者其他受教育者;(4)对受教育者进行学籍管理,实施奖励或者处分;(5)对受教育者颁发相应的学业证书;(6)聘任教师及其他职工,实施奖励或者处分;(7)管理、使用本单位的设施和经费;(8)拒绝任何组织和个人对教育教学活动的非法干涉;(9)法律、法规规定的其他权利。《中华人民共和国学位条例》第八条规定,学士学位,由国务院授权的高等学校授予;硕士学位、博士学位,由国务院授权的高等学校和科学研究机构授予。由此可见,高校是行政法律规定的行政授权主体,高校与学生之间存在管理与被管理的关系,两者之间是隶属性的教育行政关系。

根据以上分析可见,我国高校与学生的法律关系具有双重法律性质:一方面,高校行使一定的民事权利,高校与学生之间形成民事法律关系;另一方面,高校作为一种具有特定目的的被行政授权组织,行使一定的行政权力时形成行政法律关系。

2. 高校与学生双重法律关系的区分

在民事法律关系涉及的事务中,高校与学生具有平等主体地位并以权利和义务为内容,诸如收取学费、提供教学与生活服务、给予人身财产安全保障等,一方权利受到侵犯可以直接通过民事诉讼获得司法救济。

我们可以将行政法律关系中的事务分为重要性事务和非重要性事务。重要性事务是指涉及学生基本权利和法律身份的事务,具体包括招生、奖助贷、开除处分、毕业文凭发放与学位授予五种基本权利。当学生这类权利受到侵害时,学生可以提起行政诉讼,请求司法救济。从司法实践来看,可诉具体行为主要包括:不颁发学历、学位的案件;不发放财政拨款的奖学金、助学金、贷学金的案件;取消入学资格,入学后做退学处理、开除学籍的案件。招录行为属于保守范围,法院一般不受理。非重要性事务是学校内部管理事务,如制定作息时间、开除以下的惩处、成绩评定等,属于不可诉具体行政行为。

3. 案例分析

案例分析:学生因学位证书诉北大案

案情介绍:

1992年9月,刘燕文在获得北大的硕士学位和毕业证书后,继续留在北大无线电电子学系攻读博士学位,主攻方向为电子物理,其导师是以吴氏理论著称于世的光电阴极专家、中国科学院院士吴全德。由于实验仪器未能准时到位,刘燕文的论文推迟了半年才答辩。对刘燕文的博士论文——《超短脉冲激光驱动的大电流密度的光电阴极的研究》——的审查经过了三道程序:其一是博士论文答辩委员会的审查(当时7位委员全票通过);其二是北大学位评定委员会电子学系分会的审查(当时13位委员中12票赞成,1票反对);其三是北大学位评定委员会的审查(北大学位评定委员会委员共计21位,对刘文进行审查时到场16位委员,6票赞成,7票反对,3票弃权)。根据1996年1月24日北大学位评定委员会的审查结果,决定不授予刘燕文博士学位,只授予其博士结业证书,而非毕业证书。并且这一决定结果未正式、书面通知刘燕文,他为此曾多次向系、校有关部门询问未获得学位的原因,也曾向国家教育部反映情况,均未得到答复。1997年他向法院起诉,法院以"尚无此法律条文"为由不予受理。1999年7月,他从报上看到"北京科技大学本科生田永诉学校拒发'两证'行政诉讼案,田永胜诉"一事的报道后,带着报纸来到海淀法院,院方终于受理了他的诉讼,至此他得以与北大对簿公堂。①

争议焦点:

(1)高校不颁发学位证书是否属于可诉性具体行政行为?即刘燕文能否就北大不颁发学位学历的行为起诉北大?北大是否适格被告主体身份?该案件是何种性质的案件?

(2)学位证书与学历证书的关系如何界定?

案情评析:

(1)《中华人民共和国教育法》第二十一条规定:"国家实行学业证书制度。经国家批准设立或者认可的学校及其他教育机构按照国家有关规定,颁发学历证书或者其他学业证书。"第二十二条规定:"国家实行学位制度。学位授予单位依法对达到一定学术水平或者专业技术水平的人员授予相应的学位,颁发学位证书。"《中华人民共和国高等教育法》第二十条第1款规定:"接受高等学历教育的学生,由所在高等学校或者经批准承担研究生教育任务的科学研究机构根据其修业年限、学业成绩等,按照国家有关规定,发给相应的学历证书或者其他学业证书。"第二十二条规定:"国家实行学位制度。学位分为学士、硕士和博士。公民通过接受高等教育或者自学,其学业水平达到国家规定的学位标准,可以向学位授予单位申请授予相应的学位。"《中华人民共和国学位条例》第三条规定:"学位分为学士、硕士、博士三级。"第四、五、六条分别规定了授予学士、硕士、博士学位的标准。第八条规定:"学士学位,由国务院授权的高等学校授

---

① http://www.chinacourt.org/article/detail/2003/11/id/93787.shtml.

予;硕士学位、博士学位,由国务院授权的高等学校和科学研究机构授予。授予学位的高等学校和科学研究机构及其可以授予学位的学科名单,由国务院学位委员会提出,经国务院批准公布。"由此可见,高校颁发学位证书的权力来源于法律、法规的明确授权,高校行使法律授权的行政权力时可视为行政主体,高校的学位授予行为属于法律、法规授权的组织行使行政职权的行为,应纳入具体行政行为的范畴,因此该案件属于行政诉讼案件。

(2)颁发毕业证书与颁发博士学位证书是否关联?根据北大的有关规定,只有在博士论文获得通过的情况下,始能获得博士毕业证书,也即"二者是同时的"。原告的博士论文未获通过,所以不予颁发毕业证书。而当时国家教委的《研究生学籍管理规定》第三十三条规定:"研究生按培养计划的规定,完成课程学习和必修环节,成绩合格,完成毕业(学位)论文并通过答辩,准予毕业并发给毕业证书。"《北京大学研究生学籍管理实施细则》在行政法上属于规章以下的规范性文件,其违反了法律和规章,应属于无效规定。刘燕文按培养计划的规定,已完成课程学习和必修环节,成绩合格,完成了博士论文并通过了答辩,北大应发给其毕业证书。

案例分析:国内首例高等教育消费索赔案

案情介绍:

2001年,19岁的小区交了4400元学杂费后,成为广东省财贸管理干部学院金融专业班的一名学生。2003年7月17日,也是学校发放毕业证的前一天,小区收到了学校的勒令退学通知。小区追问原因。学校给出的答复是,区在校期间旷课45节,曾受"留校察看一年"的处分,后又殴打同学,学校据此做出"勒令退学"的处分。对此解释,小区说:"在历年的学生学年鉴定表上,均认为我能遵守规章制度。如果旷课45节,如何能通过24门课程?"小区据此认为,是学校在打击报复,因为就在毕业前夕,他曾对学校的教师资格提出过质疑。他当时反映,学校严重违反《教师资格条例》的规定,在第一学年安排他到中专性质的省财政学校住读,派没有高等教师资格的省财政学校中专教师为其授课进行高等教育。在第二学年,学校竟派一位没有高等学校教师资格的电工兼任班主任教师工作。退学已无法更改,小区决定诉诸法院。2003年7月,广州市白云区人民法院受理了该案。小区在法庭上说,学校的行为损害了他接受高等教育的消费权益,同时还无任何事实依据地给他"留校察看"和"勒令退学"的处分,严重损害了他的名誉。小区还认为,自己是学校教育的消费者,校方在收取巨额学费后,却以中专教师和电工为他提供高等教育服务,属于严重的欺诈行为,因此他要求学校按《消费者权益保护法》加倍赔偿他的损失共8800元；另外小区还要求学校将毕业证发给他，并向其赔礼道歉。①

争议焦点：

(1) 学校与小区之间法律关系的性质如何界定？

(2) 本案是否适用消费者权益保护法？

案情评析：

(1) 法院民事审判庭认为，颁发学业证书的行为体现的是双方的行政法律关系，不属民事法律关系调整，原告可以另提起行政诉讼。同时法院还认定，广东省首次教师资格认定的时间为2001年10月15日至31日。所以，在第一学期中，老师没有高等学校教师资格不违反规定。但直到第一学年结束甚至毕业时，这些教师还没有取得资格，这只能证明学校对聘任的教师未尽严格审查、审慎聘任的义务，违反了我国《教师法》《高等教育法》及《教师资格条例》的规定，给原告造成一定的损失，因此被告应承担相应的违约责任，这属于民事法律关系的范畴。

(2)《消费者权益保护法》第二条规定，消费者为生活消费需要购买、使用商品或者接受服务，其权益受本法保护；本法未作规定的，受其他有关法律、法规保护。法院认为，因为原告不是消费者，被告也不是以营利为目的的经营者，双方不是《消费者权益保护法》规定的民事主体，因此不适用该法。法院同时认为，按《合同法》规定，质量不符合约定，当事人对违约责任又没约定的，可选择要求对方承担减少价款等违约责任。学校应该按照《合同法》的规定承担部分违约责任。

第二节　高校与学生民事权利的冲突与平衡

一、高校学生的权利概述

《中华人民共和国高等教育法》第六章第五十三条规定，高等学校学生的合法权益，受法律保护。《普通高等学校学生管理规定》第五条规定，学生在校期间依法享有下列权利：(1) 参加学校教育教学计划安排的各项活动，使用学校提

---

① http://www.chinacourt.org/article/detail/2003/11/id/93787.shtml.

供的教育教学资源;(2)参加社会服务、勤工助学,在校内组织、参加学生团体及文娱体育等活动;(3)申请奖学金、助学金及助学贷款;(4)在思想品德、学业成绩等方面获得公正评价,完成学校规定学业后获得相应的学历证书、学位证书;(5)对学校给予的处分或者处理有异议,向学校、教育行政部门提出申诉,对学校、教职员工侵犯其人身权、财产权等合法权益,提出申诉或者依法提起诉讼;(6)法律、法规规定的其他权利。由此可见,现行法律法规对学生权利的规定较为模糊,尤其是对学生民事权利的规定并不完整,对学生作为普通公民的一般民事权利的具体表现及学生作为受教育者的特定的民事权利都没有明确规定。

《民法通则》中的权利分为财产权、人身权和综合权利。综合性权利是指由财产权与人身权结合所产生的一类权利,其内容既包括财产利益也包括人身利益,专属性也不十分强烈。这类权利有三个:知识产权(具有财产权与人身权双重性质)、继承权(就其内容属财产权,但通常基于身份关系而取得)和社员权(如公司股东的股东权、合作社的社员权、建筑物区分所有权中的业主权等)。综合民法中公民的基本权利和高校学生的特殊身份,高校学生的权利主要为以下。第一,财产权:(1)物权:物权是民事主体在法律规定的范围内,直接支配特定的物而享受其利益,并得排除他人干涉的权利。可以分为自物权和他物权,具体表现为对物的占有、适用、收益和处分的权利。(2)债权:债权是得请求他人为一定行为(作为或不作为)的民法上权利。债发生的原因在民法债编中主要可分为合同、侵权行为、无因管理和不当得利。(3)综合权利中涉及的财产权利。第二,人身权:(1)人格权,是法律规定的作为民事法律关系主体所应享有的权利,主要包括:①姓名权;②荣誉权;③名誉权;④生命权;⑤身体健康权;⑥自由权;⑦肖像权。(2)身份权,指因民事主体的特定身份而产生的权利,主要包括:①知识产权中的人身权利;②监护权;③公民在婚姻家庭关系中的身份权,即亲权;④继承权。

二、高校学生管理中的民事权利冲突及平衡

部分高校管理理念陈旧,法治观念淡薄,总是希望用管理权力来解决所有问题,导致学生的民事权利受到了限制和侵害。同时,也有部分学生由于自身原因导致损害却归责学校,甚至采用非法律的手段侵犯学校的权利和声誉。如何界定高校与学生的权利和义务的界限以及明确学校的责任,是我们高校教育者必须直面的问题。

1. 提供教学或生活服务导致的财产权利冲突

学生对自己的财产享有占有、使用、收益和处分的权利,但在学校日常管理

过程中,高校有时的决定或具体行为侵害了学生的财产权,主要表现在以下几个方面:(1)以宿舍美观或方便管理为名,强制提供统一的生活用品;(2)通过教务部门强制为学生订购教学用品;(3)对学生进行罚款和没收财产的处罚,如学校检查宿舍没收"热得快"和电饭锅等电器。

案例分析:高校罚款是否具有合法性

案情介绍:

位于西安市华美十字西北角的某大学,最近一阵子,这所学校2013级机电班的部分学生一直在为钱发愁,用学生们的话说,是班主任老师问他们要钱。学生们透露,旷课一节罚款50元,迟到就是半价。这究竟是咋回事?原来,2014年9月底,2013级机电班重新更换了一位姓宋的班主任,这位老师刚上任第一天,便向学生们宣布旷课罚款的规定。眼下,一个多月过去,因为旷课而上交罚款的学生已不在少数。学生们告诉《都市热线》记者,有的学生都交了1000多元的罚款了,而这名班主任已经收了至少两三千,因为他带了两个班。学生们说,虽然大家被罚的款项从50元到1000元不等,但对于旷课罚款一事,这位宋老师却是一视同仁,那就是一个都不能少,根本没有其他办法,只有交钱。学生们说,他们这一级大都是1995年、1996年出生的,眼下还在上学阶段,加上又不敢告诉家长真相,所以,交罚款对于他们来说实在有点困难;然而,班主任宋老师似乎对此有应对措施,还答应给学生找兼职,找活干!在学生们看来,老师如此做法,只是为了借管理之名,向学生们收取钱财,至于老师所说的这些钱充公的说法,学生们对此也有自己的想法。学生们纷纷表示,他们都不知道这些钱用来干什么了。那么事实究竟是否如此,老师制定这条班规的理由又是什么?11月6日下午4点,在2013级机电班学生班会前夕,《都市热线》记者见到了这位宋老师。宋老师:"一节课50块钱,不能赊账,如果你一个月内不旷课,仍然会给你退回去。"在宋老师的笔记本中,详细地记录着所有因为旷课而交钱的学生的名单,以及交钱后一个月的纪律表现;而在班会中,宋老师的确退还了部分一个月内没有违纪学生的罚款。宋老师表示,按理来说,班里应该52人上课,但实际上只有十几个人,自己在无奈之下,只能采取一些特殊的办法。用宋老师的话来说,他也是迫不得已,采取这种通过罚款给这些学生们压力的办法,让班级的正常教学秩序得以恢复。①

---

① http://sx.sina.com.cn/news/s/2014-11-07/detail-iavxeafr4501450.shtml.

争议焦点:

(1) 高校有无罚款权?

(2) 宋老师采用不旷课就退罚款的方式来提高到课率的做法是否合法?

案情评析:

(1)《中华人民共和国行政处罚法》第十七条规定,法律、法规授权的具有管理公共事务职能的组织可以在法定授权范围内实施行政处罚。第十八条规定,行政机关依照法律、法规或者规章的规定,可以在其法定权限内委托符合本法第十九条规定条件的组织实施行政处罚。行政机关不得委托其他组织或者个人实施行政处罚。委托行政机关对受委托的组织实施行政处罚的行为应当负责监督,并对该行为的后果承担法律责任。受委托组织在委托范围内,以委托行政机关名义实施行政处罚;不得再委托其他任何组织或者个人实施行政处罚。第十九条规定,受委托组织必须符合以下条件:(一)依法成立的管理公共事务的事业组织;(二)具有熟悉有关法律、法规、规章和业务的工作人员;(三)对违法行为需要进行技术检查或者技术鉴定的,应当有条件组织进行相应的技术检查或者技术鉴定。根据法律规定,高校不是具有行政罚款权的行政机关,也没有法律、法规或者规章的授权和委托,因此学校没有罚款的权力,学生可以就学校的罚款行为提起民事诉讼要求返还不当得利。

(2) 从表面上看,只要学生不旷课就返还对学生的罚款,学生的财产权力没有收到伤害,这只是一种保障班级正常教学秩序的手段。然而,高校没有罚款的行政权力,对学生进行罚款本就是违反现行法律规定,即便是为了正当的目的也不能采用非法的手段。因此,董老师采用不旷课就退罚款的方式来提高到课率的做法缺乏合法性依据。

2. 基于学生的生活隐私和住宅权导致的权利冲突

高校学生大都住在学生宿舍或公寓,学校为了宿舍安全和卫生进行宿舍检查,是否侵犯学生的住宅权和生活隐私权?根据《宪法》第三十九条的规定,中华人民共和国公民的住宅不受侵犯,禁止非法搜查或者非法侵害公民的住宅。一般意义上,《宪法》第三十九条所指的住宅并不仅仅限于私人所有或使用的房屋,只要是长期居住的封闭性场所即可认定为住宅。高校学生宿舍是高校学生生活、休息的主要场所,应当属于我国《宪法》保护的住宅范围。一方面,学生宿舍是高校学生集体生活的场所,一栋学生宿舍楼有数百上千的学生住宿,一个人的不当行为可能会使多数人的人身和财产遭受重大损失或危险。因此,学校为保证在校学生的人身安全和卫生健康,严禁学生在宿舍楼内使用明火或使用大功率的电炉等电器,并规定对学生宿舍卫生和安全进行定期检查,这是学校行使管理权、履行保障学生宿舍公共安全保障义务的行为。另一方面,宿舍属于学生的隐私空间,学校随意检查的行为侵犯了学生的住宅权和生活隐私权。由此,学校的管理权与学生的住宅权以及生活隐私权发生了冲突。

从权利冲突与协调的角度考虑,法治社会中没有绝对的权利,任何一种权利,都存在行使和运用的是否适当的问题,即权利存在一定的限度。我国《宪法》第五十一条规定,中华人民共和国公民在行使自由和权利的时候,不得损害国家的、社会的、集体的利益和其他公民的合法的自由和权利。正是因为自由和权利在行使的时候,存在着侵犯和损害他人权益的可能性,我国《宪法》才有必要做出这样一个法律限制。在权利冲突时,法律应当按照一种能避免较为严重的损害的方式来配置权利,或者反过来说,这种权利配置能使产出最大化。① 权利的冲突与协调具体到高校宿舍的管理,主要表现在以下两个方面:首先,《宪法》规定的住宅权和隐私权并不是绝对的不受任何限制的权利,基于公共安全或公共卫生,高校为了履行安全保障义务,保障绝大多数学生的人身和财产的安全,在一定条件下可以对学生的宿舍进行检查。如学生在宿舍内违章使用电器,有可能导致其他大多数同学的人身和财产遭受危害,在住宅权与人身安全权发生冲突时,按照权利冲突协调的原则,住宅权和隐私权也因公共安全应受到限制而让位于公共安全,从这个角度考虑,高校基于安全保障义务检查宿舍具有合理性和正当性基础。其次,高校基于安全保障义务检查学生宿舍的权利也不是绝对和不受限制的,学校在检查宿舍时应当充分保障学生的隐私权。如学校的检查应仅限于公共空间或目光所及范围,如果对学生的床铺、衣柜、书包等私密空间进行翻查,是对学生隐私权的侵犯;男老师检查女生宿舍必须事先通知;不得或泄露检查宿舍时发现的有关学生隐私的事项;等等。

从民事契约的角度出发,学校提供宿舍或公寓的同时配以相关的宿舍管理规定,学生缴纳住宿费后入住宿舍,双方形成契约,学校关于宿舍的管理规定应当也是契约的组成部分,学校检查宿舍的权利源于双方的合意,因此应当具有合法性的基础。

---

① 苏力:《〈秋菊打官司〉案、邱氏鼠药案和言论自由》,载《法学研究》1996年第3期。

案例分析:高校侵犯了学生的生活隐私权了吗

案情介绍:

几名学生告诉记者,12月15号,她们上课的时候,学校老师对宿舍进行突击检查。在校学生小李:"在我们不知情的情况下到我们私人住的地方,在我们用的私人柜子翻找东西,拿走我们私人的东西。侵犯个人隐私,太过分了。"在校学生小张:"回宿舍一打开柜子,有些东西摆放位置都不一样,还有就是东西都已经放乱了,发现电器被他们收走了。"就此,学校学生处处长告诉记者,宿舍内大功率电器的使用很可能造成跳闸甚至引起火灾。考虑到学生会不配合,学校选择在宿舍没人的时候检查。学生科科长:"热得快、烧水棒收了78个,烧水壶23个,这些功率比较大,对电路负荷威胁比较大,引起学校电路出现好几次问题,学生在的时候,我们最需要看到的东西看不到。"在学生处办公室,记者看到了收上来的大功率电器,以热得快、烧水壶为主,很大一部分都是没有厂名厂址的三无产品。科长告诉记者,将没收的电器清点登记后,他们将所有的热得快销毁了。学生科科长:"我们进去以后,几个人都在场,我们眼睛能看到范围之内的违禁电器都拿走。"记者:"绝对没有翻柜子?"学生科科长:"我们只看了没有上锁的柜子。"

争议焦点:

(1)学校是否有权在学生不知情的情况下突击检查宿舍?

(2)学校是否有权没收或销毁违章电器?

(3)宿舍检查时学校是否有权翻看学生没有上锁的柜子?

案情评析:

(1)从权利的冲突与协调角度出发,学生在宿舍内违章使用电器,有可能导致其他大多数同学的人身和财产遭受危害,在住宅权与人身安全权发生冲突时,按照权利冲突协调的原则,住宅权和隐私权也因公共安全应受到限制而让位于公共安全,从这个角度考虑,高校基于安全保障义务检查宿舍具有合理性和正当性基础。学校提供宿舍或公寓的同时配以相关的宿舍管理规定,学生缴纳住宿费后入住宿舍,双方形成契约,学校关于宿舍的管理规定应当也是契约的组成部分,学校检查宿舍的权利源于双方的合意,因此应当具有合法性的基础。但必须注意的是,高校宿舍检查时必须考虑和保障学生的隐私权。

(2)学生对自己的合法财产具有占有、使用、收益和处分的权利,未经法定程序任何人及组织不得侵犯他人的合法财产权,学校没收或销毁违章电器是对学生财产权的侵犯。将违章电器由学校代为保管,放假时让学生带回家处理更为恰当。

（3）高校基于安全保障义务检查学生宿舍的权利也不是绝对和不受限制的，学校在检查宿舍时应当充分考虑和保障学生的隐私权。学校的检查应仅限于公共空间或目光所及范围，如果对学生的床铺、衣柜、书包等私密空间进行翻查，是对学生隐私权的侵犯。因此，学校在宿舍检查时没有权利翻看学生没有上锁的柜子。

3. 基于学生隐私权导致的权利冲突

隐私权是为《宪法》保护的一种人身基本权利，它是指自然人享有的私人生活安宁与私人信息秘密依法受到保护，不被他人非法侵扰、知悉、收集、利用和公开的一种人格权，而且权利主体对他人在何种程度上可以介入自己的私生活，对自己是否向他人公开隐私以及公开的范围和程度等具有决定权。在高校学生管理中，学校的各种权利最易与学生的隐私权发生冲突，通常表现为以下几个方面：

（1）处分违纪学生时的公告行为是否侵犯学生隐私权的质疑。

高校是否有权公开考试违纪处分是争论最多的一个话题，纵观国内现行法律法规，目前没有相关的法律规定来明确高校处分违纪学生是否有权公告。2012年1月，《国家教育考试违规处理办法》重新修订发布，对面向社会公开、统一举行的国家考试做出了统一的规定，该处理办法并未涉及高校学期内部考试，在违规行为认定和处理程序这一章中，也并没有具体说明要不要"公示"，考试违纪是否公开公示大多由高校自己酌情处理。笔者认为，违纪公告应当区别两种情况。不涉及个人隐私的一般违纪处分，可以公告部分违纪处分内容，如隐去学生的具体姓名，而以某某代替。部分高校公示违纪处分信息的目的不仅是处罚违纪行为，更多的是为了对其他学生产生震慑作用，引导和教育其他学生远离舞弊。隐去姓名的公示，既处罚了违纪学生，维护了学校纪律的尊严，也告诫了其他同学，同时降低了公示对违纪学生的副作用，使其能得到改过自新、得到更好发展的机会，似乎更为恰当。涉及学生个人隐私的违纪处分，如涉及男女关系、以后对该学生学习生活有重大影响的违纪处分，学校不能进行公示。

案例分析：首例在校学生状告学校侵犯名誉案

案情介绍：

状告学校名誉侵权的3男3女原来都是某学院经贸四班的，1999年9月初入校。6人中,女生王小苗(当年19岁)来自西安,其余5人都是湖南人。男生分别为余某(当年18岁)、周某(当年17岁)、曾某(当年17岁),另两名女生分别为戴某(当年17岁)、彭某(当年16岁)。9月23日晚和10月9日晚,6名学生酗酒、闯入异性寝室、男女同床过夜。某学院的院长刘先曦介绍,校方得知这些行为后,经过调查,立即做出了处罚决定,将两对同床过夜的男女开除学籍,责令酗酒的王小苗回家戒酒,勒令夜闯女生寝室的曾某退学。刘先曦还说,10月12日,学院董事长王怀彩在学院男生大会上对几名男女生违纪行为,不点名地提出了批评,并重申校方禁区:不准谈情说爱,不准行凶斗殴,不准盗窃赌博。刘先曦对记者强调:"我们的这一处罚决定没有公开向学生宣布。"1999年10月30日,某学院这6名当事学生作为原告,将一纸状书递上了某法庭,状告学院及学院董事长王怀彩在公开场合侵犯他们的名誉权。1999年12月13日,某区人民法院做出了一审判决,认为被告在不适当的场合,在缺乏事实依据的前提下,公开宣扬有害于六原告身心健康的言语并造成较大社会影响,确已对六原告的名誉权构成侵害,应承担相应的法律后果。案件上诉至某中院,2000年3月5日,某中级人民法院对本案进行了民事裁定。裁定书称,王怀彩在某学院全院男生大会所实施的行为属于职务行为,其行为后果应由某学院承担。作为校方对6位上诉人的错误行为做出处分决定,并就其行为在大会上提出批评,以达到教育犯错误学生及其他学生的目的,是依职权而进行的内部管理行为。故某学院对6位上诉人做出的结论和处理决定而提起的名誉权纠纷,不属于人民法院民事受案范围,撤销某区人民法院的一审判决,驳回原审6名原告的起诉。[①]

争议焦点:

学院是否侵犯学生的隐私权?

案情评析:

《民事诉讼法》第一百三十四条规定,人民法院审理民事案件,除涉及国家秘密、个人隐私或者法律另有规定的以外,应当公开进行。《刑事诉讼法》第一百五十二条规定,人民法院审判第一审案件应当公开进行,但是有关国家秘密或者个人隐私的案件不公开审理。追溯法律如此规定的精神,就是为了保护当事人的隐私。同样道理,学校违纪处分如果涉及学生的隐私,也不能公开。本案中,学院在召开男生大会时,没有披露具体的细节,只是说明一个事实,也没

---

① http://www.hn.xinhuanet.com/news/2001-3-27/01327113823.htm.

有在社会上公布,因此不是故意丑化其人格、公开其隐私,没有侵犯学生的名誉权。

(2) 公共场所进行监视和曝光是否侵犯学生隐私权的质疑。

随着科学技术的高速发展和安全社会化概念的普遍,监控手段逐渐被应用于高校公共安全管理方面,这些监控设施的应用对高校开展安全管理工作以及保障学生人身财产的安全起到了非常重要的作用。监控设施在为校园带来安全和方便的同时,也带来了许多负面作用,如将摄像头安装在某些容易暴露他人隐私的场所附近,或利用其拍摄他人的私密行为,或不当公布涉及个人隐私的监控资料,高校的安全监控由此与学生的隐私权发生了冲突。基于公共安全保障的校园监控与学生的隐私权发生冲突如何平衡与协调?两者的权利界限如何界定?笔者认为应当从以下几个方面进行规制和平衡:首先,高校监控的范围仅限于公共场所,而且必须符合行政法的比例原则,即采取监控方法所要维护的利益必须大于其可能造成的损害。学校可以在道路、教室、宿舍楼入口处等开放性或半开放性的场所安装监控,但宿舍过道、浴室等私密性较强的区域不适合安装。其次,高校安装探头必须遵循透明化原则,对于配置公共监控设施的地方必须设置明确的标识,让学生能够清晰了解情况,据此自由选择自己的行为方式,防止隐私的泄露。最后,对监控采集到的信息加强安全管理,非经一定的程序不得公开。

案例分析:高校学生宿舍楼里能否安装探头

案情介绍:

大学里宿舍楼安监控,以后还有隐私吗?近日,某学院多名学生通过不同渠道向记者反映情况,称其学校宿舍楼里都装了监控,男生还好些,女生咋办?现在天冷还好,夏天里,女生们穿得比较少,隐私都成问题。昨日上午,记者来到该学院宿舍区,走进一栋女生宿舍楼。该楼每层都分为A、B、C三个区域,每一层安装了7个摄像头。宿舍里没有安装摄像头。"女生宿舍楼安装摄像头,冬天还好,夏天多不方便啊。"一名女生告诉记者,"宿舍区使用的是公共洗漱间,以前夏天穿个小背心就去洗漱,以后咋办啊?""安监控涉及隐私问题,万一监控带被人拿到,女生就没隐私了。"文学院的大三女生张某表示很担忧。

争议焦点:

高校在女生宿舍楼里能否安装监控?

案情评析：

为了保障公民的隐私权，一般私密场所不允许安装监控设备，只有在开放式或半开放式公共场所才可以安装监控设备。本案的关键在于女生宿舍的过道是公共场所还是私密场所。正如该案女生所讲，宿舍区使用的是公共洗漱间，以前夏天穿个小背心就去洗漱，考虑实际情况，该女生通道认定为私密场所更为恰当，不适宜安装探头。学校为了宿舍的安全和管理需要，在宿舍楼的入口处安装探头更为合适。

（3）公开学生的个人信息是否侵犯学生隐私权的质疑。

高校管理过程中享有知情权，但有时会与学生的隐私权发生冲突，最为典型的就是高校贫困生资助工作中学校和其他学生的知情权与贫困学生的隐私权保护之间存在冲突。为了保证资助工作的公平和公正，申请学生必须将自己的家庭背景、经济状况、学习情况如实反映，由教师和学生组成的评定小组进行评定，这种为保证资助结果的公平、公正而要求贫困学生公开个人及家庭生活状况，满足由学校教师和其他学生参与的评定小组的知情权要求，与贫困学生的个人隐私保护要求存在着矛盾。笔者认为，在申请资助这一点上，学生个人的隐私与公共利益和群体利益发生了联系，贫困学生的隐私权应当受到限制。因为，在现有条件下，资助资金作为公共资源是有限的，不是所有提出申请的学生都能获得资助，因此，作为一种程序要求，评定组织要在所有申请希望获得资助的贫困学生中优先选择最应获得资助的对象，其前提条件就是要了解学生的个人情况，即履行所谓的知情权。此时，隐私权因知情权的限制而做出让步，学生要么选择放弃受资助的机会以保护自己的隐私不被公开；要么在一定程度、一定范围内公开隐私以获得资助的机会。但如果资助不涉及公共资源，贫困学生的隐私权应当不克减地受到尊重和保护。在学生申请资助的过程中，因公共利益的限制，被要求公开个人隐私，但这种公开也是相对的，学生的个人情况在一定范围内公开，并不等于完全放弃了隐私权，在许多情况下，某些信息对于特定群体是公开的，并不意味着该信息已成为人人可知的公共信息。所以，学校还应履行对所有申请资助学生个人资料的保密义务。[①] 另外，学校不当公布学生的个人健康信息、家庭信息等个人信息，也有可能侵犯学生的隐私权。

4. 基于高校的安全保障义务所导致的权利冲突

高校安全保障义务是指高校能够预见或者应当能够预见自己的行为（作为

[①] 朱新华：《高校学生隐私权行使探析》，载《中国轻工教育》2010年第8期。

和不作为)可能导致校园范围内的人员遭受损害,采取有效合理措施,以保障校园内人员的人身、财产安全利益免受损害的义务。高校学生突发事件导致财产和人身伤害时,大都与高校的安全保障义务有关。因此,在下节对高校安全保障义务做重点阐述。

第三节 高校学生安全保障义务

一、高校学生安全保障义务内涵和外延的界定

高校学生安全保障义务是指高校能够预见或者应当能够预见自己的行为(作为和不作为)可能导致校园范围内的学生遭受损害,采取有效合理措施,以保障校园内学生的人身、财产安全利益免受损害的义务。

高校学生安全保障义务内涵和外延的界定主要体现在以下三个方面:(1)保护对象的特定性。高校学生安全保障义务的保护对象仅仅是在高校内学习生活的在校大学生。在大学生收到录取通知书但未完成注册时,其不能被视为在校大学生,高校对其不承担安全保障义务。对于一些由于某种原因休学脱离大学管理的学生,也不能被视为在校大学生,高校对其不承担安全保障义务。(2)时间的特定性。高校学生安全保障义务仅限于学生在校期间,侵害学生人身或财产的行为或危害结果必须发生在高校对学生管理和教育的期间内,具体可以分为以下两个时间段:高校正常的教学管理期间;高校组织学生校外实践活动的期间,包括高校组织的实习、暑期社会实践、旅游等。(3)空间的特定性。高校学生安全保障义务一般仅限于高校管理范围内的场所,即侵害学生人身或财产的行为或危害结果至少有一项发生在高校管理范围内的场所。但是在某种特殊情况下,高校也应承担安全保障义务,如高校组织学生到校外进行实践活动,虽然不在校园内,但实践活动是高校组织和管理的,此情况下高校也应承担安全保障义务。

二、安全保障义务的法律规定

我国《侵权责任法》和《学生伤害事故处理办法》对安全保障义务做出了具体规定。

《侵权责任法》第三十七条是关于安全保障义务的具体规定:"宾馆、商场、

银行、车站、娱乐场所等公共场所的管理人或者群众性活动的组织者,未尽到安全保障义务,造成他人损害的,应当承担侵权责任。因第三人的行为造成他人损害的,由第三人承担侵权责任;管理人或者组织者未尽到安全保障义务的,承担相应的补充责任。"

《学生伤害事故处理办法》第九条规定,因下列情形之一造成的学生伤害事故,学校应当依法承担相应的责任:

(1) 学校的校舍、场地、其他公共设施,以及学校提供给学生使用的学具、教育教学和生活设施、设备不符合国家规定的标准,或者有明显不安全因素的;

(2) 学校的安全保卫、消防、设施设备管理等安全管理制度有明显疏漏,或者管理混乱,存在重大安全隐患,而未及时采取措施的;

(3) 学校向学生提供的药品、食品、饮用水等不符合国家或者行业的有关标准、要求的;

(4) 学校组织学生参加教育教学活动或者校外活动,未对学生进行相应的安全教育,并未在可预见的范围内采取必要的安全措施的;

(5) 学校知道教师或者其他工作人员患有不适宜担任教育教学工作的疾病,但未采取必要措施的;

(6) 学校违反有关规定,组织或者安排未成年学生从事不宜未成年人参加的劳动、体育运动或者其他活动的;

(7) 学生有特异体质或者特定疾病,不宜参加某种教育教学活动,学校知道或者应当知道,但未予以必要的注意的;

(8) 学生在校期间突发疾病或者受到伤害,学校发现,但未根据实际情况及时采取相应措施,导致不良后果加重的;

(9) 学校教师或者其他工作人员体罚或者变相体罚学生,或者在履行职责过程中违反工作要求、操作规程、职业道德或者其他有关规定的。

三、高校学生工作安全保障义务的责任承担原则

(一) 高校学生工作安全保障义务适用过错原则和公平责任原则

民法上的归责原则分为四种:过错责任原则、推定过错责任原则、无过错责任原则、公平责任原则。过错责任是指行为人违反民事义务并致他人损害时,应以过错作为责任的要件和确定责任范围的依据的责任。推定过错责任原则是指在行为人不能证明他们没有过错的情况下,推定人们为有过错,应承担赔偿损害责任。凡在适用推定过错责任的场合,行为人要不承担责任必须就自己

无过错负举证责任。无过错责任原则也叫无过失责任原则,它是指没有过错造成他人损害的,依法律规定应由与造成损害原因有关的人承担民事责任的原则。公平责任原则是指当事人双方都没有过错,有较严重的损害发生,不由双方当事人分担损失,有违公平的民法理念。

高校学生工作安全保障义务应当适用何种归责原则?教育部颁布的《学生伤害事故处理办法》中第八条规定:学生伤害事故的责任,应当根据相关当事人的行为与损害后果之间的因果关系依法确定。因学校、学生或者其他相关当事人的过错造成的学生伤害事故,相关当事人应当根据其行为过错程度的比例及其与损害后果之间的因果关系承担相应的责任。当事人的行为是损害后果发生的主要原因,应当承担主要责任;当事人的行为是损害后果发生的非主要原因,承担相应的责任。因此,按照法条的规定,安全保障义务适用过错原则。适用推定过错责任和无过错责任必须有法律明文规定的条件,高校安全保障义务不在法律规定的范围之内,因此不适用这两种归责原则。《民法通则》第一百三十二条规定,当事人对造成损害都没有过错的,可以根据实际情况,由当事人分担民事责任。《侵权责任法》第二十四条规定,受害人和行为人对损害的发生都没有过错的,可以根据实际情况,由双方分担损失。根据这两条法律规定,高校安全保障义务在某些情况下适用公平原则。

(二)过错责任的构成要件

过错责任是指行为人违反民事义务并致他人损害时,应以过错作为责任的要件和确定责任范围的依据的责任。过错责任的构成要件为以下几个方面:

(1)必须存在侵权行为。

(2)必须存在危害结果,危害结果可以是财产损失或精神损失。

(3)过错责任原则本质上属于主观归责原则。主观归责又称为意思归责,是指基于自由意志理论,依特定个人的具体能力状况,以决定归责是否成立的法律判断原理,而过错的理论基础则在于主体拥有自由意志,因此主观归责又被称为过错责任原则。主观归责可以区分为基于故意的归责和基于过失的归责,故意和过失的合称就是过错。尽管在现代民法中过失的判断标准越来越趋向于客观化,但是这种客观化是为了更加简便地对主观过失进行认定,这在本质上不能改变过失的主观性。

(4)侵害行为与危害结果有因果关系。

(5)过错责任原则既适用于加害人,也适用于被害人。过错责任原则不仅意味着加害人要因其过错导致的他人的损害承担责任,而且也意味着受害人要就其自身的过错导致的损害的发生或者扩大自负损害。《侵权责任法》第二十六条规定:"被侵权人对损害的发生也有过错的,可以减轻侵权人的责任。"第二十七条规定:"损害是因受害人故意造成的,行为人不承担责任。"上述两个条文就是对受害人因自己的过错自负损害的明确规定。

在涉及安全保障义务的案件中,原告需要证明的是被告应该采取某些积极的行为,但是被告没有采取;被告需要反驳的是,他已经实施了具体的作为,或者是在当时的情况下没有必要采取原告主张的积极作为方式,或者是不可能采取原告主张的积极作为方式。而法院需要判断的是,法律有没有明确规定被告需采取积极作为的义务,如果法律没有规定,根据案件的具体情况,被告有没有采取积极作为的必要性和可能性。

案例分析:考试作弊后跳楼校方是否承当责任

案情介绍:

因被监考老师怀疑考试作弊,北京联合大学生物化学工程学院大四女生小敏(化名)竟然从教学楼四层考场跳下,所幸被三楼平台拦住,仅造成双脚骨折。事后,小敏将学校告上法院索赔7万余元。小敏起诉称,在今年1月8日参加学校组织的"无机与分析化学"考试时,监考老师指责其违纪且言语讥讽,自己申辩无果,两次离开考场被劝阻。情急之下她从窗户离开,导致摔伤。小敏认为,学院存在过错,应当赔偿医疗费等经济损失66415元,并赔偿精神损失费1万元。但学校表示,当天考试时,监考老师发现小敏左手上写满了化学公式。老师要求其在考场记录上签字,但被其拒绝。小敏从四楼跳下去的行为是自残行为,过错在于她本人,其应对自身行为负责。监考老师是正常履行监考职责,不存在任何过错。①

争议焦点:

校方是否尽到安全保障义务?是否要承担民事责任?

案情评析:

小敏事发时作为具有完全民事行为能力的成年人,对其自身行为的后果应当具备正确的认知和判断能力。作为在校学生,小敏亦应当遵守学校的各项规章制度,在其被认为存有作弊行为时,本应理性、合理地对待,并通过正常渠道解决,但其采取了过激的、非理性的跳窗行为,导致其身体受到伤害。由此可

---

① http://www.lawtime.cn/info/minshi/dongtai/2012011777722.html.

见,小敏对其损害结果的发生存有主观过错。现场监控录像显示,监考老师在履行监考职责过程中并未违反有关法律规定,主观上没有过错,客观上没有侵害行为,因此,不能认定学校对小敏损害的发生存在过错。据此,法院判决驳回了小敏的诉讼请求。

案例分析:醉酒大学生坠楼身亡案

案情介绍:

2006年10月18日凌晨1时30分,大学生小成在与女友电话过程中从五楼阳台不慎坠楼致死。同学证实,小成当晚在校外饭馆吃饭,还喝了两瓶白酒,晚上11时许才返回学校的宿舍楼。小成的父母认为儿子所住宿舍楼的阳台护墙仅有0.99米高,按照国家现行法规规定,阳台护墙高度应为1.05米,护墙高度未达标是学校造成的,他们提出要学校承担相应的赔偿责任,要求学校赔偿儿子60%的死亡赔偿金、他们的误工费、交通费等各项损失9.7万元。而学校认为,阳台周边有矮墙护栏,没有安全隐患。小成是完全行为能力人,违规酗酒,造成坠楼与学校无关。

争议焦点:

校方是否尽到安全保障义务?双方民事责任如何划分?

案情评析:

(1)《学生伤害事故处理办法》第九条规定,学校的校舍、场地、其他公共设施,以及学校提供给学生使用的学具、教育教学和生活设施、设备不符合国家规定的标准,或者有明显不安全因素的,造成学生伤害事故,学校应当依法承担相应的责任。本案中宿舍楼的阳台护墙仅有0.99米高,按照国家现行法规规定,阳台护墙高度应为1.05米,护墙高度未达标是学校造成的,应认定为学校的生活设施存在不安全因素,未尽到安全保障义务,应当承担民事责任。

(2)《侵权责任法》第二十六条规定:"被侵权人对损害的发生也有过错的,可以减轻侵权人的责任。"小成是完全行为能力人,在校违规酗酒,坠楼事件中主观上存在过失,应就其自身的过错导致的损害结果承担责任。

(3)本案中坠楼的危害后果主要由小成违规酗酒后过失导致,应由小成承担主要责任。学校的生活设施存在不安全因素,应承担次要责任。

案例分析:大学生晨跑猝死案

案情介绍:

某校学生甲进校体检被查出心脏有缺陷,不得进行剧烈运动,因此被安排在体育课保健班。一学期后该同学学习优异,评奖学金过程中由于体育成绩受到影响,该同学就向班主任申请换到体育普通班。班主任询问该同学身体状况时,该同学说身体健康没有任何问题,班主任就同意该同学由保健班改到普通班。按照学校有关规定,体育普通班的学生必须参加学校的晨跑锻炼。某天,该同学在晨跑锻炼时突然倒地,同学及护跑保安立即给予救助,同时通知校医务室并同时拨打"120"急救电话。开始,校医院值班室电话无人接听,后打通校医院办公室电话,120急救车与校医院医生同时到达现场进行急救并送至医院抢救。虽经全力抢救,仍未能挽回该同学的生命。

争议焦点:

学校是否应承担责任?责任应如何划分?

案情评析:

(1)《学生伤害事故处理办法》第九条规定,学生有特异体质或者特定疾病,不宜参加某种教育教学活动,学校知道或者应当知道,但未予以必要的注意的,造成学生伤害事故,学校应当依法承担相应的责任。学生甲进校体检时查出心脏有问题,班主任应当知道。甲提出从体育保健班转到普通班,班主任应当予以必要的关注,或是要求学生提供医院检查结论证明其健康,或是咨询医院是否符合条件,简单依据学生的个人口头情况说明做出从保健班转到普通班的决定存在主观上疏忽大意的过失,并且该决定与甲的死亡有因果关系,符合过错责任的归责原则构成要件,因此应视为没有尽到安全保障义务。班主任是依职权的行为,行为后果应由校方承担,所以校方应当承担民事责任。

(2)《学生伤害事故处理办法》第九条规定,学生在校期间突发疾病或者受到伤害,学校发现,但未根据实际情况及时采取相应措施,导致不良后果加重的,造成学生伤害事故,学校应当依法承担相应的责任。甲在晨跑倒地后,同学拨打校医院的值班电话无人接听,后校医院医生虽与120急救车同时到达,但也应视为学校未完全尽到安全保障义务,应承担相应的民事责任。

(3)学生甲明知自己的心脏存在问题,应当预见到从保健班转到普通班存在危险但过于自信不会发生危险,主观上属于过于自信的过失,而且自己的行为与危害结果也存在因果关系,也应承担一定的民事责任。

(三)公平责任的构成要件

公平责任原则是指当事人双方都没有过错,有较严重的损害发生,不由双方当事人分担损失,有违公平的民法理念。公平责任的构成要件为以下几个方面:

(1) 主观上双方没有过错。

(2) 客观上应符合以下条件：一是行为人需有加害行为，包括直接加害行为、未尽法定职责行为以及违反保护他人权益之法律的行为等；二是有较严重的损害结果发生，这是适用公平责任原则的客观前提，此处的"严重"应当是达到相当的程度，如不分担损失则受害人将受到严重损害，且有悖民法公平、正义的理念；三是加害行为与损害结果之间具有事实上的因果关系。

案例分析：学生打篮球受伤学校是否应承担赔偿责任

案情介绍：

原告甲与被告乙同在某高校上学，2006年4月9日上午课间休息期间，和其他同学一起在学校操场打篮球。在打篮球过程中，原、被告同时去抢篮板球时，两人相撞倒地。原告倒地后受伤致左臂骨折。原告受伤后住院治疗8天，花医疗费5390.33元，经过法医鉴定构成八级伤残。原告起诉乙和学校，请求被告赔偿医疗费、护理费、住院伙食补助费、营养费、残疾赔偿金以及精神损失费共计35243.87元。被告乙辩称，就原告受伤被告并没有过错，是原告自己造成的，被告不应当承担任何赔偿责任。被告某高校也以没有过错为由不同意赔偿。

争议焦点：

1. 乙是否应承担赔偿责任？
2. 学校是否应承担赔偿责任？

案情评析：

(1)《民法通则》第一百三十二条规定，当事人对造成损害都没有过错的，可以根据实际情况，由当事人分担民事责任。《侵权责任法》第二十四条规定，受害人和行为人对损害的发生都没有过错的，可以根据实际情况，由双方分担损失。在本案中甲和乙对危害结果主观上既不是故意也没有过失，双方主观上没有过错，因此该伤害案件应当定性为是意外事件。乙有加害行为，行为产生了较为严重的危害结果，且两者具有因果关系，符合公平责任的客观构成要件，应当适用公平原则，双方分担民事责任。

(2) 学校不应承担责任。校方主观上没有过错，因此不适用过错责任。学校就损害后果没有加害行为，也不存在不作为，与危害结果之间没有因果关系，不具备公平责任承担的基本构成要件。如果让学校承担公平责任，就会产生事实上的新的不公平。

案例分析：指路牌伤人案

案情介绍：

某地突然遭遇百年一遇的台风，将某高校的交通指路牌刮倒，导致路过的学生甲受伤。后经鉴定部门鉴定，该交通指路牌安装符合有关规定，只是由于台风等级太高并且突然，才会发生事故。

争议焦点：

学校是否应承担责任？

案情评析：

该案中学校和学生主观上既不是故意也不是过失，双方主观上没有过错，应认定为意外事件。学校管理下的交通指路牌被台风刮倒导致学生受伤，两者存在因果关系，符合公平责任归责原则构成要件，学校应当与学生共同分担民事责任。

第四章　依法依规处理日常学生事务

第一节　学生工作制度构建的原则与程序

良法才能善治,管理制度是学校规范学生工作日常行为,维护学生合法权益,实现学生工作法治化的重要保障。在制定相关制度的过程中,必须在依据现有法律法规的基础上,充分听取学生、学生工作人员以及法律专家的意见,切实做到民主参与和程序公开,在保证合法性的同时保障制度的合理性。下面以高校学生管理工作为视角,对完善学生工作制度法治化构建方面的原则和程序进行探讨。

一、制度建设的原则

随着高等教育改革的深入,高校的教育管理体制、教学科研体制、人才培养模式以及后勤服务体系等方面都不可避免地遇到许多新情况、新问题,制度建设的"立""改""废"相对频繁,这样同时也不可避免地产生了许多问题,如规章制度违反法律法规、体系混乱、缺乏合理性等,给高校学生管理带来了一些负面的影响。为了消除弊端、完善制度体系建设,高校在制定学生管理规章制度时必须遵循以下原则。

1. 合法性原则

从权力来源角度考虑,高校规章制度的订立来源于法律授权,规章制度的订立必须按照现行法律制度规定。《中华人民共和国教育法》第十一条规定,高等学校应当面向社会,依法自主办学,实行民主管理。《普通高等学校学生管理规定》明确了高校制定相关规章制度的权力,如有五处直接明确为"由学校规定"、有十三处明确为"按学校规定"执行。国务院批准的《学位条例暂行实施办法》第二十五条规定,学位授予单位可根据本暂行实施办法,制定本单位授予学位的工作细则。有了这些授权性的法律规定,高校可以根据自身的具体情况制定学生管理规章制度,但法律没有授权的,高校不能擅自制定相关规章制度。值得注意的是,高校虽然基于行政授权具有一定的行政管理权,但没有现行法律法规进行行政处罚权授权,高校在制定学生管理规章制度的过程中不能设定任何行政处罚的条款,如不能设定罚款、没收、限制人身自由等规章制度条款。

根据法理学法律位阶原则,下位阶的法律必须服从上位阶的法律,所有的法律必须服从最高位阶的法,据此原理,高校在制定学生管理规章制度时要依据有关法律法规或规范性文件的授权范围,不能超越授权范围制定不该由其行使管理权的规章制度,其内容更不能与上位阶的法律法规或规范性文件相抵触,例如"在校大学生结婚必须报学校审批""欠缴学费的学校有权扣留毕业证和学位证"等。

案例分析:大学生结婚是否需要学校审批

案情介绍:

女大学生小王21岁,与高中同学张某(23岁)情投意合,后登记结婚。该校学生处分条例规定,在校本科学生结婚必须报学校学生处审批,未经审批擅自结婚的给予记过处分。学校发现小王结婚的事实,按照该校的学生处分条例规定,给予小王记过处分。小王不服,向学校提出申诉。

争议焦点:

学校学生处分条例该条规定是否具有合法性?

案情评析:

《中华人民共和国婚姻法》第六条对法定最低年龄做出了规定,结婚年龄,男不得早于二十二周岁,女不得早于二十周岁。第十条规定,有下列情形之一的,婚姻无效:(1)重婚的;(2)有禁止结婚的亲属关系的;(3)婚前患有医学上认为不应当结婚的疾病,婚后尚未治愈的;(4)未到法定婚龄的。根据该规定,符合法定最低年龄、没有法定禁止结婚理由的公民可以按照本人意愿决定是否结婚登记。《婚姻法》是全国人民代表大会通过的基本法律,高校的规章制度是根据行政授权制定的,根据法律位阶原则,下位阶的高校规章制度不能违反上位阶的基本法律,高校学生处分条例该条款不具有合法性。另外,法律法规也没有授予高校结婚审批权,高校做出限制性规定属于超越授权范围,应当认定不具有合法性。

法律责任是法律规定的必须履行的义务,责任方不得通过单方面的规定或利用不对等的约定形式进行责任转嫁。《教育法》《普通高等学校学生管理规定》《学生伤害事故处理办法》都对高校明确了一些法律责任,如学校有保护学生人身和财产安全的安全保障义务等,高校不得在制定规章制度时利用单方面的规定推卸责任,也不得利用不对等的约定形式进行责任转嫁。

案例分析:宿舍内财物丢失责任自负约定是否有效

案情介绍:

某高校一段时期宿舍内经常发生失窃案件,校方称为了加强学生自我管理和自我防护的意识,与学生签订了《大学生自律协议书》,意图通过协议书的形式明确校方与学生的责任。协议书中规定,宿舍内财物丢失责任自负。

争议焦点:

该协议内容是否具有合法性?

案情评析:

根据《侵权责任法》和《学生伤害事故处理办法》,高校有保护学生人身和财产安全的保障义务,这是法律规定的必须履行的义务,这种义务不得通过不对等的约定进行责任转嫁。高校与学生的地位不对等,高校不能凭借管理权力利用约定的方式推卸法定责任,因此该协议内容不具有合法性。

案例分析:实习条例规定转嫁责任

案情介绍:

一高校在教务处公布的《关于大学生实习若干问题暂行规定》中规定,大学生参加毕业实习过程中由于本人不慎导致的人身财产损失学校不承担责任。

争议焦点:

该条款是否具有合法性。

案情评析:

高校对于学校组织的实习活动具有安全保障义务,安全保障义务适用过错原则。表面上看,该条例规定由学生本人不慎导致的人身财产损失学校不承担责任符合法律规定。其实,事实上还存在另外一种可能性,学生本人不慎导致人身财产损失,同时学校也未尽到安全保障义务,这种情况下,学校也应承担部分责任。因此,该规定条款不具有合法性。

2. 合理性原则

上文已提及法律规定高校进行民主管理,在授权的范围内自行制定相关规章制度,这就是高校制定规章制度自由裁量权的法律依据。高校制定规章制度过程中的自由裁量权是指高校在法律法规和规范性文件规定的原则范围内,根据工作的实际需要和具体情况,通过自由判断和选择来制定相关规章制度的权力。一方面,法律法规不可能对高校所有情况做出详尽的规定,大多只能采用概括的语言规定相对确定的原则与处置办法,这需要高校根据自身实际情况行使自由裁量权,对法律法规的内涵和适用加以解释和补充,实现自主办学和民主管理。另一方面,自由裁量权也是一种权力,绝对的权力将导致滥用,而且自由裁量权本身就具有较大的灵活度和伸缩性,没有限制的自由裁量权最终可能导致不公正与不合理。因此,高校制定法律规范的自由裁量权应当受到合理规制,而合理性原则则是对自由裁量权进行有效规制的关键。

合理性原则是现代行政法治原则的一个重要组成部分,是一种限制行政自由裁量权的"度",也是自由裁量权内部"质"的要求,其要求自由裁量权行使必须客观、适度、符合理性。具体到高校制定规章制度自由裁量权的有效规制,合理性原则主要体现在以下方面:第一,正当性。规章制度在主观上应当出于正当动机,符合立法的目的。第二,客观性。规章制度应当符合客观规律,建立在只考虑相关因素,不考虑无关因素的基础上。第三,适度性。规章制度应当不偏不倚,在法定的范围内选择适当的基准点。第四,公认性。规章制度应得到绝大多数管理对象的认可、接受和正面评价,符合有理性的多数人观点,符合社会生活的常理。[①]

案例分析:提高学位申请条件是否合法

案情介绍:

某国内知名的综合性大学为了提高研究生培养质量,在其制定的《某学校学位条例暂行办法》中规定,研究生必须发表一篇以上核心期刊论文才有权申请学位。

争议焦点:

提高学位申请条件是否合法。

案情评析:

《中华人民共和国学位条例暂行实施办法》第六条规定,硕士学位由国务院授权的高等学校和科学研究机构授予。申请硕士学位人员应当在学位授予单

---

① 刘稳丰:《高校学生管理的自由裁量权及其公正行使》,载《中国冶金教育》2009年第3期。

位规定的期限内,向学位授予单位提交申请书和申请硕士学位的学术论文等材料。学位授予单位应当在申请日期截止后两个月内进行审查,决定是否同意申请,并将结果通知申请人及其所在单位。第二十五条规定,学位授予单位可根据本暂行实施办法,制定本单位授予学位的工作细则。根据上述规定,高校有权在授权范围内制定本高校的学位授予细则,但高校是否有权规定比暂行办法更严格的标准? 我们认为,虽然《中华人民共和国学位条例暂行实施办法》没有对申请学位时发表论文情况做限制性规定,但其规定的条件是全国高校普适的最低要求,高校根据自身的情况,为了提高人才培养水平行使自由裁量权,规定更高的标准应当是符合合理性原则的。本案中该高校为国内知名的综合性大学,为了提高人才培养质量,要求具有一定研究能力的研究生三年发表一篇核心期刊论文应当认定为具有合理性。当然,如果高校不考虑客观因素和公认性,提出不被绝大多数人认可的高标准,应当认定为滥用自由裁量权并违反合理性原则。

3. 程序正当原则

程序正当原则是指为了确保公平的实现,在创制规则或进行裁决性活动的过程中设置一些基本程序,通过程序保障相对人实体权利的实现。① 程序正当时实体正当的保证,也是增加制度公信力的一种体现。在高校制定学生管理规章制度时,坚持正当程序是高校学生管理制度合法公正的基本保障,通过正当程序可以控制高校规章制度制定权的行使过程,规范自由裁量权的权力运行秩序,最终达到同时保护学校与学生合法权益的目的。根据程序正当原则的要去,高校制定学生管理规章制度应当包含以下程序:主体适格;调研程序;民主参与程序;专业审查程序;正当通过程序;备案程序;等等。

4. 明确性原则

高校制定学生管理规章制度过程中要遵循明确性原则,做到主体明确、保护全面,制度配套以及内容协调。首先,规章制度的制定主体必须明确。对同一事项涉及多个部门的应明确规章制度的制定主体,不能出现政出多门,就同一事项多部门重复或交叉制定规章制度。其次,规章制度必须内容健全,覆盖学校管理服务的各个方面,不能无章可循。再次,规章制度内容必须具体且具有实际操作性,做到责权利界限清晰。对于一些原则性的规定,必须制定相应

---

① 尹晓敏:《高校学生管理制度建设的理性程序思考——基于正当法律程序的视角》,载《现代教育科学》2005 年第 5 期。

的具体操作细则或实施办法,否则这些规章制度无法真正落到实处。最后,各项规章制度内容必须协调,不能发生冲突。同一部门前后制定的规章制度不能发生冲突,不同部门制定的规章制度也应当具有一致性。

二、制度建设的程序建构

规章制度的生命在于其相对的科学性、规范性、正当性与稳定性,而这些制度属性的实现依赖于一套严格的制度制定程序。实践中,一般是校方或职能部门出于管理工作的实际需要,提出并组织人员起草相关的规章制度,在一定范围内讨论和征求意见后,报送学校主管领导或有关会议审议通过,在主要领导签发后颁布实施。这种习惯性做法实际存在诸多程序性瑕疵,如调研论证不够、民主参与程度不高、专业审查程度不足以及缺乏必要通过形式等,直接导致所制定的规章制度缺乏合法性与正当性。根据正当程序原则,我们认为高校在制定学生管理规章制度时应遵循以下程序:

1. 主体适格

根据《高等教育法》的规定,涉及学校基本管理制度,只有校党委办公会以及校长办公会才有权制定,学校的职能部门以及二级学院不是制定学校规章制度的合法适格主体,类似保卫处处、学生处、二级学院等无权以自己的名义制定和颁布校级规章制度。高校校长办公会或党委常委会确认有必要制定规章制度的,可以授权相关职能部门或二级学院负责起草;职能部门、单位认为有必要制定规章制度的,应当向学校提出立项建议,对制定规章制度的必要性、所要解决的主要问题、拟确立的主要制度等做出说明,立项审核通过且经主管校领导同意后,由有关职能部门、单位具体负责起草。

2. 规划调研程序

高校制定规章制度如果前期规划调研不够,对实际情况了解不够全面透彻,缺乏必要性和可行性论证,制度将成为"闭门造车"的产物,其合法性与正当性将无法保障。起草部门应当对拟起草的规章制度进行必要性和可行性论证,学校也应按期编制计划。只有经过深入调研,论证充分,各方面条件都比较成熟的规章制度项目,经批准并列入计划后,才能开始起草工作。

3. 民主参与程序

规则制定中的民主参与程序是保障权益可能受到制度影响的相对人参与制度创建过程并对规章制度的形成发挥有效影响和作用的程序,它不仅要求保障相对人有充分表达自己意见的权利,还能通过一定的程序设计使规章制度的制定者对这些意见予以实质性的考虑。规章制度制定重的民主参与率有两个衡量指标：一是参与的广泛度，这是量的指标；二是参与的有效度，这是质的指标。只有质与量有效结合，才能提升规章制度制定的民主性。在学生管理规章制度起草过程中，起草部门还应当听取其他有关部门、教职员工和学生的意见，听取意见可以采取书面征求意见以及召开座谈会、论证会和听证会等多种形式。涉及学生基本权利与义务的规章制度草案，应实行公示制，向全校学生公布并征求意见，必要时举行听证会，听证会的结论应作为重要参考依据。

4. 专业审查程序

高校学生管理规章制度必须符合上位法的规定且不得滥用自由裁量权，因此有必要邀请法律专业人员对规章制度设立的规范性条款进行合法性与合理性审查。涉及重大或者疑难法律问题的，还应当邀请有关法律专家进行咨询论证。

5. 正当通过程序

高校学生管理规章制度草案经审核后，应由主管校领导签署意见，报请校长或党委书记审阅同意后，提交校长办公会或党委常委会讨论。经校长办公会或党委常委会讨论通过的规章制度，由学校按照公文处理办法的有关规定印发文件，予以全校范围内公开发布。规章制度解释权由校长办公会或党委常委会统一行使，校长办公会或党委常委会也可以授权职能部门或二级学院规章制度进行具体解释。

6. 备案程序

按照有关规定，高校应当将有关规章制度向教育行政主管部门备案。

第二节 学生工作制度共性问题的探讨

实践中，各高校都根据自己的实际情况制定了具体的学生管理规定，涉及学生管理的方方面面，但其中一些规定存在实体和程序上的瑕疵，不仅没能成为高校依法依规处理学生事务的依据，反而受到了学生和社会的质疑。由于各高校的实际情况以及制度规定不尽相同，本节不涉及具体制度建设的所有问题，主要就学生管理具体制度建设中实体和程序规定中的共性问题进行论述。

一、奖惩助贷制度

（一）奖学金制度

实践中,大多高校以综合测评成绩作为评选各类奖学金的基本依据,综合测评成绩包括学习成绩、综合素质成绩和体育成绩三个方面。学习成绩和体育成绩是可以量化的既定数据,综合素质成绩则需要进行认定和测评,后者成为奖学金评定中的焦点和争议问题。综合素质成绩一般由基本分和附加分构成,附加分充分体现学生的综合素质,在评定过程中有时占据较大的分量。部分高校附加分制度不够完善,有的高校项目设置类别多而杂,有的高校设置比例过高,一些参加社会活动较多或在某方面有特长的学生加分很高变成班级前列,一些成绩较好的学生反而落后,造成了学生口中"用功读书的不如整天活动"的现象。我们认为,该矛盾可以从以下两个方向进行探索:一是建立分类奖学金制度,将学习与综合素质分开评比,避免学习成绩与综合素质成绩的交叉测评(请参见下例);二是完善加分机制,合理设置加分项目,明确划定加分范围,严格控制加分幅度,合理界定学习成绩与附加分的权值,避免过度加分带来的弊端,如清华大学规定学业占65%,其他占35%。[①]

例：苏州大学奖学金类别

1. 人民综合奖学金:学年获得学习优秀奖学金或者卓越科技创新奖学金中的二等及以上奖学金奖项之一,同时还要获得专项奖学金奖项之一的学生方可申请。

2. 学习优秀奖学金:用于奖励基础课程、通识课程、特色课程学习成绩排名在该年级、专业(专业大类)中,根据学生自主选择的分类培养方向划分的班级成绩优秀的学生。学习优秀奖学金细分为二类:学习优秀奖(学术型类)和学习优秀奖(应用型类、创新创业型类、复合人才型类、国际竞争型类)。学校奖学金按照分类学生数比例同时向学术型倾斜划拨。评奖学年中途进行分类培养方向调整的学生,在调整后的培养方向类参评。

3. 卓越科技创新奖学金:用于奖励国家和省级各类学术研究、科技、创新、创业、学科竞赛等活动获得团体或个人三等奖及以上荣誉,或以第一作者在省级及以上刊物上公开发表署名有"苏州大学"的学术论文、专利发明等有突出贡

---

① 谢小平、罗先锋:《完善高校奖学金评定工作刍议》,载《现代企业教育》2007年第9期。

献和成绩突出的学生。

4. 专项奖学金:(1)学术科技奖学金用于奖励国家和省级各类学术研究、科技、创新、创业、学科竞赛等活动中获得团体或个人三等奖以下者,校级、市级各类学术研究、科技、创新、创业、学科竞赛获得团体或个人三等奖及以上荣誉者。(2)文体活动奖学金用于奖励在校级及以上体育、文艺等比赛中团体或个人获得亚军(银奖)及以上荣誉者。(3)社会工作奖学金用于奖励在社会工作或社会实践中做出突出贡献的学生干部。(4)精神文明奖学金用于奖励在校内外抢险救灾、见义勇为、舍己救人或社会公益活动、志愿者工作中做出突出贡献并受服务单位表彰或受有关部门鉴证者,以及在其他精神文明建设中有突出事迹者。(5)勤勉励志奖学金用于奖励因家庭经济困难或因自身原因(身残或重病)身处逆境、自强自立成绩突出者。(6)素质拓展奖学金用于奖励在学校内外,积极组织学校、院部、班级各项团体活动并获表彰者;在社会实践活动中,社会调查报告或研究论文获校级及以上优秀者,或被评为校级及以上社会实践先进个人者;以及在广泛调查征求意见基础上,在社会责任感、精神文明、思想道德修养上具有更高层次的学生;经有关部门批准,举办个人专场表演或展示者。

(二) 助学金制度

家庭经济的贫困认定标准是助学金制度中较易发生争议的一个难题,通常表现在贫困证明的真假难辨上。当地民政部门的贫困证明是学生申请助学金的必要书面证明文件,也是高校评定助学金的重要依据。实践中不难发现,贫困证明可信度相对较低,有的学生夸大家庭的贫困程度,甚至捏造了一些不存在的事实,地方民政部门通常不认真审核学生的真实家庭状况,就在学生的贫困证明上盖章,造成助学金评比中"贫困生"不贫困的现象。其实,大学生日常生活中吃住同行,比较了解彼此的家庭经济情况,通过建立同学评定小组进行贫困生认定的形式似乎更为合理。为了确保家庭经济贫困学生的真实性,辅导员可以从没有申请助学金的学生中随机抽取学生与班级主要学生干部共同组成评定小组,评定小组应仔细审查申报材料,并结合该学生的日常生活表现进行匿名投票,投票结果作为认定家庭经济贫困的重要依据。对本年度获得助学金的学生,应对其跟踪调查,如果发现该学生有乱花钱或购买奢侈品的现象,应当取消下一年的助学金申报资格。

(三) 处分制度

考试违纪处分是高校日常学生管理工作中最常见的一种处分,实践中往往由于证据存在瑕疵而发生争议。高校对学生的处分是依授权做出的管理行为,根据证据规则,学校应承担举证责任。高校收集证据应当及时、全面、客观,不仅要收集直接证据,也要收集间接证据;不仅要收集书面证据,还要结合口头证据、物证、视听资料等证据形式,以便形成一条完整的证据链,让争议在证据面前平息。

例:苏州大学考试违纪处分证据收集的有关措施

1. 违纪学生自我陈述书。考试违纪事件发生后,让违纪学生第一时间如实填写事件的自我陈述,包括事件、地点、参加考试科目以及事件的真实情况。学生自我陈述的及时性是关键,在违纪学生没有受到各方利益群体的影响下,自我陈述具有较高真实性。

2. 监考老师的监考记录。应当包括监考记录表的书面记录、利用手机拍摄的固定的影像资料证据等。

3. 周围同学的情况说明书。考试结束后,第一时间请两位或两位以上违纪学生考试座位周围的同学如实填写情况说明书,如实反映考试过程中的所见所闻。

4. 及时收集物证。及时暂扣与考试有关的书籍、小抄以及具有储存功能或上网功能的电子产品等。

5. 视听资料。如果考试场所有监控设备,及时收集和固化相关的视听资料。

二、党员发展制度

党的十八大报告明确提出:"提高发展党员质量,重视从青年工人、农民、知识分子中发展党员。"实践中,高校都非常重视大学生的党员发展工作,通过严格党员发展标准和设置科学程序严把大学生党员的质量关,但其中存在的问题也不容忽视,如"唯学习论""唯社会工作论"等,导致发展的党员在学生群体中的实际认同度不高。究其原因,主要是发展标准和程序设计上的缺陷:一是评价内容的设定上主要依据个人主观经验,相应的可供测量和比较的定量评价内容较少;二是评价指标的权重随意性较大,较少应用科学的研究方法来进行论证①；三是缺乏科学的程序设计，党员发展中普通学生的民主参与率不高。

我们认为，建立科学的党员发展质量保证体系，关键在于以下几个方面：(1)建立量化评价标准。党员发展评价体系能否真实全面反映出学生的综合素质，取决于量化评价标准是否具有科学性和可行性。因此，量化评价标准应力求内容明确且操作性强。每一个量化指标都应语义明确、内容翔实，便于进行量化处理。同时，对一些不宜进行定量考核的指标可以通过一定的程序考察做出定性考核，得出明确的结论。党员发展实践中，量化指标主要包括政治思想素质、道德品质素质、学习文化成绩、日常行为表现、社会工作实效以及群众评价等。(2)平衡量化评价指标权重。量化考核体系应体现全面性和综合性，对于政治思想素质、道德品质素质、学习文化成绩、日常行为表现、社会工作实效以及群众评价等考核指标综合考量时既要重点突出又要协调平衡，不能以偏概全，也不能缺乏亮点。(3)完善民主程序。在发展学生党员的过程中，必须建立完善公正透明的程序，利用程序控制避免不正之风，做到考核机会公正透明、考核过程公正透明、考核结果公正透明。另外，考核程序必须加强民主参与率，实现考核主体的多元化。在考核过程中，既要听取老师的意见，也要听取同学的意见；既要听取学生干部的意见，也要听取普通学生的意见；既要听取正面的意见，也要收集负面的评价，真实准确地形成考核意见。

例：苏州大学某学院党员发展综合考察体系

第八条　党员发展具体条件

大二下学期：

政治思想素质方面……

道德品质方面……

课业学习方面：学习成绩优异，在大学期间曾获得综合特等或一等学习优秀奖学金；学生工作方面：在校级学生组织（校学生会、校社联、校科协及团校）或在院学生组织（院团委、院学生会、院科协、院社联、法律援助中心及院学生自助中心）担任副部长职务，或在班级里担任班长、团支书职务，工作认真负责、积极主动、获得过素质拓展或社会工作专项奖学金者优先考虑。

社会活动方面：积极投身社会公益活动，在法律援助中心等其他志愿服务组织担任义工，本学期曾参加过至少3次法律援助中心等其他志愿服务组织组

---

① 易申君、应红雨、姚伟：《构建高校学生党员发展考评体系的标准和原则》，载《萍乡高等专科学校学报》2014年第4期。

织的公益活动,以法律援助中心等其他志愿服务组织的备案或本人提供的证书或奖状为凭。

大三上学期:

政治思想素质方面……

道德品质方面……

课业学习方面:学习成绩优异,在大学期间曾获得过综合二等学习优秀奖学金或以上。课题获得省级以上(包括省级)奖项者优先考虑。

学生工作方面:在校级学生组织(校学生会、校社联、校科协及团校)或在院学生组织(院团委、院学生会、院科协、院社联、法律援助中心及院学生自助中心)担任部长以上(包括部长)职务,或在班级里担任班长、团支书、班委职务,工作认真负责、积极主动、获得过素质拓展或社会工作专项奖学金者优先考虑。

社会活动方面:积极投身社会公益活动,在法律援助中心等其他志愿服务组织担任义工,本学期曾参加过1~2次法律援助中心等其他志愿服务组织组织的公益活动,以法律援助中心等其他志愿服务组织的备案或本人提供的证书或奖状为凭。

……

第二十一条 发展对象考核程序

随机抽取学号召开普通同学座谈会,听取同学意见并进行无记名投票。

召开辅导员老师、班级学生干部、学生组织学生干部组成的同学座谈会,听取同学意见并进行无记名投票。

召开学生支部党员座谈会,听取同学意见并进行无记名投票。

召开学生党总支座谈会,听取同学意见并进行无记名投票。

三、学生干部选拔制度

学生干部是高校学生中的优秀群体,是学生工作的直接组织者、执行者,是沟通老师和同学的桥梁。学生干部的综合素质和工作能力直接影响到学生工作开展的效率,因此,选拔出德才兼备的学生干部是高校学生工作的重点之一。实践中,高校学生干部选拔一般采取面试、民主选举、竞聘以及内部选拔等方式,不同的选拔方式具有不同的优缺点。面试具有较强的职位针对性,但对考官的专业和素质依赖性较强,面试结果具有较大的主观性;民主选举利于公平、公开、公正的实现,但也给投机分子提供机会;竞聘可以给每个人展示才华、平等竞争的机会,但不善言辞的人往往处于劣势,有时不能反映客观公正;内部选拔效率较高,但缺乏民主性和认可度。

针对不同情况和类别的学生干部选拔,可以采用上述选拔方法的不同搭配,但必须坚持以下原则:(1)选拔过程透明。在选拔学生干部的时候,学生工作部门应提前公示学生干部岗位职责,按照岗位要求公开选拔;对入围的候选人,及时公开其工学习、工作背景等信息,让学生大众知道候选人的水平是否符合岗位要求;公开选拔的程序;选拔过程应在学生的参与下进行,不能由辅导员或主管老师单方自行选择;选拔的结果要进行公示。(2)选拔标准客观。选拔学生干部应依据德才兼备的选拔标准。"德"方面一般考察政治上是否要求进步,有无崇高的理想和坚定的信念,是否具有端正的工作态度,是否热心为广大同学服务等;"才"方面一般考察是否具有工作能力和专业素质。"德""才"是统一的整体,不能偏废。(3)公平与效率的统一。失去公平的效率是没有意义的,没有效率的公平价值将大打折扣,这就需要学生工作根据实际情况把握公平与效率的协调和平衡。如班级学生干部的选拔可以采用民主选举方式,专业性较强的学生干部岗位可以采用面试方式,重要学生干部岗位可以采取竞聘和选举两者结合的方式,实现学生干部选拔中公平与效率的统一。

四、保研制度

《全国普通高等学校推荐优秀应届本科毕业生免试攻读硕士学位研究生工作管理办法(试行)》第十四条规定,高等学校从具备下列条件的学生中择优遴选推免生:对有特殊学术专长或具有突出培养潜质者,经三名以上本校本专业教授联名推荐,经学校推免生遴选工作领导小组严格审查,可不受综合排名限制,但学生有关说明材料和教授推荐信要进行公示⋯⋯高等学校可按上述要求制定推免生的具体条件,但应符合法律、行政法规、规章和国家政策。教授联名推荐制是高校发现和培养优秀学生的一项重要制度,也为专业有特长或有潜质的学生提供了免试推荐研究生的机会,但在实践中由于制度缺陷或工作疏漏甚至受到不正之风的影响而饱受争议。我们认为,为了保障教授联名推荐制实施的合理性与正当性,必须从以下几个方面进行有效规制:(1)"有特殊学术专长或具有突出培养潜质"必须有明确并可以量化的标准,如参加省级以上项目、发表核心论文、省级以上竞赛获奖或拥有其他重要科学理论和实践成果;(2)教授推荐信以及相关证明文件必须进行公示,保障其真实性;(3)通过教授联名推荐获得免试推荐资格的学生与其他同学在免试推荐过程中地位平等并享有同等的权利和义务,涉及专业面试时推荐老师应当回避。

例:苏州大学关于教授联名推荐"学术特长生"免试攻读硕士学位研究生的有关说明

1. 被作为"学术特长生"推荐的优秀应届本科毕业生必须由3名以上本校本专业教授联名推荐。教授推荐信必须负责、详尽地说明被推荐学生的"特殊学术专长""突出培养潜质"。推荐信还须进行网上公示。

2. 符合以下条件之一者,方可视为有特殊学术专长或具有突出培养潜质的人才,参加由教授联名推荐"学术特长生"免试硕士研究生申请:(1)参加国家大学生创新性实验计划并通过结题验收或中期检查优秀(前三名);或参加省级大学生创新性实验计划并通过结题验收或中期检查优秀(前二名);或获得"莙政学者"称号。(2)参加省部级(含省部级)以上科研项目,并取得指导教师认可、学校有关职能部门认定的研究成果(如收到论文的用稿通知)。(3)在核心期刊(自然科学以北京大学图书馆的《中文核心期刊要目总览》和《中国科技论文统计源期刊(中国科技核心期刊)目录》为准,人文社会科学以北京大学图书馆的《中文核心期刊要目总览》和南京大学中国社会科学研究评价中心的《中文社会科学引文索引(CSSCI)》为准、SCI、EI、SSCI上发表论文1篇以上者(原则上限第一名,指导教师为第一作者的可放宽到第二名);或在省级学术刊物发表论文2篇以上者(自然科学类论文每篇的篇幅均不少于3个版面、人文社会科学类论文每篇的篇幅均不少于6000字,且限第一名,指导教师为第一作者的可放宽到前二名);或在省级学术刊物独立发表高质量的学术论文1篇以上者(自然科学类论文篇幅4个版面以上,人文社会科学类论文篇幅在8000字以上)。(4)获得国家级学科竞赛(教育部等中央政府部门或教育部教学指导委员会或国家一级学会[协会]组织的学科竞赛)二等奖及以上(前三名)或省部级学科竞赛(省教育厅等省政府部门或教育部内设司局机构或国家二级学会[协会]或江苏省一级学会[协会]组织的学科竞赛)一等奖及以上(前三名);或获得国家级学科竞赛三等奖及以上(第一名)或省部级二等奖及以上(第一名);或组织开展的与所学专业或报考专业密切相关的社会实践活动获得全国表彰(团队第一名或个人)。(5)获得国家发明专利(前三名)。(6)取得其他重要科研成果和进行相关实践。

3. 学生提供的、可以证明其具有学术特长的所有材料,均须进行网上公示。

五、公示制度

公示制度是指通过设立公告栏、公示牌、公示墙、公共媒体等一定的方式，在一定的范围和时限内将公众关心的一系列工作计划、方针、政策、奖惩等情况进行公布，广泛征求反馈意见的制度。[①] 完善的学生工作公示制度可以赋予学生更多的知情权、选择权和监督权，在充分发挥学生主观能动性、保障自身合法权益的同时，增强了学生工作的民主化水平，提升了学生工作决策的科学性，从而减少或避免工作中的失误。

具体来说，完善的公示制度具有以下功能：(1)提升学生工作的公信度。在高校学生工作的实践中，部分学生对自己拥有的权利义务缺乏必要的了解和认识，加之学生工作的宣传不到位，部分学生不关心也不了解学生工作的各项工作流程和结果，不了解导致不信任，不信任导致猜疑和不满，许多莫须有的"黑幕谣言"由此出现，给学校和学生带来了极坏的影响。在学生工作中引入公示制度，赋予学生更多的知情权和选择权，建立学校与学生之间有效的沟通渠道，及时将学生工作的流程和结果向学生大众进行公示，主动接受学生的监督和指正，能够有效拉近学生与学校学生工作部门的距离，使广大学生充分认识和了解学生工作的过程和结果，增强学生对学生工作的认可度和信任度，形成学生与学生工作的良性互动，真正实现学生工作"以学生为本"的科学教育理念。(2)增强学生工作的科学性。将学生工作的过程及结果进行公示，可以让一定范围内的学生参与监督和审核，充分发挥表达权、选择权和监督权，对公示的内容及时反馈意见和建议。学生工作部门可以根据意见和建议，及时修正和调整工作中的失误或偏差，使学生工作的决策和实施更为科学合理。(3)保障学生工作的公正性。建立学生工作的公示制度，增加了学生工作流程及结果的透明性，公众的监督和约束让入党、评奖评优、保研等学生工作过程中的"递条子""打招呼"等不当之风受到限制和屏蔽，从而保障了学生工作的公平、公正、公开。

构建合理有效的学生工作公示制度，必须重点完善以下几个方面：(1)明确各种公示的范围。学生工作应根据公示的内容以及涉及学生的种类，在不同的范围内进行公示。涉及全校学生权益的公示，应在全校范围内进行公示；只涉及部分学生的权益，如涉及一个二级学院学生的权益，可以在涉及的学生范围

---

① 刘影秋、李绍勋：《试论高校学生管理公示制度的背景和意义》，载《北京理工大学学报》2006年第3期。

内公示;涉及学生个人隐私的,不能进行公示,只能通过一定的形式通知并书面送达本人。(2)创新公示的形式。高校校园新媒体应用的普及,尤其是学生的智能手机媒介和高校网络开放性平台的迅猛发展,使网络成为校园信息互动的重要平台,学生工作应当顺应时代的潮流,在利用公告栏、公示牌、公示墙、情况通报会等传统公示形式的同时,建立网上信息发布的公示平台,让更多的学生了解或参与公示,提升学生工作的民主参与率。(3)意见的及时处理和反馈。学生对公示内容的建议或质疑,学生工作部门要认真对待并及时反馈意见,使公示的作用落到实处。

第三节 提升学生自我管理水平

一、完善学生自我管理体系

大学生自我管理是大学生自我发展的内在需求,也是高校民主化管理的外在需要。高校应建立起学生自我管理体系,营造学生自我管理的氛围,创建学生自我管理的团队,依法依规进行指导和帮助,调动大学生奋发向上的积极性,最大限度地激发大学生的发展潜力,引导大学生全面提高综合素质,给大学生全面发展提供良好的空间。

(一) 学生自我管理的内容

学生自我管理分为两个层面:一是学生个体自我管理;二是学生群体的自我管理。

学生的自我个体管理是指大学生通过个体的自我管理,使自己的生理、心理、品德、气质得以健康、和谐地发展,最大限度地提高和实现自己的人生价值。同时,也为其他管理者提供客体,使处在一定管理功能中的人更好地奉献自己的精力和智能,增强管理功能。①

学生群体的自我管理是指大学生在正式群体(如团组织、学生会、班集体等)和非正式团体(如自发组织的科技小组、书画协会、体育组织等)中发挥学生骨干的主体作用和导向作用,协调群体内外部各种关系,结合制度与人本管理方式,发挥群体的积极因素,客服消极因素,使群体正常运行,成员在其中得到

---

① 陈克江:《大学生自我管理浅说》,载《上海青年管理干部学院学报》2004年第4期。

发展。① 群体自我管理一般包括：(1) 学生有效参与学校政策的计划、组织、实施、监督全过程，及时反映学生的意见和建议，在学生和学校之间发挥沟通桥梁作用；(2) 在与学生密切有关的学生管理、教学管理、后勤服务、校园文化建设等方面充分行使表达权、建议权、参与权和决策权等，发挥学生组织的自我管理效能；(3) 自我管理本组织内的有关事项，如干部的选拔、活动的组织开展和有关部门与组织的协调等。

（二）学生自我管理的价值

学生自我管理是学生自我发展的内在需求。(1) 自我管理能帮助大学生正确认识自我。大学生通过自我管理，有助于自我发现"理想中的我"与"现实中的我"的偏差，看清自身实际与社会需要之间的差距，了解自身知识和能力上的缺陷，这样才能从客观的角度进行自我认识、自我解剖、自我评价、自我完善，逐渐摆正个人的位置，不断去提高自身的素质和能力。(2) 自我管理能帮助大学生提升个人素质。在自我管理的过程中，大学生要充分调动自身的主管能动性，整合、优化和利用自我资源，与不同的社会个体或群体进行交流和沟通，协调内外部各种关系，这些能进一步全面提升大学生的思想道德修养、专业技能、社交技能以及社会实践技能等。(3) 自我管理能帮助大学生提升适应社会的能力。大学生自我管理能帮助大学生更广泛地接触到社会，更多地参与社会生活，在实际管理中不断动手、动脑，直接和各部门的管理人员打交道，培养和锻炼实际的工作能力，并且在工作中发现不足，及时提高和改进，使自己更新扩展知识结构，获取多领域的知识信息，以适应社会的需要。②

学生自我管理是高校民主化管理的外在要求。一方面，学生自我管理机构是高校管理机构延伸的一个分支，是最基础的层次，学生自我管理是高校民主化管理的重要表现形式。另一方面，学生在自我管理的过程中可以充分了解学校的相关政策和管理过程，并依法依规行使个人的权利、实现自己的价值，提高学校管理行为的民主性和认可度。

（三）学生自我管理的措施

1. 确立学生自我管理的理念

加强大学生自我管理，是高校学生工作发展的必然趋势，高校学生工作应当确立学生自我管理的理念，在学生工作体系中尽可能大地发挥学生自我管理

---

① 周志荣：《高校学生自我管理体系创新初探》，载《社会科学研究》2006年第6期。
② 付云：《关于高校大学生自我管理的几点思考》，载《安阳工学院学报》2008年第4期。

的作用,提高管理效率,推定素质教育的主体化和学生工作的民主化。

2. 完善大学生自我管理制度

高校学生工作要使大学生能够进行自我管理,就必须建立和完善相应切实可行的制度。自我管理的制度分为两个层面:一是学校层面要建立大学生自我管理的制度,使学生自我管理有规可依、有章可循;二是各个学生自我管理组织要建立自己的规章制度,让学生个体实现从"被约束"到"自我约束"的转变,使规章制度化为自身的行为准则。

3. 构建大学生自我管理的组织机构

大学生要实施有效的自我管理,不能局限于个体的自我管理,更要在依法依规的前提下构建自己的管理组织。学生自我管理组织是学生自我管理的平台,通过这些平台,大学生能不断锻炼自己,进行良好的自我学习、自我教育和自我提高。

4. 对学生自我管理进行适当指导

加强大学生自我管理,肯定学生的主观能动性,并不是完全否定学生工作者的作用,高校学生工作者对大学生给予适当的指导也是必要的,这能保障大学生自我管理的正当性与合理性,促使大学生自觉进行自我转化和行为控制,全面提升自己的综合素质。

二、架构学生自我管理组织

随着我国高等教育改革的不断深入,以及高校学生学习生活方式出现的新变化,各类高校学生自我管理组织日益成为高校中具有重大影响力和凝聚力的群体,在推动学校民主化管理、校园文化建设以及提高学生综合素质方面发挥了生力军的作用。但是在实践中,高校学生自我管理组织发展壮大的同时,也逐步显露出一些弊端和缺陷。如何依法依规构建学生自我管理组织,进一步探索学生自我管理组织建设新举措和新内容是当今学生工作的重要课题。

(一) 学生自我管理组织的类型

根据不同的标准,学生自我管理组织可以分为不同的类型。为了便于下面的讨论和阐述,我们可以根据学生自我管理组织的组织性原则,将学生自我管理组织分为紧密型学生自我管理组织和松散性学生自我管理组织。

紧密型学生自我管理组织的构建一般按照"自上而下"的模式,具有较强的组织性、纪律性、严密性、思想性和任务性,如共青团、学生会、学生科学、社团联合会等。

松散型学生自我管理组织的构建一般按照"自下而上"的模式,体现出相对自由性、松散性、广泛性、自治性等特点,一般表现为各类学生社团。各类学生社团因社团宗旨、活动内容以及形式的不同吸引不同的参与学生,满足学生的不同需求。实践中,松散型学生自我管理组织包括:(1)学习型社团,这类型社团一般以共同学习为社团目标和宗旨,大家为了相互交流学习而结合在一起,如英语角、文学社等;(2)艺术型社团,学生大多因音乐、舞蹈、书画等艺术爱好结合在一起形成艺术性社团,如摇滚音乐协会、舞蹈协会、音乐工作室、书画协会等;(3)实用技能型,这类型社团主要锻炼学生的各种技能,如口才协会、电脑爱好者协会等;(4)体育运动型,如篮球协会、乒乓球协会、轮滑协会、羽毛球协会等;(5)公益性社团,如法律援助中心、爱心社等;(6)娱乐休闲健身型,如登山者协会、自行车协会、跆拳道协会、瑜伽协会等;(7)咨询沟通型,如法律咨询室、心理健康互助协会等。

紧密型学生自我管理组织和松散型学生自我管理组织并非完全分离,两类组织在成员上有重复性,在活动上也有交叉性。因此,寻找恰当的切入点,形成两者的合力,共同致力于成员的发展和组织的建设,是整合资源并高效运作的关键所在。①

(二)学生自我管理组织的现状分析

近年来,高校学生自我管理组织的发展逐步呈现数量增长快、涉及面广等特点,而且学生自我管理组织活动形式多样、内容丰富多彩,具有时代性和潮流性特征,深受大学生欢迎,在校园文化建设中占有越来越重要的地位。但是,高校学生自我管理组织在发展过程中受校内外各种因素的影响,也逐渐暴露出一些不利于自身发展的问题。

1. 学生自我管理组织定位不明

学生自我管理组织定位不明,对学生自我管理组织发展认识不清是当前许多高校学生自我管理组织中普遍存在的问题。紧密型学生自我管理组织的突出问题是行政色彩过浓,在组织结构、权力分配、活动开展、效果评估等方面不同程度地存在官僚化的倾向,自主权力过少,青年色彩不浓,活动缺乏亲和力和创新力。松散型学生自我管理组织的突出问题是缺乏正确价值导向,没有认识到其在进行思想教育、丰富校园文化、培育人文素养等方面的重要导向作用,虽然活动丰富多彩且娱乐性强,但总体呈现出一种品位偏低,缺少科学性、艺术

---

① 周志荣:《高校学生自我管理体系创新初探》,载《社会科学研究》2006年第6期。

性、情趣性和文化底蕴的倾向。而活动内容的品质直接影响着组织成员的内心品质、思想及人生观和价值观。

2. 学生自我管理组织管理混乱

紧密型学生自我管理组织一般采用校院二级管理模式,管理框架较为完善且稳定,责权利也相对比较明确,但松散型学生自我管理组织稳定性差、类别繁多,管理体制相对混乱。从外部管理考察,学校和学院一般都建立了社团联合会,对校院二级社团进行管理和协调,但实践中学生社团具有较强的自主性,社团联合会大多作为一种象征意义而存在,其管理和协调由于缺乏约束力也往往流于形式,失去了制度设定的初衷。从内部管理考察,有的社团没有制定章程或章程规定不明确,组织架构松散,社团内部权责不明或分工不合理,活动随意性较强,严重影响了社团的健康发展。

3. 学生自我管理组织缺乏指导

目前紧密型学生自我管理组织一般都有专业指导老师,而松散型学生自我管理组织大部分都缺乏指导老师或得不到经常性指导,指导情况不容乐观。这主要是因为指导老师都是义务兼职,不计工作量,没有劳动报酬。再加上其本身教学科研任务繁重,而学生指导占用业余时间,没有足够的时间和精力投入到指导学生中去,难以进行深入细致的指导。这就导致部分指导老师没有发挥应有的指导作用,学生得不到有效的指导。[①]

4. 学生自我管理组织发展不均衡

从学生自我管理组织的整体发展水平来看,高校学生自我管理组织存在整体结构不平衡的缺陷。一方面,由于学校的重视程度以及投入比例,紧密型学生自我管理组织获取的发展资源远超过松散型学生自我管理组织,前者在学生中的影响力也远超后者,形成了学生自我管理组织的绝对强势地位,在一定程度上影响了松散型学生自我管理组织的发展。另一方面,松散型学生自我管理组织之间发展也不平衡。一些技能应用领域的社团,日益成为学生关注的热点。这些社团吸收了大批求知欲旺盛的大学生的热情参与,从而大大促进了这一类社团的发展,最终形成了有利于社团发展的良性循环。而其他一些社团由于在社团结构中未能占据有利于自身发展的适当份额,而长期处于滞后状态。[②]

(三)依法依规合理架构学生自我管理组织

如前所述,紧密型学生自我管理组织有较成熟的组织架构和运行机制,松

---

① 任志宏、赵平:《高校学生社团管理工作研究》,载《思想政治教育》2011年第11期。
② 肖迪明:《浅析高校学生社团的现状、问题及其对策》,载《湖北社会科学》2004年第5期。

散型学生自我管理组织则相对问题较多,下面主要就依法依规构建松散型学生自我管理组织(即各类社团)进行探讨。

1. 依法设立

高校学生工作应把好"社团设立"这一关,按照相关规定科学制定学生社团的设立标准和审批程序,依法依规对社团申办进行严格审核,为社团提高品质发展提供保障。首先,建立申报程序。任何一个社团成立,必须向学校主管部门进行申报,只有那些得到学校有关部门同意的学生社团才具有合法地位。其次,完善实体审核标准。学校主管部门对申请成立社团的宗旨、组织机构、成员结构、发展规划、活动计划等进行实体标准审核,只有对符合标准的申报社团才能予以批准设立。只有坚持实体和程序的统一,才能保障学生社团设立的合理性与正当性,有效避免学生社团鱼龙混杂、组织混乱的现象发生。

2. 制度自律

科学高效的社团管理制度对于加强大学生社团建设,规范学生社团活动从而形成制度自律,具有重要的作用。(1)校院两级社团联合会应根据团中央《关于高校社团建设发展意见》,根据高校自身实际情况,制定具体的校院两级社团联合会规章制度,进一步管理和规范各类学生社团,保障学生社团健康有序地发展。该规章制度就学生社团的成立、组织机构、社团成员的权利和义务、监督管理、社团的变更和注销、激励处罚机制等进行原则性的指导和管理。(2)学生社团应根据自身特点,建立自己的章程和工作制度,明确社团的宗旨和目标、组织机构、发展规划、活动计划、成员的权利和义务等具体内容,实现以制度管理社团成员,以制度规范一切社团活动,保障本社团健康、持续、稳定地发展。

3. 依法依规开展活动

学生社团活动应建立重大活动申报制,即社团要开展重大活动,必须向学校主管部门进行申报,只有得到主管部门的批准,学生社团才可以开展这项重要活动。该项制度有利于学校对学生社团的了解,使社团重大活动能够纳入学校的掌控,进而有利于主管部门对社团的指导和规制,防止违背宪法、法律以及党的方针路线的错误言论和观点通过学生社团散布和传播。

4. 正确引导

学生工作要把握学生社团的发展方向。一方面要抓繁荣,坚持"百花齐放、百家争鸣",鼓励各种社团的成立,注重思想、科技、文化、体育、服务等各类学生社团的协调发展,让学生有充分自由选择的余地。另一方面要抓管理,学生社团一般是以共同的兴趣和需求为纽带而组成的,但由于学生阅历的不足,在认知、情感上有时容易出现偏差或造成目标定向的狭隘或片面。因此,要通过政治思想工作进社团、党团组织进社团、坚持专业老师指导等措施,加强学生社团组织目标的调控,特别是要引导学生社团坚持正确的政治立场和政治方向,围绕学校育人这一工作中心,设定社团的性质、目标和任务。①

5. 建立评价激励机制

高校学生工作应建立学生社团的评价激励机制,在学生社团年度注册时进行评估和奖惩。对于成立以后没有任何活动或活动不能依法依规开展的社团,可以予以撤销;对于管理规范、运行良好、成果显著的学生社团可以进行授予"红旗社团""先进社团"称号的表彰。

第四节 二级学院依法依规处理学生事务的探索

学院是学校党政领导下的二级管理单位,承担了高校大部分教书育人的任务,学院如何依法依规处理学生事务是高校学生工作法治化的基础和关键。下面以苏州大学某二级学院依法依规处理学生事务的实践为视角,对学生工作法治化的路径和手段进行探索和思考。

一、学院依法依规管理学生事务的实践

(一) 建立、健全法治管理制度体系

为了提升学院学生工作的规范性,涉及学生重要权利的事项,某学院都制定了管理细则,如《某学院党员发展细则》《某学院奖学金评定细则》《某学院学生干部选聘任用细则》。在制度拟定的过程中,学院重点保障民主性、程序性以及可操作性。(1)成立由教师、学生干部、普通学生组成的工作小组,在教师的指导下由学生拟定初稿,公示过程中公布邮箱听取学生意见,充分保障学生的知情权和参与权。(2)制度重在设定刚性规定,增强操作性,减少可能发生的争议。如党员发展细则中规定每个时期发展党员的最低标准,涉及学生的学习成绩、社会工作、志愿服务等具体刚性指标。(3)规定都在学院召开的"四代会"上投票通过,保证了制度的合法性。

---

① 肖迪明:《浅析高校学生社团的现状、问题及其对策》,载《湖北社会科学》2004 年第 5 期。

(二)加强程序控制,强化过程管理

所有涉及学生重大权益的事项,学院都建立了严密的工作程序,加强过程管理。奖学金评定中,设定了学生自主申报→年级奖学金评定小组→学院奖学金评定委员会→所有事项公示的程序,所有程序都由学生进行,老师只做宏观指导不涉及具体评定。党员发展中按照标准进行考察的候选人,结合学校规定的党员发展的程序,学院院设计了班级代表学生投票→党员投票→学生党总支投票三个程序。学院学生干部实行直选制,"四代会"选出部长以上学生干部,部长以上学生干部再投票主席团,通过程序控制保障公正性。

(三)强化证据意识,提升工作的合法性

学院在日常工作中,借助"本科生事务系统"和"学生工作基础月活动"活动,动态地、全时段地采集学生学习、生活、思想等多方面的信息,建立重点关注对象档案,并做好日常行为记录。一方面,全面及时的数据可以辅助日常学生工作,变"被动"为"主动",提升学生工作的客观性和针对性;另一方面,收集固化的信息也可以在未来可能发生的纠纷中发挥证据的作用。在学生处分中,学院注重证据的收集、证据的固化、证据的书面化、尽量形成证据链等工作环节,让争议在证据面前平息。

(四)强化安全保障责任

为了更好地履行高校安全保障义务,学院点、面结合构建学生安全保障机制,实现最大限度的风险防控。(1)面上构建安全保障体系。学院充分发挥学生干部的作用,建立了宿舍社长——楼长——辅导员的安全信息网络,每周电子表格周报,辅导员收集后存档,如遇学生晚上12点以后不回宿舍不知去向的直接联系辅导员,保障学生安全信息渠道的畅通;通过班会、年级大会定期进行安全教育;暑期社会实践实行安全员制度,并为每位学生购买保险;毕业实习时给每位实习生发放书面安全须知并签字存档。(2)点上重点关注重要对象。对心理异常学生、生理特殊学生、贫困生、学习困难学生进行分类管理,建立重点关注对象资料库,定期进行谈心谈话了解情况,定期与学生家长联系,告知相关情况,提醒注意,且以上谈话必须进行书面记录。

(五)提升学院学生的民主参与意识,加强学生工作的民主监督

学生的猜疑和不满很大程度上都是由沟通渠道的不畅通、信息的不对称所导致,为了增强学生对学院学生工作的信任感和认可度,学院采取各种方法促进学生参与学院学生工作民主管理。(1)制定各种规则时让学生发挥主体作

用,在充分听取大多学生意见的基础上,在老师的指导下拟定相关制度。(2)加强学院学生工作的公开性和透明性,涉及学生重大利益的学生管理行为必须公示。(3)建立学院学生工作公邮,学生对学生工作有意见和建议的可以和辅导员沟通,也可以通过公邮匿名表达。

二、学院依法依规管理学生事务的思考

(一)提升法治理念是学生工作法治化的前提

当前学生维权意识和民主参与的意识增强,维权手段多样化,要实现学生工作法治化,首先要提升师生的法治理念:一方面,高校学生工作者要树立法治观念,依法教育和管理;另一方面,要培养学生的合法维权意识,指导学生对侵害自己合法权益的行为应当依法寻求救济。

(二)完善管理制度是学生工作法治化的保障

管理制度是规范学生工作日常行为,维护学生合法权益的重要保障。学院可以根据学校的有关规定,根据本院的实际情况制定细则,增强操作性。在制定相关制度的过程中,必须在依据现有法律法规的基础上,充分听取学生、辅导员以及法律专家的意见,切实做到民主参与和程序公开,在保证合理性的同时保障制度的合法性。

(三)规范工作方式是学生工作法治化的关键

学生工作日常管理行为必须依规则、重程序、讲证据。坚持规范行使学生工作权力,让管理在规则中运行;通过程序控制使学生工作透明公开,让公平在程序中实现;及时收集证据、固定证据形成证据链,让争议在证据面前平息。

第五章 畅通学生民主参与途径

第一节 学生组织及其作用

一、学生组织的概念

对高校学生组织的概念界定,按照划分标准的不同,其内涵也不尽相同。

从广义与狭义的角度来界定。① 从广义的角度来说,包括高校的学生党组织、团组织、学生会、研究生会、班委会和学生社团。从狭义的角度来说,指学生会、学生社团。② 一些学者认为,广义上的学生组织是学生的自治团体,即学生自我管理的组织,包括学生党支部、团总支、学生会、学生社团、班委会等。狭义上《教育大辞典》中阐述学生自治组织所指的是学生会。

从正式与非正式的角度来界定。③ 正式组织是指由学校正式文件明文规定的群体,是学校为了对学生进行思想品德教育,完成教学任务,实现培养目标,按照国家和学校有关规定、条例而设置的组织机构,有统一的规章制度和纪律规范,其成员有固定的编制、规定的权利和义务以及明确的职责分工。他们在学校党政的领导下,按照各自章程独立开展工作。非正式组织是相对于正式组织而言的,可以看成是组织中未经正式计划而出自于组织成员自发需要的过程和行为。大学生非正式组织是由于学生中某些特定的需要在正式组织中得不到满足而自发产生的,一般出于某种相同的利益、观点、社会背景、习惯、兴趣爱好、特殊感情、好恶、知识结构等原因。他们没有明确的组织结构关系,没有固定的目标、计划、职责及任务,工作带有随机性和自发性,但他们以其特有的精

---
① 黄平:《高校学生组织存在的问题与对策》,载《教育与职业》2010 年第 32 期.
② 陈丽丽:《学生组织在高校治理中的角色定位和参与路径研究》,浙江工业大学,2012 年.
③ 孙德芬:《高校学生组织的功能及管理模式研究》,载《教育与职业》2007 年第 30 期.

神导向和感情的一致性制约着组织成员的行为,并对组织的行为和发展具有影响力。

按需求不同可将学生组织分为学生选择型组织和学校选择型组织。学生选择型组织,是根据学生自身需求自主成立的学生组织,如各种文体娱乐型和兴趣型组织;学校选择型组织,是按照学校管理者的需求而成立的学生组织,像学生会(研究生会)和其他校级组织等。总而言之,学生组织是学校依照有关教育法律法规,根据教育管理的实际需要建立起来的,或是由学生根据各自兴趣、爱好、专业特长等自发组成的,具有一定组织管理功能的群众性团体,是由学生组成的自我服务、自我提高、自我管理、辅助教学的组织。[1]

二、学生组织的定位

首先,学生组织是学生自己的群众性组织,学生组织的成员是学生自己推选出来的。高校学生会、研究生会是学生代表大会按学生的意愿选举产生而形成的。学生社团是由一部分兴趣、爱好和目的相同的学生,按照一定的章程在自愿的基础上组成的。学生组织以为学生群体服务为首要目的。其次,学生组织是党委领导下,团委指导与管理的学生组织。高校学生组织都必须在党委领导、团委指导和管理下开展各种活动,保证方向正确、活动健康有效。再次,学生组织是相对系统的学生团体。学生组织有自己相应的章程、计划、层次结构、体系、领导,自主开展特定内容与形式的活动,组成成员有特定的权利、义务,各尽其职,各展其能。最后,学生组织是有自己特色文化的组织。学生组织有自己的核心理念、文化观念与载体,甚至有自己创造的文化成果。[2]

三、学生组织的功能

学生组织作为高校学生管理工作的重要载体,发挥着联系学校和广大学生的桥梁纽带作用。它既是培养人才、凝聚学生群体的工具,又是大学生自我肯定、自我实现的工具,在引导学生自我教育、自我管理、自我监督、自我服务,繁荣校园文化等方面有着独特的作用。它的功能主要体现在以下几个方面:

(一) 教育功能

学生组织是大学生为满足自我发展需要而成立的,通过组织活动、组织环

---

[1] 陈艺:《高职院校学生组织建设的研究》,苏州大学,2010年。
[2] 黄平:《高校学生组织存在的问题与对策》,载《教育与职业》2010年第32期。

境和氛围、组织成员之间的相互作用来发挥其潜移默化的教育功能。学生组织是一个实践的场所,是实施素质教育的有效阵地。通过组织或参加组织活动,促进大学生的心理品质、道德素养、文明行为的养成,提高大学生的实践能力和创新能力,培养大学生的民主意识及高度的自律精神,从而促使大学生自我表现、自我发现、自我管理、自我教育和自我发展。

作为课外学生自觉组织、自愿参与的自我教育组织,在活动过程中,组织成员必定在知识积累、技能提高、素质完善等方面有所收获。这不仅体现了素质教育的本质特征,也是实施素质教育的有效途径。同时,广泛开展学生活动可以更好更全面地提高在校学生的综合素质,增强学生的社会适应能力。

(二) 管理功能

高校学生组织作为一种管理单位,管理功能也是其主要功能之一。这里的管理功能主要分两种,一是学生组织的自我管理,二是参与学校的民主管理。

一方面,学生组织具有系统的规章程序,可以发挥动员能力,配合学校开展大量的学生教育管理工作。目前,各高校的研究生会、学生会、各社团已成为学校管理学生的得力助手,也成为学校思想政治教育的重要载体。另一方面,学生组织在遵守学校规定的同时,也必须要求成员遵守校规校纪。这既培养了学生的规则意识,又提高了学生自我管理的能力。

然而随着时代的发展和社会的进步,学生组织的内涵也在不断充实和扩展,学生组织在自我管理的基础上更积极参与学校的民主管理。它们参与处理的问题往往与学生的日常学习、生活与发展密切相关。学生组织参与学校民主管理的过程就是大学生培育民主意识、锻炼实践能力、提高本领才干的过程。在依法治校理念的影响下,学生组织参与学校管理日益受到学校的重视,并逐渐发展成学校提高民主决策、民主管理和民主监督能力的重要途径。学生组织参与学校民主管理主要有以下三个方面:

1. 参与制定学校各项政策和管理措施

参与决策的内容可以涉及学校的建设与发展、教学与管理、校园文化,以及与学生利益相关的学习、生活、成长等方面,如学生奖学金评定、助学贷款申请、能力素质的培养、餐饮住宿服务等的政策制定。

2. 参与学校事务的民主管理和监督

民主监督是民主执政的必要条件和有力保障,是大学民主政治建设的重要环节,是广开言路、倾听意见,纠正工作中的偏差甚至错误的重要举措。我国大学中的各类学生组织,无论是学校选择型还是学生选择型的,在这一层面上的运作都较为成熟,这也从一个侧面暗示了我国大学校园民主建设的所处阶段。[①]

(三) 服务功能

学生组织成立的根本宗旨就是代表学生利益,高校学生组织可以通过多层次、多方面的活动满足学生的各种需要,反映学生各方面的意见和诉求,积极沟通学校各方,维护学生权益,服务于学生的成长成才,并进一步推动校园的稳定与和谐。在现有体制下,学生组织既要代表学校行使一定的管理职能,又要代表学生反映必要的情况和意见,在学校与学生之间发挥上传下达的作用,积极与学校相关职能部门及教师保持沟通,及时反映广大学生日常学习生活中亟待解决的问题。学生组织在服务与维权方面有以下几点优势:

1. 学生组织是学生行使权利的重要载体

学生组织是通过选举有一定任期的学生代表而组成的学生代议机构,并通过设立相应学生事务执行机构来实现其功能和宗旨。首先,学生通过选举他们的代表,授权他们表达自己的意志,从而间接行使自己的权利;其次,代议机构做出的决定被视为整个共同体的决定;最后,决定的做出遵循数量原则,多数意见被视为整体的意见。集体意见的表达、实施必须要有整套的规则,要依赖学生组织机构的常态化模式。

2. 学生组织有助于学生理性地表达意愿

当代大学生自主的意识与愿望比较强烈,但对如何合法有效地表达诉求、行使权利、实现权益知之甚少,所以学生个体自发的利益诉求往往不讲究方式方法,容易陷入偏执和非理性。通过学生组织对学生意愿与诉求的收集与整合,使得其在做出最终决策之前,经过各成员充分讨论和学校老师的科学指导,其中非理性的部分可以被最大限度地剔除。而且高校中学生的具体利益各不相同,呈现出较大的差异性,有时候还会因为具体利益的矛盾产生冲突,通过学生组织的协调,可以使不同学生群体的局部利益与整体利益、眼前利益和长远利益得到有效调整,最终体现广大学生的根本利益。

3. 学生组织弥补了学生个体能力上的不足

学生组织作为高校学生的联合体,能掌握的物质和精神资源远远大于学生个体。得益于代表来自学生中的先天优势和设立信息搜集机构的便利,学生组织可以最大限度地汇集信息,从而在与学校各方的沟通中占据主动地位;学生代表和学生干部往往是学生群体中的精英,具有更强的组织和协调能力;学生

[①] 王蓓、吕雪峰:《学生组织参与校园民主建设现状及对策》,载《才智》2009年第17期。

组织可通过更多途径表达建议和诉求,如网站、报刊、电台等媒体;学生的沟通协调能力不可避免地具有强弱之分,而通过学生组织形成决定的过程比较民主,并且是以学生权益委托人的姿态出现,可以平衡由学生个体能力差异而造成的问题处理的力度不同或结果不同,进而导致不公平、不公正的情况出现。

4. 学生组织保证了权益维护和沟通协调的经常性与连续性

学生组织具有明显的外部特征和独立的内在价值,即在学生组织的制度构建和运行机制中能够自觉树立学生观念,尊重学生的主体地位,发挥学生的积极性和主动性,有利于增强组织行动的针对性,更好地适应大学生多元化和个性化的需求,增强组织对学生需求的回应。学生组织普遍具有分工明确、程序规范和系统完整等优势,不同学生组织之间经常性的交流和研讨也有利于信息共享和优势互补,能够保证学生权益维护和与学校及各方沟通协调的经常性和连续性。[①]

除了以上三个主要功能之外,学生组织还有一个特殊功能——文化传承功能。高校学生组织天生具有的自治性、开放性等特性决定了其具有作为大学精神天然承载者和践行者的功能。文化功能主要体现在两个方面。一是文化嵌入功能,学生组织存在于整个高校校园内,必定会受到整个校园文化的影响。校园文化的大环境、大氛围在一定程度上决定学生组织的性质和功能。同时,学生组织对校园文化的建设也有其不可小视的作用,特别是一些人数多、规模大、影响力强的学生组织。二是文化传承功能,优秀的学生组织在其自身发展过程中形成了勤学爱国、民主自由、团结拼搏等组织文化,尽管组织成员会不断更替,但是文化精神得以发扬、传承,对整个校园文化建设也会起到促进推动作用。

第二节 议校制度

一、议校制度概述——以苏州大学为例

学生议校制度是学校在以生为本和民主办学理念的影响下,针对学校日常的教育管理和服务以及学校的建设与发展工作,认真听取学生代表的意见,然

[①] 项云、杜榕:《论高校学生自治组织与依法治校》,载《中国青年研究》2009年第11期。

后采取措施加以改进的一种常态化举措。其实施步骤主要是:学校明确学生议校代表的任职条件,学生以二级学院为单位选举产生议校代表;议校代表收集整理学生在学习、生活与发展过程中存在的困难与问题以及学生关于学校教育管理服务和建设发展工作的意见与建议;议校代表与学校有关职能部门(或单位)的职员(或老师)通过一定的平台进行沟通交流;学校采取措施解决学生在成长成才过程中存在的困难与问题或采纳学生的合理化建议改进日常工作,促进学校的建设与发展。通过学生议校制度学校可以及时了解学生的现实诉求,切实把握学生的思想状况,着力解决他们在学习、生活与发展过程中存在的困难与问题,为他们的成长成才创造良好的环境,从而进一步提高学校人才培养的质量。引导学生积极参与学校的建设与发展是这一制度的高层次目标。它一方面可以培养学生参政议政意识,锻炼学生参政议政能力;另一方面,也可以在学校资源紧缺而又须快速发展的情况下增进校方与学生、教师与学生之间的沟通交流,化解校园矛盾,促进校园稳定,推动校园和谐,创建良好的育人环境。

　　苏州大学采取的学生议校制度是校园新闻发布暨学生议校座谈会。它集校园重大事项新闻发布制度与学生议校制度为一体。学生与学校职能部门(或单位)沟通交流的平台为线上线下两种。一是学生网上议校平台。即学生可直接将自己的困难与问题或意见与建议通过学校网上学生事务平台之议校平台直接向有关部门(或单位)进行反映,相关部门(或单位)在网上解答或网上解答后再在实际中解决。这也可以说是一种键对键的沟通交流。二是现场办公与交流会。即学校领导组织全校相关职能部门(或单位)与学生议校代表进行面对面的沟通交流。对学生在学习、生活与发展过程中存在的困难与问题,职能部门(或单位)能现场解决的现场解决,不能现场解决的事后予以解决,疑难问题研究后一周内予以答复。关于学校建设发展的意见建议学校采纳后予以公布。学校每年对此项工作进行系统总结与表彰。

　　南京大学的议校制度与苏州大学的相关制度也有一定的相似之处。它由学校各有关职能部门负责人组成的学生工作联席会议成员与自愿参加的学生代表直接见面,通报学校近期各项工作所取得的成绩和在改革方面做出的重大举措,并充分听取学生对学校工作的意见和建议。[①]

[①] 《南京大学报》总第 940 期学生生活第 762 期《通报情况　交流信息　听取意见我校推出学生"议校"交流制度》,新闻链接:http://xiaobao.nju.edu.cn/showarticle.php? articleid=5631。

(一) 苏州大学本科生议校代表产生方式

1. 选聘条件

(1) 学校全日制在籍本科生。

(2) 遵纪守法,公道正派,勤恳踏实,热心公益,乐于奉献,关心、关注学校的建设与发展。

(3) 具有较强的语言文字表达能力、良好的人际关系、良好的团队合作意识。

(4) 身心健康,有充裕的时间搜集问题、反映问题、传递信息,能处理好工作与学习的关系。

2. 聘任期限

一至四学年。

3. 工作职责

(1) 搜集信息,及时汇总。积极主动地与同学交流,从同学中了解情况,认真调查同学在学习、生活、社会工作中关心的问题、面临的困难,收集整理同学认为的学校建设发展过程中相关工作存在的问题以及同学们的建议。

(2) 建言献策,合理维权。通过"苏州大学校园新闻发布暨学生议校座谈会""苏州大学大学生网上议校平台",将同学有关学校建设发展的建议,向学校职能部门谏言;反映同学对学校日常教育管理与服务工作中不满意的方面或存在的问题,维护学生的正当权益。

(3) 认真传达,积极宣传。密切关注"苏州大学校园新闻发布暨学生议校座谈会"意见、建议汇总及"大学生网上议校平台"中的信息,通过展板、橱窗海报、微信、博客、QQ群等实体与网络宣传途径,将学校职能部门给出的答复向同学反馈,对同学提出的共性问题进行解释,向同学宣传学校的最新政策。

4. 名额分配及选聘程序

(1) 各学院(部)本科生议校代表名额基数为非毕业年级每年级2名,毕业年级1至2名。学生总人数在2000以上的学院(部),每年级可增加1名代表。

(2) 应聘者在自愿的前提下,通过本人自荐或同学推荐的形式向所在学院(部)学生工作办公室(以下简称学工办)报名。每年9月初,各学院(部)学工办通过大会选举或网上投票等方式推选本科生议校代表,并将推选结果进行公示,公示期为5个工作日。公示结束后,各学院学工办将议校代表总名单报送学生工作部(处)思想教育科。

(3) 本科生议校代表在任期内,因故出缺,由其所在学院(部)学工办组织补选。补选的具体办法,由学院(部)学工办参照学校规定自行决定。补选结果经学院(部)学工办公示后,报送学生工作部(处)思想教育科。

5. 管理考核

(1) 各学院(部)学工办负责对本学院(部)本科生议校代表的日常培训与管理。

(2) 学生工作部(处)对本科生议校代表所提议案的数量、质量及其在议校会现场表现与后期宣传工作进行综合评比。

(二) 议校工作的功能与取得的成效

以苏州大学为例,"校园新闻发布暨学生议校座谈会"的现场办公模式收到了良好的效果,解决了许多学生的困难与问题,学校整体的育人工作也得到较好的督促和改进,在师生中产生了较好的影响。与其相呼应,"大学生网上议校平台"开设以来,受到全校学生的广泛关注和积极响应。三年来累计处理议案1088件。

总体上看,作为校方与学生直接沟通的桥梁与纽带,线上线下两大议校平台发挥了以下几项功能:

对学校来说,它体现了如下功能:一是学校方针、政策重大新闻的传播器;二是部门工作作风的展示台;三是学校集思广益、汇聚民智的群英会;四是民主治校的试验田;五是大学生思想政治教育的大课堂。

对学生来说,它体现了如下功能:一是解决实际困难与问题的服务站;二是培养参政议政意识与能力的训练场。

这些功能的发挥,使两大平台呈现出三个特点:

第一,创新性。它为师生顺利地沟通交流提供了平台,创造了条件,增加了互动。目前国内开展学生议校工作的高校并不多。

第二,务实性。学生提出的议案涉及学校的教务、后勤、学生教育与管理等多个方面,反映了学生的真实诉求和切身利益。

第三,有效性。该项工作的组织安排严谨有序,议校会议上老师的回答和解释务实有效,学校尽力解决学生提出的问题,做到实实在在地为学生提供更好的服务。

二、常见实施方式

以苏州大学为例,"苏州大学校园新闻发布暨学生议校座谈会""苏州大学大学生网上议校平台"是苏州大学贯彻"以学生为本"理念,探索民主办学新模式,服务学生成长成才的一项实事工程。而其他高校对于议校制度的实施也各有千秋,如厦门大学推出"校长早餐会"、中山大学推出"与校长共进午餐"等多种多样的形式。

1. 校园新闻发布暨学生议校座谈会

到 2016 年年底,"苏州大学校园新闻发布暨学生议校座谈会"已成功举办 72 期。自 2002 年首开以来,学生议校座谈会每学期举办 3 次左右。自 2007 年开始,学校从 4 个方面改进和加强了议校工作:一是丰富会议内容,在学生议校的基础上引入校园新闻发布制度;二是规范议校学生代表的选派,组织每个学院(部)选派 3 名学生代表,并在其中指定 1 人发言;三是加大召开频率,每学期 5 次左右;四是规范议案的收集,每次会前对学生近期较为关注的各类问题进行收集、整理、归类。会议上,校领导对最近的重大校园新闻事件进行发布,各学院(部)的学生代表则就征集到的生活、学习等方面的各类问题进行现场提问,相关部门的领导对这些问题进行现场解决,不能解决的提案则带回本部门研究处理。

2. 网上议校平台

以苏州大学为例,学校于 2010 年建立了"大学生网上议校平台"。在校园网范围内,学生可以随时打开该平台页面,通过浏览同学们提出的各种议案及学校各职能部门给予的答复,了解、获取学校在教学管理、网络服务、食宿生活、校园文化、创就业指导等方面的工作安排及相应政策解读。如学生有针对学校某项工作的意见或建议时,可以通过校园网个人账号登录议校平台,在议案提交窗口提出对问题现状的描述、对问题成因的分析及解决问题的设想,议校平台的后台管理员根据议案描述的具体情况,转发给有关职能部门商讨,并于 7 个工作日内给出答复意见,并公布在平台上。学生通过平台向学校反映自己的诉求,学校对学生提出的问题进行分析研究,对学生的合理诉求予以满足,对学生的一些负面情绪或片面要求进行合理引导。①

此外,从 2012 年开始,由苏州大学团委联合学生组织发起的"青团子"志愿互助维权论坛(组织)作为新鲜血液参与苏州大学议校工作,成为两大平台的有益补充。

3. 学生议校会议

苏州经贸职业技术学院的学生议校会议与苏州大学的议校座谈会有相似

---

① 林焰清:《大学生网上议校平台在高校民主化管理中的作用及影响》,载《科技信息》2012 年第 18 期。

之处。该校每学期召开一次学生议校会议,出席对象为分管学生工作的院领导、学生工作处、就业服务中心、教务处、团委、财务处、保卫处、图书馆、后勤处、数字化管理中心等有关职能部门负责人以及各院学生代表。内容包括:院领导和有关部门负责人向各系学生代表通报学院近期工作动态,介绍有关政策规定,听取和回答各系学生代表所提出的问题等。对有关问题,能当场答复的当场给予答复;不能当场答复的,会后对相关问题进行梳理归并,明确责任部门书面答复,并在校园网上公布;对确实一时无法解决的,向学生做出合理解释。①

4. 校长进餐会制度

为进一步开展议校工作,许多高校采取了与校长进餐的形式,学生通过网络自愿报名等多种方式获得与校长以及学校各部门领导共同进餐的机会。学生们针对课程安排、教学质量、学生活动、对外交流、后勤服务等各方面提出了自己的意见和建议,校长认真倾听和记录同学们的每一点建议,并要求相关部门调查研究尽快落实,同时也把学校的政策制度坦诚地与同学交流,倾听同学们的意见。

通过这样的方式,学校在管理工作上有很大改进,为学生服务的各部门工作积极性提高,服务意识加强,学生对学校的满意程度也随之提高。把校园管理的知情权和监督权交给学生,让每个学生有责任感和身为主人的自豪感,这不仅能培养学生的民主意识,还能提高学生对学校的认同感。当学生、家长乃至社会都高度认同职业教育时,全社会弘扬劳动光荣、技能宝贵、创造伟大的时代风尚和崇尚一技之长、不唯学历凭能力的良好氛围就容易建立。②

三、案例分析

1. 人民网报道文章:《苏大议校会学子畅所欲言》(2004.10.18)

文中提到,苏州大学专为学生举行了"学生议校会议"。与会的学生代表直言在校学习生活中遇到的不满和问题,学校各部门领导会议室前一字排开,当场一一答疑并设法解决问题,助学贷款、后勤管理及学生安全成为议校内容的"主角"。从现场气氛来看,以议校会议形式解决问题的"绿色通道",受到了同学们的普遍欢迎。焦点一:助贷何时才能办?解答:据苏州大学学生处副处长介绍,今年8月国家教育部、财政部、中国人民银行、中国银监会联合下发了《关

---

① 沈晶晶:《浅析学生议校会议在高职院校民主管理中的作用》,载《中国市场》2010年第26期。
② http://edu.china.com.cn/mingxiao/2011-05/16/content_22572085.htm.

于进一步完善国家助学贷款工作的若干意见》,对助学贷款政策做出重大调整。而对于至今为何还没有正式实施新办法的疑问,处长解释说,目前江苏省银行招标还没有结束,但目前整个招标工作已进入详评阶段,原来已经申请到国家助学贷款的学生,其助学贷款合同继续有效。此外,学生也可以直接在生源地审办助学贷款。焦点二:饭菜价稀里糊涂。解答:有学生提出,学生食堂打菜价位只有工作人员"心中有数",基本看不到明码标价的菜单,学生对菜价只是"大概知道",一不小心价格就和心中价位"相去甚远"。而且,后勤集团的改制应该给学生带来更好的服务,可有些工作人员的态度只能让学生敬而远之。据苏州大学餐饮服务中心主任释疑,后勤集团的改制的确应该更注重学生的"感受",毕竟学生已成为了他们的"上帝"。他当下决定:完全采纳学生意见。今后食堂成本核算将对外公布,做到财务公开;饭菜价格要竖立牌子放在每份菜前;让所有后勤工作人员挂牌上岗;在每个后勤工作地点装上意见箱或可直接拨打后勤投诉电话65116968。焦点三:考研族想校外租房。"考研一族"大四毕业班的学生代表提出:考研只剩下短短的两个多月时间,而白天要上课,应对各门专业课考试,所以能挤出来的时间可谓少之又少。只有在晚自习时加足劲,可这样的学习时间仍然不够,往往就是熬到最后一刻10点40分时赶回去,结果大多是"摸黑"进宿舍或"被拒之门外",导致很多考研生有了校外租房的念头。因此,考研生一直都希望晚上能迟1小时关门熄灯。这位学生代表还举例说,上海和南京一些高校晚上就是不熄灯的。资产与考勤管理处主任表示,为照顾"考研一族",暂时将宿舍区关门熄灯时间向后推延半小时。[①]

分析:

苏州大学的议校工作虽然取得了一些成效,也获得了广大师生的肯定,但目前仍然存在需完善的方面:

(1) 校园新闻发布暨学生议校座谈会:

第一,个别职能部门的与会领导对议校工作认识不到位,重视程度不够,导致对学生提案的答复针对性不强,内容的通用程度太高,"程式化"现象明显。

第二,个别职能部门的与会领导对本部门非本人分管工作的熟悉程度不足,答复的专业水平较低,权威性较弱。

第三,对会议现场未能处理的、带回研究的疑难问题,跟踪力度不够;或还在处理过程中,流转过程不够透明,未及时让提案学生知晓;或已解决问题,未

---

① http://www.people.com.cn/GB/paper447/13174/1181554.html。

及时向提案学生及学生工作部(处)反馈,学校方面的工作宣传深入不够。

第四,提案内容重复性较高,表现为:不同会次、不同学院(部)对某一相同问题重复提问。原因有两个方面:学生不了解相关信息(不了解常识、不了解该问题的解决需要时间、不了解问题已解决);相关部门对同性质问题的处理力度不足(问题未解决,问题已解决未宣传,问题已解决但又再次出现)。

第五,此外,就学生代表及其提案而言,参会代表的产生有待进一步规范,代表性有待增强;提案内容多为生活层面事宜,涉及学习方面、学校发展层面的较少,涉及范围有待拓宽,代表性有待增强。

(2) 网上议校平台:

一是个别部门对提案的答复效率不够高。

二是提案流转过程不够透明,学生不能及时看到处理的程度和步骤。

三是平台的后台操作界面不够友好(智能化和人性化),无法更改、筛选等,导致效率低下。

四是对于同一类议案的处理方式有待改进,目前做的重复工作太多。

(3) 针对以上问题的意见和建议:

第一,充分认识议校工作的积极作用和重要意义,高度重视议校工作。

第二,进一步提升工作水平,努力提高对议案的回答质量。有条件的情况下,出席的职能部门领导老师事先熟悉相关议题,加强对专业知识、政策法规、服务内容的掌握,以使回答更具针对性;不是本人分管的问题,提前向相关人员了解,以使回答更具专业性。

第三,进一步加大宣传力度。一方面对本部门的信息(电话、制度)及时提供给学生工作部(处),放入《新生入学指南》,扩大学生知晓度;另一方面,对议题及相关答复,加大宣传,要引导学生重视议校工作、重视对校园网的观看及相关信息的关注。

第四,进一步改进工作作风,参会的部门领导、老师应注重维护教师的良好形象。注意答复时的态度、语气和措辞,让同学们切实体会到学校确实在为学生着想。

第五,及时追踪会议现场未处理的议案及平台上发布的议案,努力提高解决问题的效率。或7天内给予解决,并及时将议案解决程度及结果发给学生工作部(处),如不能及时解决,亦应7天内告知学生工作部(处)研究解决的方案和计划,以便向学生反馈。

第六,进一步增强教育引导力度,对不同素质、层次学生的问题,根据其合理性进行处理或解释。

(4) 今后学生工作部(处)拟采取的举措:

第一,加强指导。学院(部)学生工作办公室在各年级选拔相对固定的学生代表,形成一定的梯队。依据相关工作要求,对学生议校代表进行系统的培训,指导他们开展好工作,充分发挥议校代表之"信息收集员、议校发言人、政策宣传员"三种角色集一身的作用。

第二,完善制度。进一步完善议校代表工作培训、考核与表彰的相关规章制度,使之更加规范、有序。

第三,规范运行。每次会议之前,学院(部)的学生代表先收集议案,经过院(部)内、院(部)际筛选后,在会议上提出。

第四,汇总整理。会议上,学生代表之间协调配合,删除重复的同质化的问题。会议结束后,配合已有的网上"历次议校座谈会会议意见建议汇总",由学生代表在专门的橱窗内将学生议案以及职能部门的反馈予以张榜公布。提案多次所涉及的问题可以采取一定措施予以公示,扩大公示范围、时间和频率,提高知晓率,增强宣传力度。

第五,升级系统。与网络中心沟通,改进网上议校平台系统,或根据学生需求和实际工作需要,拓展网上议校平台功能。

第六,配合议校座谈会和网上议校平台,发挥已有的教学楼、食堂的咨询台功能,让老师或者熟悉学校政策的学生代表常驻,接受咨询或者设立留言。

2.《南京大学报》报道文章《学生议校会议在浦口校区召开》

这其中也提到了议校会议对学生生活的影响。不少同学利用这个机会向分管领导提问。学生提出的问题集中在电脑如何进宿舍、宿舍用电增容和延时、浦口校区如何定位等方面。关于电脑进宿舍,校领导认为这个问题要妥善解决:一方面要加大投入,铺设光缆;另一方面也要完善相应的管理条例,防止学生过度使用电脑影响学业。如何解决生活用电的增容和延时问题?同学们建议实施"过量自付费"方案,即学校承担一定数额的用电量,超出部分由学生自己负担。浦口校区在南大的"定位"问题也引起与会师生的注意。校领导答复:鼓楼校区占地700亩,浦口校区占地3000亩,最近又计划在浦口征地500亩,可见浦口校区是学校投资的重点。目前,学校正在制定浦口校区功能性规划,学校还将在百年校庆前在浦口校区建一个宽300米,深500米的大门。学生还问:如何吸引更多教工来浦口校区？校领导表示考虑建造相应的设施和教职工宿舍,吸引更多教师来浦口。此外,同学们还针对教学和日常生活等方面提出很多问题,如学生活动场所缺乏,医院、图书馆工作人员的态度,浴室票价,等等,各有关部门负责人一一答复并明确承诺进行改善。会议持续了三个多小时,师生交流非常坦诚。①

分析:

与校长进餐这种形式固然新颖,增强了学生工作的民主性,然而从长效机制上来看,这种做法存在一定的问题,太过流于形式的进餐会对解决学生的实际问题的成效还有所欠缺,无论采用何种方式贯彻议校制度,首要解决的应该是如何把这种方式常态化,只有解决了这个问题,才能提高学生工作的效率,更好地完成学生的管理与服务工作。

第三节 听证制度

一、听证制度的概述

随着高等教育办学规模成倍增长,教学改革不断深化,以生为本的教育理念不断深化,学生的民主参与意识逐渐提高,很多学校在重大事项上都开始采用听证制度使学校管理更加程序化、规范化、法制化,更好地保障学生的基本权益,实现育人目标。

(一) 听证制度的含义

听证制度是指"行政主体在做出影响行政相对人正当权益的决定前,由行政主体告知决定理由和听证权利,行政相对人随之向行政主体表达意见,提供证据,以及行政主体听取意见,接纳其证据的程序所构成的一种法律制度"。它渊源于英美普通法中的"自然公正"原则。听证程序的实质与要义是听取当事人的意见,这是程序公正的必然要求和内在体现。总的来说,听证制度是现代民主政治和现代行政程序的重要的支柱性制度,它对于保障公民参与国家管理,保障国家管理的民主性、科学性、合法性和合理性,保护公民个人和组织的合法权益有着极为重要和不可被其他制度所替代的作用。虽然目前很多高校

---

① http://xiaobao.nju.edu.cn/showarticle.php? articleid = 5676。

开始尝试建立校园听证制度,但是详细全面的高校听证制度尚未正式建立。

2005年3月29日,教育部公布了新《普通高校学生管理规定》,新增了"学生权利和义务"一章,明确学生在退学处理或违纪处分方面具有陈述、申辩和申诉权,并明确了相关听证制度和程序。建立听证制度,将为大学生权利诉求提供一个可行而有效的保护。

(二)高校听证制度的适用范围

(1) 学校内部处罚方面的听证制度:对于考试作弊、成绩评定、学校不予颁发学位证的处罚不服的、对于学校给与记过等处分不服的等方面的学生均有权提请公开听证。

(2) 学校在内部管理方面涉及全体学生利益的行政行为应当公开听证。如在招生的过程中被认为显失公平的,学费杂费等费用的收取被学生及其利害关系人认为不合理的,食堂管理和收费以及饭菜价格被认为不合理的,奖学金、贷学金、助学金的评定被认为是不公平的,公寓的收费及管理被认为是不合理的等方面的学生均有权提请公开听证。

(3) 学校基础建设重大项目等关系到学生利益的一系列环节也应当建立听证制度,要保护学生的知情权和参与管理权。

总之,学校的这些行政行为关系到学生的人身权和财产权、受教育权、获取公正评价权等受法律保护的权利,通过听证程序来规范学校的行政行为,可以确保学生权利得到有效合理的保护。我们不仅要仿效吉林大学让学生参与学校的管理,而且还应当建立有效的听证制度,真正保护学生的合法权益。

(三)高校听证制度的相关程序

1. 行政管理的具体程序

听证预备。这一阶段的主要任务是确立听证主题、选定听证参与人、预备听证材料、通知听证时间地点等。听证一般应选择公开进行,以保证听证程序的公正透明。但是,如听证事项涉及学生个人隐私,从维护学生权益出发,应选择不公开的方式进行听证。[①] 对于不能有效运用法律手段维护自身权益的学生,在听证预备阶段,听证组织方还应事先告知其可委托代理人参加。

听证举行。学生相对于高校治理者,一定程度上处于弱势地位,为避免听证会"走过场",选择一位具有一定威望,所任职务和从事工作与听证事项相对独立的听证主持人非常重要。听证会包括调查阶段、辩论阶段以及最后陈述阶

---

① 曹钟安:《论法治视野下的高校学生权利救济程序》,载《青少年犯罪问题》2013年第1期。

段,须安排专门人员做好记录,如条件允许还可以安排录音或录像。

听证结论。听证过程以听证笔录的形式记录下来,听证笔录应具体写明听证参与人情况、听证事实、所提依据、当事人陈述等内容,最后交所有听证参与人签名或盖章。听证笔录作为听证结论,应作为日后相关事项学校终极决策的重要依据。

2. 权利救济的具体程序

权利救济是指在权利人的实体权利遭受侵害时,由有关机关或个人在法律所允许的范围内采取一定的补救措施来消除侵害,使得权利人的权利得以恢复或获得一定的赔偿,以保护权利人的合法权益。《中华人民共和国教育法》第四十二条第4项规定:学生对学校给予的处分不服,向有关部门提出申诉,对学校、教师侵犯其人身权、财产权等合法权益,提出申诉或者依法提起诉讼。学校应当设立听证监督委员会,由学校的知名教授担任委员,发挥教授治校的作用,监督学校规范听证,切实保护学生权利。如上所述,学生对学校内部处罚不服的以及对学校收费管理等方面认为不公平的均有权向申诉和听证委员会提出申诉和听证。对学生要求举行听证的,委员会应当组织学校具体部门依法举行听证。而在重大项目建设方面,应当在决策之前就召开听证会面向学校师生,公开征求意见并做出规范操作的报告,以示廉洁公正。

3. 听证制度程序的关键

高校听证制度的程序的设计,要贯彻"公平与效率均衡"原则。一项好的制度不仅能实现公平之价值,而且能体现效率之原则。在某种意义上,高校学生管理听证是以牺牲一定的人力、物力等经济要素来保证结果的公正,但这并不意味着可以完全忽略效率原则。为了兼顾"公平与效率",在设置正式听证的同时,也可对其做一些简易处理,采用简易化的非正式听证程序。非正式听证是指高校在做出处理时,只需给予学生口头或书面陈述意见的机会,以供高校参考,不必经过严格的听证程序。它可应用于对学生利益影响不大的高校管理行为。当然非正式听证并不是对听证制度违反,而是正式听证的简易程序,从中折射出的程序价值使它与正式听证具有异曲同工之效。

(四) 高校听证制度的意义

1. 有利于畅通学生民主参与途径,维护学生合法权益

高校管理的出发点,不是束缚人,而是创造条件发展人,以育人为本。在管理中设立听证程序,教育者利用有效的途径,充分了解学生需求、情感。在做出处理决定之前,举行听证,给予当事学生提供陈述、申辩的机会,全面查明事实

真相,使决定有足够的证据支持,并对所适用的规章、规定做出解释和说明,不仅可以避免学生受到不公正处理,而且能使学生端正心态,自觉服从处理决定,增强其学法、守法、知法、用法的自觉性,使其能用法律规范自己的行为,用法律武器维护自身合法权益,从而进一步提高了大学生自我教育的能力和水平。同时还可以使参加旁听的其他人受到生动的法治教育,从而在更大范围内发挥听证制度的教育功能。

2. 有利于提高高校学生管理的民主化和法制化

高校主要通过制定各项方针政策和规章制度引导被管理者按照管理者所希望的方式行事,依据有关规定对涉及学生重大权益的事件和行为做出具体决定。学校在制定有关的规章制度时,往往只是从职权行使的便利性和有效性来考虑问题,而对职权运行的法律机制考虑得似乎不够,难以达到公正的目的。[①] 首先,建立听证制度,听取受教育者的意见,学生普遍利益和要求可以在学校的规章制度中得到最大限度的体现,保证了决策过程的民主化,能够促使高校建立更为行之有效的科学、合法、合理的规章制度。其次,建立听证制度可以加强对高校学生管理的法律监督,预防并减少权力的滥用,促使高校在做出涉及学生权益决定时的公正性,保障高校依法行政。让学生参与行政程序,广泛听取受教育者的意见,有利于学校客观、全面地厘清案件事实,获取证据并准确地适用法律、法规和规章,从而为学校做出合法、公正的裁决提供程序保障。

3. 有利于促进和谐校园的建设

听证制度是依法治校、以人为本的体现。新《普通高校学生管理规定》明确承认学生在学校内部关系中,是学校内部关系的权利主体,不仅承担义务,而且享有权利。新规定是对以生为本教育理念的进一步深化,充分体现了"以权利为主线",这个主线为未来的高校管理改革划定了一个方向:高校不是独立于社会的象牙塔,高校学生管理应与时俱进,以人为本,多换位思考如何让被管理者维护自己的权利更方便,这样,有利于在高校形成教育教学和学校的和谐状态。此外,听证制度由于其严格的程序,当事学生通过运用听证程序的抗辩权,充分地表达自己的意见、观点和主张,并对行政主体一方的证据和主张进行举证、反驳,以此对权力的行使过程进行约束,从而达到控制行政权,促成行政权的正当行使,最大限度地防止行政权的恣意滥用,平衡行政权力与相对人权利之间的利益关系的目的,从而有效地维护处于弱势地位的学生的合法权益,更好地促

---

① 郑焱、陈英红:《听证制度在高校管理中的适用初探》,载《北京理工大学学报(社会科学版)》2006 年第 2 期。

进形成和谐的校园氛围。

二、高校听证制度的案例分析

案例 1

2003 年，中山大学举行了全国首次学生食堂的价格听证会。

11 月 18 日晚上，听证会是中山大学应广大学生的要求，为该校后勤集团饮食服务中心各家学生食堂的膳食价格而举办的。

据介绍，因为中山大学南校区学生对食堂的膳食价格长期"居高不下"感到不满，学校领导及时与学生代表沟通后，决定就学生食堂的价格是否合理等问题举行这次听证会。当晚的听证会由副校长主持，另一名副校长及该校党办、校办、校务处、学生处、财务处、后勤集团等部门的 10 多名负责人及 200 多名学生代表参加了听证会。听证会上，管理部门代表及学生代表们就食堂饭菜价格究竟是否偏高、该降价多少、目前的食堂管理体制是否合理等焦点问题展开了广泛的讨论。

据学生代表介绍，听证会前，他们在学生中组织了一次抽样调查，共收回 2600 多份问卷。调查结果显示，有 56.8% 的学生认为"和广州其他高校相比较，学校食堂的膳食价格普遍比较贵，应该降价"，35.4% 的学生认为"很贵，难以承受"。在回答"你认为在学校就餐，普通的一顿饭大概花多少钱才合理"的问题时，92.7% 的学生选择了 4 元以内，只有 7.9% 的人选择了 4 元以上。按这个标准，每月伙食费不超过 300 元。在饭菜价格、饭菜质量、卫生状况和服务态度 4 项中，93.3% 的学生觉得目前学校食堂工作中急需改善的是饭菜价格。一些学生代表还拿出自己对广州地区其他院校膳食价格的调查结果，说明"中大南校区膳食价格偏高"。

学校后勤集团也出示了一份调查表格，否认该校目前的饭菜价格偏高。这份名为"南校区食堂与其他高校部分菜价对比表"的表格列举了 110 多种菜价，按照这份表格，中大南校区的饭菜价格"在 5 所院校中排第三，仅位于中游"。但后勤集团的这一依据很快遭到学生代表的反驳，认为这一"调查结果"不真实，与他们实地调查结果明显不相符。情急之下，该校后勤集团一名副经理几乎要拍胸脯，声称"用自己的党性保证目前的膳食价格并不高"。

学生们认为，判断当前的膳食价格是否合理，不能仅仅与其他院校比较，还应该与市场上其他的食堂比较，更应考虑学生的承受力，以及后勤集团在学生膳食供应服务上的垄断性等。他们认为，当前该校学生每天要花 10 元以上才能保证基本营养的膳食水平,明显超出一般学生的承受力。

学生代表质疑该校当前的学生后勤服务管理体制是否合理。对于这个问题,后勤集团总经理解释说,后勤社会化改革后,饮食服务中心从行政部门变成了独立核算、自负盈亏的非法人经济实体,但除了在2002年11月成立物流公司负责集中采购物品,以及2003年6月部分下调膳食物价和对服务员服务态度进行评定以外,体制上的改革确实不多。

听证会持续了近3小时。最后,后勤集团现场承诺:在一周内下调学校学生食堂膳食价格,并将推出针对贫困生的经济套餐。此外,还将努力控制成本,完善沟通机制,强化食堂考评体系,进一步引入竞争机制。

案例分析:

最终结果:中山大学南校区学生食堂的膳食价格降了下来,以前每份青菜是0.8元,现在降到了0.6元,后勤集团在一周后兑现了其在膳食价格听证会上的承诺。此案例鲜明地展现出了中山大学维护学生权益,倾听学生心声的特点,为学生民主参与学校的建设与管理提供了良好的途径,建立完善的听证制度体系对于优化大学生思想政治教育效果,维护学校的稳定和谐有着重要的意义。

案例2

2004年年初,北京市教育考试院举行了全国首次关于处罚自考作弊者的听证会。

为保证对自考违纪考生处罚的公正性,2003年11月5日,北京市教育考试院首次公开为在10月自考中有作弊嫌疑并提出听证要求的21名考生举行了听证会。截止到上午11点半,根据来自5个听证会现场的统计,首次听证会只有6名考生如约到场,其余15名考生放弃了这次听证机会。

听证会主持人、市教育考试院社考办主任宣布听证会开始,听证会的调查人、考试院的两位工作人员介绍了他们调查到的这名考生找人替考"邓小平理论"课的情况,并当场示了由考生与监考人员共同填写的"违纪考生登记表"和考生的试卷两份证据,考生对此没有提出任何异议。之后,调查人员提出了对考生的违纪处罚建议:根据相关规定,应给予该考生停考的处罚。在最后陈述阶段,该考生提出:今年由于"非典"影响了自己的备考,所以才做出了与朋友同进考场,互相在试卷上写下对方名字以实现替考的行为,出考场后自己主动到自考办承认了错误,"我觉得要坏事,就主动承认了",这名考生坦言希望能通过此次听证会,市教育考试院给予从轻处罚,将停考的年限缩短一些。

据了解,要求听证的考生中,有一部分是希望能通过最后的努力减轻对自己的处罚。对此,市教育考试院有关人士解释说,设听证会是为了给当事人一个申辩的机会,做个事实方面的澄清,最后处理结果将以事实为依据,结合听证会上专家的建议,按照教育行政条例进行处罚。如果事实经过、记录不变的话,最后的处罚结果也不会有太大的变动。

案例分析:

该案例是官方教育部门的一次听证制度的尝试,听证的目的是让决策更加公正合理,让更多的人受到法制教育,接受和认可处理结果,并对规章制度进行修订完善。因此,听证会的召开受到更多群体的关注和参与,促使听证结果更加公平公正,更具有意义,进而推动了社会管理的法治化。

案例3

浙江大学将听证制度引入了校园,从2007年5月1日起,给予教职工、学生开除等处分前,教职工和学生可申请听证。

浙江大学发布的《听证制度实施办法(试行)》规定,三类事项将经过听证:学校制定的有关师生员工权益的重要规范性文件,即"规范性文件听证";给予教职工开除留用察看及以上处分,给予学生留校察看及以上处分前,当事人本人要求听证的;学校党委常委会、校长办公会认为需要听证的事项。

学校在法律事务办公室设立听证委员会,负责受理听证申请,组织听证工作,并形成纪要。听证委员会由校领导、管理部门代表、教师代表、离退休人员代表、学生代表和有关专业人员组成,由学校聘任,两年一届。

浙江大学表示,对不利处分的听证,由当事人本人在规定时间内向处分机构或直接向听证委员会申请听证;否则,视为放弃听证。

案例分析:

浙江大学作为高校听证制度的先行探索者,在全国范围内起到了示范作用。此案例从另一角度看是权利救济的一项举措,给受处分的师生提供了权利救济的帮助,这是依法治校必不可少的一项重要举措。

案例4:苏州大学关于听证的规定和程序

第二十二条　申诉受理委员会根据申诉人或代理人请求,或认为应该实施听证程序的,实施听证程序。对没有请求的听证,在实施前应征得申诉人或代理人同意。听证主持人由申诉受理委员会成员担当。

第二十三条　听证主持人就听证活动行使下列职权:

(1) 决定举行听证的时间、地点和参加人员;

(2) 决定听证的延期、中止或者终结；

(3) 询问听证参加人；

(4) 接收并审核有关证据；

(5) 维护听证秩序，对违反听证秩序的人员进行警告，对情节严重者可以责令其退场；

(6) 向申诉受理委员会提出对申诉的处理意见。

第二十四条　听证主持人在听证活动中应当公正地履行主持听证的职责，保证当事人行使陈述权、申辩权。

第二十五条　参加听证的当事人和其他人员应按时参加听证，遵守听证秩序，如实回答听证主持人的询问，依法举证。

第二十六条　听证开始前，听证记录员应当查明听证参加人是否到场，并宣读听证纪律。

第二十七条　听证应当按照下列程序进行：

(1) 听证主持人宣布听证开始，宣布案由；

(2) 做出处分或处理的经办人就有关事实和依据进行陈述；

(3) 申诉当事人就事实、理由、证据或依据进行申辩，并可以出示相关证据材料；

(4) 经听证主持人允许，听证参加人可以就有关证据进行质问，也可以向到场的证人发问；

(5) 有关当事人做最后陈述；

(6) 听证主持人宣布听证结束。

第二十八条　听证记录员应当将听证的全部活动进行笔录，并由听证主持人和听证记录员签名。

听证笔录还应当由当事人当场签名或者盖章。

第二十九条　听证结束后，听证主持人应当主持制作听证报告。

案例分析：

此案例是苏州大学关于听证会的相关制度，为学生民主参与学校的建设与管理提供了途径，也为其他高校提供了参考。除了理论制度支撑外，实际运用实践更重要。

第四节 会办制度与公示制度

一、会办制度

（一）高校会办制度的概述

会办就是几个部门会同在一起研究办理有关工作事项的一种形式，并形成会办纪要，用于记载会办议定事项的一种公文对公文中的指示，涉及两个及两个以上单位办理时可分为：主办，即主要负责；分办，即分办单位对指示进行分别办理；会办，即会同办理，只是有所涉及。高校会办制度的建立，对不同分管工作的高校领导和不同职责的各部门、各单位具有重要意义，是高校管理日常工作正常运转的重要保障。具体包括严格执行教育法律法规，建章立制，依规治校；学校各部门分工负责，科学管理；落实教学工作检查，加强教育教学研究；改进和完善评价体制；加强学生思想品德教育；加强学校、家庭与社会的联系等。

1. 高校会办制度的基本程序[1]

为了进一步明确高校的工作目标，强化工作责任，提高工作成效，推动工作落实，特制定高校工作会办制度。

（1）会办主体。

校长办公室全体成员或党委中心工作组成员，视情可邀请高校各部门、各单位主要负责人及相关人员列席。

（2）会办内容。

高校领导分管工作和各部门、各单位主要职责分工，具体包括严格执行教育法律法规，建章立制，依规治校；学校各部门分工负责，科学管理；落实教学工作检查，加强教育教学研究；改进和完善评价体制；加强学生思想品德教育；加强学校、家庭与社会的联系等。

（3）会办形式。

一是定期性会办。校长办公室领导、党委中心工作组成员每月要和分管单

---

[1] http://www.shuyang.gov.cn/cn/zwgkinfo/showinfo.aspx? categoryNum = 003002&infoid = 14408e34 - 904b - 478d - 9751 - 59a51f306036.

位定期组织召开工作例会,认真听取工作运行情况汇报,对工作中存在的重点、难点问题及时进行会办,主动协调解决。如无具体问题,要坚持"零会办",对下一阶段工作可能出现的矛盾和问题进行分析梳理,有针对性地研究落实相关措施,并超前考虑各项工作,提出建设性的意见与建议,不断增强工作的主动性。

二是专题性会办。高校招商引资、高校建设与发展、学生培养与教育、特色学科建设等重点工作中出现的矛盾和问题,校长办公室领导、党委中心工作组成员和各部门、各单位主要负责人要按照职责分工,组织专题会办,采取有效措施,迅速落实到位。

三是应急性会办。对上级交办,高校主要领导交办、批办的具体事项,以及各种突发性、应急性事件,校长办公室成员、党委中心工作组成员和各部门、各单位主要负责人要快速反应,立即会办,及时把矛盾和问题化解在基层,解决在萌芽状态。

(4) 会办要求。

第一,注重会办实效。要突出"什么人、什么事、谁来办、怎么办、何时办结"等重点环节,坚持做到"六个明确",即会办范围明确、会办事项明确、责任主体明确、落实措施明确、工作标准明确、完成时限明确,不断提高会办质量,切实保证会办效果。

第二,建立会办载体。组织召开的会办会议,要形成会办纪要、会议记录或以工作交办单形式,明确责任要求,明确工作标准,明确完成时限,推动工作落实。

第三,强化会办督查。校长办公室领导要对会办事项亲自督查、指导,掌握情况,跟踪落实。要把各部门、各单位会办工作落实情况,纳入各部门、各单位年度目标考核内容。对会办事项落实不到位并造成不良影响的,要严肃追究有关责任人的责任。校长办公室要加大对工作会办制度执行情况和主要领导会办事项落实情况的督促检查,每月对各部门上月会办情况进行统计汇总,并下发情况通报。

2. 高校会办制度的意义和发展方向

高校的快速发展离不开科学的决策和好的工作思路,更离不开决策思路的贯彻落实。近年来,各高校认真研究新形势、新任务下抓工作落实的新特点、新规律,积极探索工作推进新机制,大力实行工作会办制度,取得了十分明显的成效。实践决定方法,创新机制是抓好工作落实的根本。高校在实践中感到,工作落实与否,关键在领导。有些工作之所以没有能够及时、有效地落实,主要是领导干部工作主动性不强、超前性不够,浮在表面说原则话较多、深入一线处理问题较少,对重大问题关注较多、一般问题处理较少,突发事件关注较多、日常事件处理较少,面上已有矛盾关注较多、点上潜在问题主动排查较少,对静态的一时一事关注较多、动态的萌发事态超前预测较少,导致工作效率不高、力度不大。为此,高校应该在各项工作中大力推进工作会办制度,要求各级领导干部要少开抽象一轮的大会、多开具体会办的小会,不开笼统号召的会、多开解决问题的会,多到学生一线、面对广大学生群体抓工作落实。实践证明,用工作会办制度抓落实的方法更加科学,工作推进的程序更加规范,是新的发展形势下抓好工作落实的有效形式。把"能不能抓会办,会不会抓会办,会办有没有实效"作为评价工作实绩的具体标准。在一个集体中,各自为战的工作姿态无疑是对事业的放弃和懈怠,要想取得事业发展的突破,彼此合作和提高工作艺术性则是必由之路。在学校教育教学工作中,领导班子对德育工作的有效合作和艺术性工作方法已是新时期学校德育工作成败与否的重要因素,也是实际工作中亟待解决的课题。

(二)高校会办制度的案例分析

高校会办制度的成功案例不胜枚举,下面通过实例来探讨会办制度的深层意义和应用价值。

案例1①

2015年6月16日夜至17日白天,上海电闪雷鸣,普降暴雨,造成多地积水严重。上海某高校水丰路校区由于地势较低,暴雨造成学校部分路段积水。校领导高度重视,带领相关职能部门进行排查,积极采取措施,确保师生安全和教学秩序正常。17日早晨,为应对来袭的风雨,后勤保卫处和学生处组织相关人员,加强校园巡控,在校门口、教学楼和学生宿舍分别做好应急防护工作,对于进水严重的楼层,及时采取断电措施,紧急配备应急灯;为了确保教学秩序不受影响,教务处联合学生处、后勤保卫处以及各系部等到教学楼巡视,并冒大雨封闭和疏通了积水较多的教学楼通道;后勤服务中心还专门准备了红糖生姜水,免费提供给师生,学生处和宿舍管理部则紧急采取排水措施,对受灾学生即时做出妥善安排,并加大了对学生用电安全的排查和宣传;学校医务室也有针对性地对部分进水宿舍楼和公共场所进行全面消毒处理,预防出现疫情。该校拱极路校区尽管没有遭遇严重的积水问题,学校领导也非常重视,并要求拱极路

---

① http://www.sppc.edu.cn/1d/9b/c28a7579/page.htm.

校区管理委员会做好防汛应急方案,做好未雨绸缪的准备工作,确保师生安全和教学的有序进行。经过各部门的通力合作,17日上午9时,校园已全面恢复了正常的教学和办公秩序,相关部门工作人员仍然驻守校园各个角落,随时做好疏通和应急工作。

案例分析:

本案例中,该校后勤保卫处、学生处、教务处和后勤服务中心等各部门通力合作,在暴雨来临时积极采取措施,并做好未雨绸缪的准备工作,确保师生安全和教学秩序正常。这不仅反映了该校各师生员工高度的凝聚力,也为该校各部门具有高度的合作意识记下了厚重的一笔,是高校会办制度的高度体现。

案例2①

天津大学与天津市邮政公司签署全面战略合作协议。

近日,天津大学与天津市邮政公司签署全面战略合作协议。天津大学校长、副校长,天津市邮政公司总经理、副总经理出席仪式。天津大学、天津市邮政公司有关部门负责人,天津大学集邮协会老师参加仪式。在致辞中介绍了天津大学的历史沿革,及近年来在教学科研水平、优势学科实力、人才培养、合作交流等方面的总体情况。天津大学与天津邮政公司通过合作,实现校邮百余年的首次合作,实现了校企优势资源的整合共享,天津大学希望与包括天津邮政公司在内的各有关单位开展多方面合作,共同为将天津大学建设成世界一流大学而努力奋斗。据悉,该协议是全市首个由高等学校与天津市邮政公司签署的全面战略合作协议。双方将本着互为资源、互为服务对象、互相促进、共同发展的原则,以推动2015年《天津大学建校120周年》纪念邮票的发行为契机,在业务资源、科研课题、文化资源等方面开展广泛的合作。《天津大学建校120周年》纪念邮票将是中国第一所现代大学发行的第一张校庆邮票,对天津大学乃至中国高等教育意义非凡。据介绍,2015年,天津大学将迎来120周年校庆,校庆以"以人为本"为理念,力图通过晚会、论坛、展览等丰富多彩的形式展现出天津大学的历史地位、百年人才培养质量、办学成就、国际影响力等。目前,校庆的筹备工作正在紧张有序地推进,其中包括积极向国家邮政总局和中国邮政集团公司争取天大校庆邮票发行。根据协议,双方共建人才培训实践基地,天津市邮政公司为天大在校生提供实习场所和勤工俭学岗位。邮局公司还协助天津大学做好对外宣传工作,并为天津大学的重大活动、节日庆典、常规配需等需

---

① http://www.022net.com/2013/7-9/502667192827598.html.

求设计定向邮政产品,还为天津大学师生提供各类票务服务。双方就"通信与信息系统"课题开展科研合作,深入研究物联网应用与电子商务平台搭建,利用物联网、RFID、GPS 和 GIS 等技术,实现时限监控、有效监控和路径管理,全力打造信息化云邮局科研项目,建设移动互联网上便民服务端。天津是中国近代邮政的发祥地,天津邮政拥有 130 余年历史和良好的信誉。多年来依托集实物传递、信息交换、金融服务为一体的"三流合一"网络资源优势,不断增强和拓展服务能力,主动融入地方经济,挖掘地方文化,服务百姓民生。

案例分析:

本案例中天津大学与天津市邮政公司签署全面战略合作协议,体现了高校的会办制度。天津大学与天津邮政公司通过合作,实现校邮百余年的首次合作,实现了校企优势资源的整合共享,双方共建人才培训实践基地,天津市邮政公司为天大在校生提供实习场所和勤工俭学岗位。邮局公司还协助天津大学做好对外宣传工作,并为天津大学的重大活动、节日庆典、常规配需等需求设计定向邮政产品,还为天津大学师生提供各类票务服务。这样的一种联合会办的合作方式,给在校学生带来了更多的机会和便利,赋予了高校会办制度重要的实践意义。

二、公示制度概述及案例分析

(一) 公示制度的概述[①]

公示,即公开展示。公示制度是人民群众享有的对国家政治和社会生活的知情权、参与权和监督权的有效实现形式。社会公示制度要求掌握国家和社会公共权力的机构,主要是指各级党政机关以及国有企事业单位,对那些除涉及党和国家机密之外的、与人民群众利益直接相关的各种事项和信息,向社会和人民群众告知,并且通过有效的方式,在公示之后收集人民群众反映的意见建议,给予解答和处理。高等学校在开展办学活动和提供社会公共服务过程中产生、制作、获取的以一定形式记录、保存的信息,应当按照有关法律法规和《高等学校信息公开办法》的规定公开。国务院教育行政部门负责指导、监督全国高等学校信息公开工作。省级教育行政部门负责统筹推进、协调、监督本行政区域内高等学校信息公开工作。高等学校应当遵循公正、公平、便民的原则,建立信息公开工作机制和各项工作制度。高等学校公开信息,不得危及国家安全、公共安全、经济安全、社会稳定和学校安全稳定。高等学校应当建立健全信息

[①] http://www.suda.edu.cn/html/article/100/24541.shtml.

发布保密审查机制,明确审查的程序和责任。高等学校公开信息前,应当依照法律法规和国家其他有关规定对拟公开的信息进行保密审查。有关信息依照国家有关规定或者根据实际情况需要审批的,高等学校应当按照规定程序履行审批手续,未经批准不得公开。高等学校发现不利于校园和社会稳定的虚假信息或者不完整信息的,应当在其职责范围内及时发布准确信息予以澄清。高校公示制度要根据具体实际,按有关要求,由党政部门共同协商确定公开的范围,防止盲目性和随意性,促进校务公开沿着正确的轨道健康发展。

1. 高校公示制度的含义

公示为物权法基本制度之一。传统物权法基于公示制度形成了公信原则、物权行为理论和无因性理论等,这些原则和理论是物权法区别于债法的主要特征。但公示这一现象并不仅仅体现物权法,其法律形式及后果在相关法律上也有反映。国务院教育行政部门负责指导、监督全国高等学校信息公开工作。省级教育行政部门负责统筹推进、协调、监督本行政区域内高等学校信息公开工作。高等学校应当遵循公正、公平、便民的原则,建立信息公开工作机制和各项工作制度。高等学校公开信息,不得危及国家安全、公共安全、经济安全、社会稳定和学校安全稳定。高等学校应当建立健全信息发布保密审查机制,明确审查的程序和责任。高校公示制度要根据具体实际,联合高校本身特点,按照国家教育法的要求,由党政部门共同协商确定公开的范围和内容,确保公平公正性。

2. 高校公示制度的基本内容[①]

(1)学校名称、办学地点、办学性质、办学宗旨、办学层次、办学规模,内部管理体制、机构设置、学校领导等基本情况。

(2)学校章程以及学校制定的各项规章制度。

(3)学校发展规划和年度工作计划。

(4)各层次、类型学历教育招生、考试与录取规定,学籍管理、学位评定办法,学生申诉途径与处理程序,毕业生就业指导与服务情况,等等。

(5)学科与专业设置,重点学科建设情况,课程与教学计划,实验室、仪器设备配置与图书藏量,教学与科研成果评选,国家组织的教学评估结果,等等。

(6)学生奖学金、助学金、学费减免、助学贷款与勤工俭学的申请与管理规定,等等。

---

① http://file.suda.edu.cn/defaultroot/gov/info_view_my.jsp? editId=11999465.

（7）教师和其他专业技术人员数量、专业技术职务等级、岗位设置管理与聘用办法，教师争议解决办法，等等。

（8）收费的项目、依据、标准与投诉方式。

（9）财务、资产与财务管理制度，学校经费来源、年度经费预算决算方案，财政性资金、受捐赠财产的使用与管理情况，仪器设备、图书、药品等物资设备采购和重大基建工程的招投标。

（10）自然灾害等突发事件的应急处理预案、处置情况，涉及学校的重大事件的调查和处理情况。

（11）对外交流与中外合作办学情况，外籍教师与留学生的管理制度。

（12）法律、法规和规章规定需要公开的其他事项。

高等学校对下列信息不予公开：① 涉及国家秘密的；② 涉及商业秘密的；③ 涉及个人隐私的；④ 法律、法规和规章以及学校规定的不予公开的其他信息。

3. 高校公示制度的途径和要求①

（1）各类会议。

① 由学校工会负责，依照教代会有关规定每年召开1～2次。由学校行政校长向教代会报告学校工作计划、工作总结、重大决策、办学思路、改革方案等提交教代会讨论审议，由教工代表分别向全体教职工传达教代会精神。

② 办公室负责人会。通报学校贯彻上级精神，学校实施教代会决议情况。

③ 校务会或行政扩大会。有党政、工、团、队主要负责人或有教研组长参加的会议，传达上级指示，通报工作进程、主要工作活动，布置安排近期工作，学校管理情况。

④ 教职工大会。学习上级有关文件精神，公布有关学校改革成效、财务收支、内部情况，征求解答教工疑惑以及校务公开的情况。

⑤ 家长委员会和家长大会。宣讲国家政策法规，收费项目、标准，学校发展方向和教育教学质量，学校取得的成绩及面临的困难，学生校内外教育配合协助的要求。

⑥ 党员大会。加强政治理论的学习，通报学校教育教学情况、党员干部民主评议结果，公布党内事务。

（2）公告栏。

---

① http://blog.sina.com.cn/s/blog_474aaaa7010002gz.html.

在学校橱窗里设置校务公开栏。主要公开学校工作目标、任务和学校重大事项、最新工作动态、收费项目标准、学校财务收支情况、教师职业道德规范、师德师风建设等相关事项。

(3) 教职工、学生家长来信来访。

① 设置校务公开信箱或意见箱,收集教职工及学生家长、社会各界人士对学校教育教学工作、校园建设、师德师风建设等的建议和意见,放在固定位置,由专人定时开启、收集、汇总。

② 对收集上来的意见和建议要认真对待,及时研究解决,做到对教职工、家长群众反映的问题"事事有交代,件件有着落"。

4. 高校公示制度的意义

在以自治为特征的民法理论和规范体系中,公示似乎是一个变数。公示和公信原则作为物权法的基本原则,在很大程度上可以看作是物权和债权的重要区别之一。可以发现,在物权法原则体系中,缺少公示原则,其他原则都很难实现。公示制度最基本的功能在于,公示方法使物权及物权的变动为公众所知,从而对第三人发生效力,以保障交易安全。值得注意的是,虽然公示是物权法的基本原则,但大陆法系国家的物权法理论更倾向于在物权变动上去探讨公示的意义。公示究竟是物权本身的公示,还是物权变动的公示,值得研究。校务公开的范围根据公开事项的性质确定。而高校公示制度要根据具体实际,按有关要求,由党政工共同协商确定公开的范围,防止盲目性和随意性,促进校务公开沿着正确的轨道方向健康发展。高校公示制度是加强学校党风廉政建设和实行民主管理、民主监督的重大举措,其根本目的是调动全体教职工的工作积极性、主动性,争取学生家长及社会各界的理解、支持和配合,群策群力办好教育。为使高校校务公开工作积极、稳妥、有效地推行,保证校务公开的质量,切实发挥其应有的作用。

(二) 高校公示制度的案例分析

案例1①

随着我国行政公开制度的建立和完善,公示已逐渐成为我国行政公开的重要方式之一。

然而,从当前公示的使用情况来看,不仅存在着公示与公告不分的情况,就是公示制度本身也还存在缺陷。这对推行行政公示制度极为不利,亟待加以规

---

① 杨诚:《行政公示制度存在的问题与完善对策》,载《理论探索》2005年第6期。

范和完善。当前我国行政公示制度存在的主要问题如下：

第一，与行政公告制度混杂不清。由于我国目前还没有颁布《行政公开法》，也没有对行政公示、行政公告制度做出明确的规定，加之现行的《国家行政机关公文处理办法》中也只有"公告"而无"公示"规定，如此种种，造成了公示与公告不分的现象。有关资料显示，在新中国建立之初就开始建立起公告制度。1949年12月9日，政务院颁布的《关于统一发布中央人民政府及其所属各机关重要新闻的暂行办法》就规定，一切公告及公告性的新闻，均由新华通讯社统一发布。1981年2月27日，国务院办公厅在发布的《国家行政机关公文处理暂行办法》中规定，"向国内外宣布重大事件，用'公告'"。后来还根据我国法制建设的情况，规定宣布法定事项用"公告"。由此，"公告"成为我国行政机关常用的行政公文之一，被写入历次的《国家行政机关公文处理办法》之中，取得了"合法"的地位。而行政管理公示制的建立要晚得多。它是沈阳市人民政府于1996年7月在全国行政机关率先推出的，干部任前公示制也是1997年8月才首先在江苏沭县出现的。从我国的一些法律和规章可以看出，行政公告有其特殊含义。如《中国人民银行法》第十八条规定，"中国人民银行发行新版人民币，应当将发行时间、面额、图案、式样、规格予以公告"。《道路交通安全法》规定，"增设、调换、更新限制性的道路交通信号，应当提前向社会公告"，"需要采取限制交通的措施，或者做出与公众的道路交通活动直接有关的决定，应当提前向社会公告"。《政府采购信息公告管理办法》指出，"政府采购信息公告，是指将应当公开的政府采购信息在报刊和网络等有关媒介上公开披露"。从这些规定来看，行政公告是用来向社会公开告知应当让公众知悉的信息的。公开告知是公告的基本属性，让公众知悉有关信息是公告的主要目的。然而，实践中行政公告与行政公示常被混淆不分。如《教育收费公示制度》规定，"教育收费公示制度是学校通过设立公示栏、公示牌、公示墙等形式，向社会公布收费项目、收费标准等相关内容，便于社会监督学校严格执行国家教育收费政策，保护学生及其家长自身合法权益的制度"。《文化部关于在音像制品经营场所实施非法音像制品监督举报公示制度的通知》要求，"凡从事音像制品批发、零售、出租和营业性放映业务的单位，必须在经营场所的醒目位置固定悬挂非法音像制品监督举报告示牌"，"告示牌必须标明经营场所的直接主管部门和上一级主管部门的名称和举报电话"。《医疗机构实行价格公示的规定》指出，"本规定所称价格公示是指医疗机构对常用药品、医用材料和主要医疗服务的价格实行明码标价的一种方式"。显然，这些规定中的行政公示与前文所列规定中的行政公告并没有什么本质不同。其实,行政公示的目的不仅在于向社会公开告知应当让公众知悉的信息,还在于接受社会公众对公开信息的反馈,以达到群众监督的目的。征询性是公示的基本属性,接受社会监督是公示的主要目的。如文化部 2002 年 11 月 28 日颁布的《公众聚集文化经营场所审核公示暂行办法》第三条规定,"本办法所称的审核公示,是指县级以上文化行政部门对申请开办的经营场所的有关情况在一定范围和时限内向社会公开发布,根据社会公众的反映,按照有关法律法规进行审核的工作制度"。国家经贸委 2003 年 1 月 7 日颁布的《工商领域企业固定资产投资项目评标结果公示与质疑、投诉处理暂行规定》要求,"工商领域企业固定资产投资项目的招标投标活动均实行中标结果公示制度","公示内容在公示期间如无质疑或投诉的,评标报告正式生效"。而现实中一些该用行政公示的文本却误用了行政公告。如《征用土地公告办法》第九条规定,"被征地农村集体经济组织、农村村民或者其他权利人对征地补偿、安置方案有不同意见的或者要求举行听证会的,应当在征地补偿、安置方案公告之日起 10 个工作日内向有关市、县人民政府土地行政主管部门提出"。按此规定,政府土地管理部门对于征地补偿、安置方案的公告不能仅仅是公开告知就了事,还必须听取反馈意见。这里的公告最多只能算是一个预告,因为它所公告的事项即征地补偿、安置方案尚是一个预案,可以根据被征地农村集体经济组织、农村村民或者其他权利人的意见进行调整或修改。

第二,公示制度自身存在不少缺陷。行政公示在本质上是民主决策的一种重要方式。其目的是确保行政决策顺民心合民意,最大限度地防止和减少因群众信息缺失而造成的决策失误。然而在当前,我国行政公示制度还存在不少缺陷,以至于不能最大限度地发挥出它在实现公民知情权和决策科学化等方面的重要作用。首先,公示的内容不详,不能满足群众判断行政决策是否得当而对相关信息的知悉要求。如干部任前或聘前公示,一般只公示拟任(聘)用对象的姓名、年龄、政治面貌、文化程度、学习和工作经历等基本情况,而缺少对其主要工作实绩、突出优点及特长、提拔任用的原因理由等重要信息的告知。即使告知任(聘)用的原因和理由,也往往用"因工作需要"这句模糊语言一笔带过。再如专业技术任职资格公示,也常常只公开拟认定专业技术资格人员的姓名、单位、学历学位和资格名称等,却偏偏不公开此人的专业技术工作情况和业绩。除非是比较了解被公示者的人才会做出理性评判,其他人则很难判断被公示者是否够格,评审机构的评审是否公正、公平。再比如,现在许多评选表彰都要进行公示,但是公示时大多只公布名单,不介绍拟表彰人的先进事迹。其次,公示的范围较窄,不能最大限度地让应当知悉者知悉。如某市制定的《党政领导干部任前公示实施办法》规定,党政领导班子成员、党政工作部门领导成员、党政工作部门的内设和派出机构正职领导干部的选拔任用必须按行政区划向社会公示。部门内设和派出机构副职领导干部和各级非领导职务干部的选拔任用,原则上在其所在的工作部门(单位)或系统内进行公示。应该说,该市的公示行为很有代表性。我国当前大多数公示仅限于在本地区、本单位或者本系统内部进行,实际上很难起到社会监督的作用。譬如如果是异地(单位、系统)任用干部,在拟任地(单位、系统)内公示,拟任地(单位、系统)的群众哪有其原所在地(单位、系统)的群众更为了解他,更有发言权呢?

第三,公示的方式僵化。前面提到的某市的《党政领导干部任前公示实施办法》规定,在向社会公示时,一般通过本地区报纸等新闻媒体发布公告,对于重要岗位特别是党政领导班子、党政工作部门一把手的拟任人选的公示,应采用两种以上的媒体。在部门或系统内公示的,可采取发公示通知、召开会议、张榜公布等形式。文化部颁布的《公众聚集文化经营场所审核公示暂行办法》规定,应当将公示张贴在其办公场所及拟设立的经营场所地址的醒目位置,也可以通过电视、报纸、互联网等媒介向社会公示。某市审计局的《审计公示制度》规定,审计公示可采用新闻媒体公示、公告公示、审计情况通报、新闻发布会等形式。尽管从这些规定看起来,公示的形式是多样的,方式也是灵活的,但在实际操作中往往被"省事"者采用了最简便的形式。建有网页的机关通常是把公示内容往网上一挂就了事,没有建网页的就在张贴栏里贴出一张巴掌大的公示稿。需要通过更大范围新闻媒体公示的,为了节省公示(广告)费用也通常只采用当地党报、电台、电视台一次性发布的办法。长此以往,就形成了比较僵化的公示方式,而很少根据具体的公示内容来选取最适当的形式和方式。

第四,公示的时间不够。公示时间是保证公示效果的重要因素之一,只有时间足够,才能达到公示应有的目的。而现在大多数公示的时间都在一周左右,甚至有3天的。如某市科技局公示优秀软件评选结果,公示时间从3月1日到3月3日,公示时间就只有3天。在如此短的时间内,要做到让多数群众评议监督,那是根本不现实的。有的公示虽然规定了较长一些的时间,但故意放在周末或放假前来进行,实际公示的时间大大缩水。更有甚者在星期五下午公示出去,星期一上午就结束,几乎是走过场。

第五,公示的滥用。在2000年12月,中共中央办公厅、国务院办公厅发出了《关于在全国乡镇政权机关全面推行政务公开制度的通知》,对乡(镇)政务公开作出了部署,对县(市)级以上政务公开提出了要求。在2004年3月国务院印发的《全面推进依法行政实施纲要》中,把行政决策、行政管理和政府信息公开提升为推进依法行政的重要内容。2005年1月,党中央在《建立健全教育、制度、监督并重的惩治和预防腐败体系实施纲要》中,再次强调要"健全政务公开、厂务公开、村务公开制度"。随着政务公开制度在我国的全面和深入推进,行政公示制度也得到了更为广泛的应用,但同时也存在着被滥用的现象。如,据报纸报道,武汉市交管部门曾发出通告,将根据电子警察拍摄的违章数,对经常违章的司机和单位,集中给予公示。某银行也曾把欠账人姓名和欠账额等信息在报纸上予以公示,以给欠账者施加社会压力。这样的"公示",其实是批评曝光。其"公示"不是让公众监督,而是让其当众出丑。这完全是对公示制度的曲解和滥用。

案例分析:

基于以上公示制度存在的问题,需要探讨进一步规范和完善行政公示制度的对策。

首先,提高对行政公示制度的认识。行政公示制度是我国近年来加强社会主义民主政治建设,全面推行政务公开制度的产物。它是一种机制创新,其本质是通过政务公开而实现公民的知情权、参与权和监督权,是民主行政的一种实现形式。它体现了党的群众路线原则,对于政治文明建设具有十分重要的意义。对于公示机关来说,它扩大了决策信息的来源,发挥了群众监督的作用,有利于避免或减少决策失误;对于群众来说,公示为他们参与政务甚至决策提供了通道,有利于实现他们的民主权利;对于公示对象来说,可以增加他们的压力与动力,促进其不断努力做好。因此,我们应当高度重视行政公示制度的推行,切实形成公示机关绝不走过场,群众积极参与的良好运行机制。

其次,尽快制定全国统一的行政公示制度。国务院或其有关部门应当尽快制定权威统一的《行政公示制度》和《行政公告制度》,对行政公示和行政公告进行准确的界定。尤其要明确,公告适用于政府向公众公开依法应当让公众知悉的信息之情形,政府向公众公开依法应当征询公众意见的信息时则应当用公示。只有这样,才有利于行政公示和行政公告制度的积极推行,也才有利于促进我国政务公开制度的健康发展。同时,在《行政公示制度》中对公示内容有必要规定:凡可能影响公示结果的有关情况都必须予以公示;公示的时间应结合具体事项,并以工作日来计算,一般不得低于10个工作日;而且如果是通过新闻媒体公示的,应当多次公示(其次数视具体情形而定);应当采取快捷、方便群众和有利于扩大公示效果的方式和形式进行公示;应当具体明确公示机关、反映者、核查机关等在公示过程中的权利、责任和义务关系,以提高公示制的严肃性和实效性;公示结果要透明,应当把公示后的处理结果向外反馈,以取信于民,树立起行政公示的威信。

最后,增加"公示"文种。行政公文是依法行政的重要工具,行政公示制度的实施也要求有相应的行政公文来承载。由于我国的行政公示制产生还不到10年,国务院发布的《国家行政机关公文处理办法》没有顾及行政公示制度对公文文种的要求,所以没有提出"公示"这一公文文种,以至于对公示行为的表述多种多样,实践中造成了公示文种使用的混乱。随着行政公示制度的推进,有关部门应当尽快修订《国家行政机关公文处理办法》,将"公示"增设为国家行政机关的主要公文种类之一,同时可以明确规定"公示,适用于向社会公开依法应当征询公、法人和其他组织意见的事项"等。如此,可以反过来促进行政公示制度的规范和完善。

案例 2①

大学校园的"大锅饭"以后也要分级别,饭菜好不好吃,后厨干不干净,将成为级别评定的两条重要标准。昨天,北京海淀区卫生局卫生监督所对全区300多家大学食堂的食品卫生状况完成量化分级考核,并率先在北京师范大学、中国地质大学等11所学校的15家食堂门前,挂上首批A级公示牌,向学生明示食堂的后厨卫生状况和饭菜质量。海淀区聚集着清华、北大、北航等北京市54所主要高校。据悉,对大学食堂进行量化分级管理并挂牌公示,在北京市也是首次。为有效降低校园内的学生集中就餐的食品安全隐患,北京市卫生局副局长表示,北京市学校食品卫生量化分级管理工作目前已在全市18个区县全面展开。海淀区卫生监督所学校食品卫生科科长说,到今年年底,海淀全区54所大学校园里共计400多家餐饮单位都将纳入食品卫生量化分级体系,其卫生状况按照A、B、C、D四个级别在校园内向师生公示。其中,A级食堂表明食品足够安全可放心用餐;B级食堂表示安全状况一般,卫生监督人员将定期检查规范其卫生标准;C级食堂说明食品安全问题需要警惕,卫生监督员将强化监管;D级食堂显示后厨中食品卫生安全存在重大隐患,不予换发食品卫生许可证或责令停业整顿。所有食堂的公示等级将实行动态管理,卫生监督部门将根据投诉举报及定期或不定期检查,提高或降低大学食堂的卫生安全级别。海淀区卫生监督所学校食品卫生科科长介绍说,生食、熟食和半成品的容器混用是造成

---

① http://news.163.com/40831/9/0V3T219U0001124R.html.

高校食堂食品安全隐患的主要原因。由于历史久远,大学食堂的硬件设施相应比中小学食堂陈旧、老化。另外,经过多次扩招,目前许多大学食堂存在超负荷供应的现象,导致食堂内储存、加工的食品过多,生食、熟食和半成品的容器非常容易被混用,细菌由此途径传播滋生,这已成为高校食堂最主要的食品安全隐患。对此,北京市卫生监督部门已经做出明确规定,密封储存食品及配料必须件件标明品名、生产日期和保质期,否则每一件无标志品按100元处罚;学校食堂内必须有专门的冷荤操作间,严禁外卖送餐,餐具须有专门的消毒池、消毒液配置容器和配比试纸。

案例分析:①

信息公开是一项政治性、政策性和技术性都很强的系统工程。各高校必须增强责任感和紧迫感,加大工作力度,把各项要求落到实处。

(1) 进一步细化信息公开的目录和范围,抓紧编制或修订本校信息公开指南和目录。

高校要按照"以公开为原则,以不公开为例外"的原则和由近及远的要求,重点对《条例》发布以后的信息进行全面清理。要依据《保密法》及其实施办法、《条例》等法律法规,科学界定公开和不公开的信息。凡符合《条例》第九条和《办法》第七条要求的信息,均应编入本校信息公开目录,并在此基础上进一步扩展公开范围,细化公开内容。要组织专门力量尽快落实好此项工作,务必于2010年8月底前完成并在学校网站和相关信息查阅场所公布。

(2) 抓紧建立健全信息公开工作制度,尽快完善各项工作机制。

高校要着力建立健全信息公开的各项工作制度,完善校长领导、学校办公室组织实施、工会组织协同推进、师生员工积极参与、内设监察部门监督检查的信息公开内部工作机制,努力形成工作合力。

要尽快建立主动公开工作机制,明确公开的职责、方式、流程和时限要求。要抓紧建立信息公开申请受理机制,明确申请的受理、审查、处理、答复等环节的具体要求。

要建立信息公开保密审查机制、重要信息发布审批机制和虚假或不完整信息澄清机制,进一步健全高校新闻发布和新闻发言人制度,增强高校信息公开的主动性、权威性。

要建立重大事项决策信息公开工作机制,对涉及学校师生员工切身利益的

---

① http://www.suda.edu.cn/html/article/100/24541.shtml.

重大事项,实行决策前信息公开和实施过程的动态信息公开。要建立高校内部组织机构信息公开工作机制,明确其公开的具体内容,推动内部组织机构的信息公开。

要建立信息公开内部监督检查制度、工作考核制度、年度报告制度和责任追究制度,明确各项制度的责任机构和责任主体。

(3) 积极创造条件,认真完善信息公开的各项配套措施。

高校要充分发挥网站快速、便捷的优势,努力把学校网站建成信息公开的第一平台。要建立信息公开专栏和信息公开意见箱,主动做好信息的管理、维护和更新工作,认真听取社会对学校信息公开工作的意见和建议。专栏和意见箱应于2010年8月底前开通。要综合利用报刊、广播、电视以及新闻发布会、年鉴等形式或档案馆(室)、图书馆等场所,及时公开高校信息。有条件的高校可设置资料查阅室、索取点、公告栏、电子屏幕等设施,方便公民、法人和其他组织检索、查询和复制高校信息。

案例3①

苏州大学关于部分固定资产报废(报损)处置的公示。

根据学校4月2日《关于做好拟报废固定资产处置工作的通知》要求,各单位对本单位拟处置固定资产进行再次核实,通过党政联席会议或部(处)务会议讨论,同意进行处置,并经单位公示无异议。根据《江苏省行政事业单位国有资产管理办法》(江苏省人民政府令第95号)、《苏州大学国有资产处置管理实施细则(试行)》(苏大国资〔2014〕11号)等文件要求,我处对各单位拟处置固定资产情况进行核实、汇总,经学校国有资产管理委员会会议讨论,同意上报省教育厅进行处置。现将各单位拟处置固定资产核实情况及资产明细进行公示(详见附件)。

如有异议,请于2015年7月14日17:00前与我处产权与产业管理科联系,联系电话:××××××,电子邮箱:××××@suda.edu.cn。

案例分析:②

省级教育行政部门和高校要切实加强对信息公开工作的组织领导。要把信息公开纳入教育事业改革发展的总体规划,与业务工作统一部署、同步推进。要明确一位负责同志分管此项工作,并尽快明确负责信息公开工作的机构(原则上由省级教育行政部门和高校办公室负责信息公开具体管理工作)。

---

① http://file.suda.edu.cn/defaultroot/gov/info_view_my.jsp?editId=11999465.
② http://www.suda.edu.cn/html/article/100/24541.shtml.

省级教育行政部门要细化本地区高校信息公开的目录和范围,对可予公开的信息提出明确的指导意见。要在信息保密审查、重要信息发布前的批准、虚假或不完整信息的澄清等方面,加大对高校的指导力度。要积极支持高校加强信息公开的载体设施建设,提高信息公开的软硬件水平。要加强对高校信息公开工作的考核、社会评议和监督检查,高校信息公开工作年度报告和社会评议结果均应及时向社会公布。高校要及时充实力量,配齐配强信息公开工作队伍,所需经费纳入年度预算。

各省级教育行政部门和部属各高校应将信息公开工作负责人、工作机构及其联系方式于2010年7月31日前报送教育部办公厅。依据《高等学校信息公开办法》制定的信息公开实施办法或实施细则,要及时报教育部备案。其他高校要将本校的信息公开实施细则报学校所在地省级教育行政部门备案。

各省级教育行政部门和高校要及时总结学习贯彻《高等学校信息公开办法》中的好经验、好做法。信息公开工作中反映的问题和有关工作建议,请及时报送教育部。

第六章　构建完善的学生权利救济体系

第一节　学生权利救济体系概述

在十八届四中全会通过的《中共中央关于全面推进依法治国若干重大问题的决定》中提出全面推进依法治国，建设中国特色社会主义法治体系和法治国家的总目标。要求我们在坚持中国共产党的领导和社会主义道路的前提下，将"中国特色社会主义法治理论"贯彻于治国理政中，"形成完备的法律规范体系、高效的法治实施体系、严密的法治监督体系、有力的法治保障体系，形成完善的党内法规体系"；从原来的"有法可依、有法必依、执法必严，违法必究"过渡到"科学立法、严格执法、公正司法、全民守法"，"促进国家治理体系和治理能力现代化"。[①] 在这样一个追求现代化文明的时代，大学作为培养人才的重要基地，作为一个小的社会共同体，无疑是依法治国的重要一环。高校管理法治化成为现代高等学校工作的新方向，具有重要意义。首先，有助于高校工作的顺利开展。其次，有助于加快跻身世界一流大学行列的步伐。法治理念作为为世界各国共同认可的价值理念，是衡量一个主体现代化程度的基本标尺。实现高校管理的法治化也是大学先进程度的重要指标。因此，贯彻落实依法治国的方针，努力推进依法治校，维护学生权利、推进学校工作进程、促进和谐校园举足轻重；有助于培养坚持中国特色社会主义法治理念的先进人才。学生作为高校的主体组成部分，在日常的校园工作和生活中，接受校园法治文化的熏陶，按照法治理念的指引，为人立世。

更深入地来看，大学法治化管理的焦点环节就在于建立健全学生权利救济体系。从社会契约论的角度看，人民通过让渡自己的权利形成国家和法律，其

---

① http://mp.weixin.qq.com/s?__biz=MzAwNTA5NDEwNg==&mid=201871870&idx=3&sn=2bed06a660d6074a8541752fe12ab4b7&3rd=MzA3MDU4NTYzMw==&scene=6#rd.

目的在于寻求一个强有力的权利保护机制。可以说,权利是法律的目的之一。"有权利必有救济"则是权利的核心要素。权利体现了人的某种要求,而救济则是实现这一要求的手段。因此,高校的管理要想真正实现法治化,就要积极维护这一共同体的组成部分——学生的合法权益。学生权利救济的实现是高校管理法治化的核心。

一、现行学生权利救济体系的内容及途径

所谓"救济",是指矫正正在发生或者业已发生并造成伤害、危害、损失或损害的不当行为。[①] 而权利救济是指在权利人的实体权利遭受侵害的时候,由有关机关或个人在法律所允许的范围内采取一定的补救措施消除侵害,使得权利人获得一定的补偿或者赔偿,以保护权利人的合法权益。学生在校期间,接受学校的教育,配合学校的管理,二者之间形成了复杂、多样的权利义务关系。由于教学需要,学校会对学生采取一定的管理措施,因此,学生权利受损的情况时有发生。比如:学校对学生的相关学习行为做出警告、记过、处分等决定;对不符合学校学位授予条件的学生决定不予颁发学位证书;由于学校物质条件不适合造成学生的人身伤害;由于教师的过错导致的人身伤害;以及学校未尽到善良管理人的义务使得学生遭受学校以外的第三人伤害等。

当权利受损时,因缺乏足够的维权意识和完善的维权知识,很多大学生往往选择忍气吞声或者不适当的自力救济,造成了不良的社会影响,既不利于自身权益的维护,也不利于问题的妥善解决。随着社会的发展,学生与高校之间的纠纷日益增多,但是相关的法律、法规存在很大的法律缺位,高校学生权利救济也存在很多缺陷。目前现有的救济制度主要体现在以下两种:

第一,申诉制度。《中华人民共和国教育法》第四十二条第4项做了简述规定:"对学校给予的处分不服向有关部门提出申诉,对学校、教师侵犯其人身权、财产权等合法权益,提出申诉或者依法提起诉讼。"《普通高等学校学生管理规定》第五条第5款规定:"对学校给予的处分或者处理有异议,向学校、教育行政部门提出申诉;对学校、教职员工侵犯其人身权、财产权等合法权益,提出申诉或者依法提起诉讼。"由此可见,"目前我国对于学生申诉的具体程序和对申诉不服的救济途径并未有较为详细的规定,而直接导致的结果就是其可操作性较差"[②]。

---

① 转引自张胜先,杨雪宾:《论高校处分权与学生权利救济制度》,载《现代大学教育》2004年第4期。
② 周拓,陈礼明:《浅议高校学生的行政救济》,载《法制与经济》2011第273期。

第二，其他方式。由于高校与学生之间的关系在法律上并无明确规定，其权利义务关系不明晰，很多现有的救济途径（复议、诉讼）的适用遭到质疑。比如司法实践中，对于学生与学校的纠纷往往被法院拒之门外，当事人双方的权益都不能得到很好的确认和维护。所以，为了应对现实中存在的问题，必须构建完善的学生权利救济体系。

二、完善学生救济体系的路径设计

（一）高校与学生法律关系的性质

权利救济往往是建立在对法律关系的正确界定的基础之上的。国内外学界对高校与学生的法律关系大致有以下几种学说：

1. 特别权力关系

所谓特别权力关系，"是相对于一般权利关系，基于公法上的特别原因、特定目的，在必要的限度内，以一方支配相对方，相对方应服从为内容的关系"。该学说来源于德国的"重要理论"，用于概括日常存在管理关系的当事人的法律关系，包括学校与学生、军人与部队……这意味着学校作为特别权力的主体，有权对学生进行直接或间接的管理。由此，学校对学生所做出的关于警告、记过、停课、退学等决定是内部的行为，学校拥有自由裁量权，司法介入受到限制，学生可以选择的救济形式仅限内部申诉制度。

2. 行政法律关系

又有学者指出，高校依据《教育法》及《普通高校管理规定》享有一系列的管理权，是代表国家提供社会教育的组织，其对学生的管理是为了公共利益，是行使"法律、法规、规章授权的组织"的公法人的权力，是行政行为。因此，对于学生受到学校行政处理的具体行政行为，学生有权提起行政复议、行政诉讼。

3. 民事法律关系

虽然上述两种学说都从不同的角度讲学校的行为划入行政性的范畴（只是分属不同的行政行为），但是其局限性是显而易见的。学生与学校之间在财产、人身等方面产生的纠纷，如学生因人格权遭受侵害引起的纠纷、因教学设施瑕疵引起的学生人身伤害纠纷等，此类纠纷属私法性质，应当属于民法调整的范围。因此，有学者提出了民事法律关系的理论。

4. 教育契约关系

教育契约理论是关于界定学生与学校法律关系的新方法。"认为高校是从事公共服务事业的法人，高校与学生是建立在平等、自愿基础上的提供服务和接受服务的法律关系，二者之间是一种对等的权利义务关系。在教育契约关系中，强调高校与学生的法律地位平等，把高校和学生作为两个平等独立的主体，而不是一方服从另一方权力约束的关系。"此种理论的基础下，学生权利受损是可以寻求申诉以外的司法救济的。

将上述理论进行综合比较可以发现，不论是何种观点都无法完全囊括学校与学生之间复杂、多变的法律关系。就此，本文依据纠纷的类型对法律关系进行分类，并提出学生权利救济的具体内容和途径。

（1）因教育权利引起的纠纷。

此类案件主要涉及学生因违反相关教育法律、法规及校规，学校依据相关规定对学生做出记过、勒令退学、开除等处分的问题。还包括学校决定不予颁发学位证书、毕业证书的事项。前者是学校积极的作为，后者是消极的不作为。因学生受教育权而引起的纠纷属行政行为，应当将学校与学生作为行政法律关系的双方对待，学校对某位或某几位同学做出的行政处理应当可通过行政诉讼来处理。

（2）因学生人身、财产权益引起的纠纷。

《中华人民共和国民法通则》第五章第四节对公民的人身权做了具体规定，包括生命健康权、姓名权、名誉权、肖像权、荣誉权等。学生在校期间，可能因为物质条件的瑕疵、老师的过错行为及第三任侵权而遭受身体上的伤害。依据《中华人民共和国侵权责任法》第三十四条、三十八条、三十九条、四十条，学校对学生应当尽到管理人的义务，对教师的行为后果承担无过错替代责任，对于教育机构以外的第三人的侵权行为与第三人承担补充责任。虽然高校大学生不属于《侵权法》所列无限制民事行为能力人，但是依据其性质的类似性，可以比照适用。此时，学校与学生作为平等法律关系主体，其法律关系是由民事法律调整的。

"因学生财产权（主要是奖学金、贷学金、助学金）引发的案件主要是由于学校履行不当所为，即学校拒绝履行、瑕疵履行和迟延履行。"在实际中表现为信息公开不到位、符合条件而不得或者迟延发放等，从而导致学生与校方之间产生纠纷。此类问题不仅涉及学校的行为，而且涉及发放贷款的单位以及国家系列政策，一般在主管部门的管理范围内，不属于这里所说的学校与学生纠纷范畴。此外还有知识产权、债权方面的纠纷，也应属民事法律关系范围。

（3）因其他权益受损引起的纠纷。

在权利法定主义的要求下，很多不为法律所明确的利益在受侵害时难以获得保护。司法实践中往往采取法律解释的技术对条文中的"等"字进行扩张。学生权益的客体涵盖了丰富的内容,应当依公序良俗、诚实信用及公平原则等对其他利益予以保护。至于在此情境下学生与学校的法律关系应当具体问题具体分析。高校与学生的法律关系复杂之程度可以想见。

(二) 构建完善的学生权利救济体系的必要性

1. 构建完善的学生权利救济体系是高校管理法治化的必然要求

高校管理改革中,法治化是追求的新目标和方向。而高校法治管理的核心就在于《宪法》中强调的"尊重和保障人权"。在传统的教育体制下,中国的高等教育受社会现状的影响,盛行公权力至上的理念,比较漠视学生的权利,权利救济根本就是无稽之谈。但是,在"依法治国"的今天,注重法治、一切为了学生、为了一切学生、为了学生的一切成为高校管理的新模式。做好学校在新时期的角色转换工作、切实维护好学生的利益显得尤为重要。因此,高校学生如何进行权利救济,是一个值得探讨的问题。

完善的权利救济体系是实现管理法治化的重要程序保障。程序与实体是一对孪生兄弟,如同法律这枚硬币的两面,缺一不可。"有救济,而无实效,即形同无救济。"无论是从"程序工具论"的角度认为程序是通过实现实体正义实现程序正义,还是从"程序主体论"的角度认为程序是实现正义的保障,完善的程序设计都是权利救济的必备环节。因此,实现高校管理法治化必然要求建立完善的救济体系。

2. 构建完善的学生权利救济体系是增强学生法治观念、维护学生合法权益的有力武器

学生权利救济制度是指通过合法程序裁决学校与学生之间的纠纷,及时对学生的合法权益予以补偿。[①] 自 1998 年田某诉北京科技大学拒发毕业证及学位证书案开司法介入高等教育之先河以来,各类学生与学校的纠纷事件陆续进入社会的眼球。高校开始转变角色,逐渐进入司法的舞台。而现在大学生的维权意识淡薄、维权方式不当,引发了很多不必要的悲剧(比如大学生遭开除后报复母校的事件)。因此,学生权利救济体系的构建有利于树立大学生积极维权的意识,促进大学生正确维权。

3. 复杂的法律关系与频发的教育纠纷提出了迫切需要

高校与学生之间形成了复杂、多样的法律关系,除了高校内部的纠纷解决

---

① 赵学云:《学生与学校纠纷的法律关系及其权利救济机制》,载《东北师大学报(哲学社会科学版)》2006 年第 6 期。

机制外,司法的介入也是合情合理的。根据学生与学校间不同的关系性质,学生权利救济制度应当包含非讼制度(调解、申诉、复议)和诉讼制度(行政诉讼和民事诉讼)。法律制度的漏洞催化完善的权利救济体系

(三)完善权利救济体系路径设计

1. 路径设计应当遵循的原则

(1) 鼓励非讼方式优先原则。

非讼方式包含调解、申诉和行政复议。其行为全过程相对局限于高校、学生、教育主管部门及其他相关人员中,作为当事人或关系人更为了解案件的事实和性质,能够从较为贴合的立场考虑问题并做出决断,是一种较为便利、经济的手段。更为重要的是,采用非诉讼方式解决纠纷有利于维持学生与高校之间良好的关系,不至于"覆水难收"。也许诉讼方式能够做出更为公正、合适的裁判,但是往往费时费力、成本巨大。因此,出于各方面的考虑,在解决教育纠纷时应当优先选择非讼程序,争取"双赢"。

(2) 便利学生原则。

无论在何种法律关系下,学生在纠纷关系中均属于弱势群体,健全学生权利力救济体系应当给予学生以优待。对于纠纷解决机制的选择和解决过程,都应当贯彻便利学生原则。

(3) "有法可依、有法必依"原则。

在法制社会下,有法可依、有法必依不仅是政府工作、司法工作原则,更是调整社会关系、处理社会争议的工作原则。一旦法律制度缺位,再完美的程序设计也是"无源之水""无本之木",缺乏生命力和正当性。所以,完善法律制度迫在眉睫。

2. 亟待解决的问题

(1) 申诉与复议制度。

申诉制度的具体程序及事后救济缺乏详细的规定,实践中往往无章可循。那么,在申诉制度方面所要做的完善是在现有的原则性规定的基础上拟定规则性规范,增强申诉制度的可操作性,明确申诉程序的详细步骤。给予申诉结果以事后救济,具体内容将在第二节中予以阐述。

(2) 诉讼制度。

诉讼制度在解决学生与高校纠纷案件上的适用缺乏法律依据,亟需完善相关教育立法,将司法救济作为最终方式。

3. 具体模式

具体模式见下图：

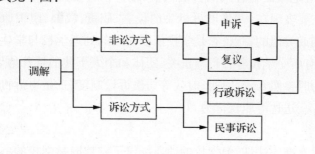

第二节 申诉制度

一、申诉制度概述

依据我国 1995 年的《教育法》第四十二条第四款"学生对学校给予的处分不服,有权向有关部门提出申诉,对学校、教师侵犯其人身权、财产权等合法权益,有权提出申诉或依法提起诉讼",2005 年 9 月实施的新《普通高等学校管理规定》(以下简称《规定》)中关于学生权利救济机制的申诉程序以及学生所享有的陈述权、申诉权等可以看出,申诉制度是有法可依的。

那什么是申诉制度呢？高校学生申诉制度是指大学生在接受高等教育和高效管理中,对于学校给予的处分不服,或者认为学校和教师侵犯了其合法权益时,有向相关部门提出要求重新做出处理的权利。

这儿的申诉制度应当包括校内申诉与校外申诉,所谓校内申诉是指学生在其合法权益受到学校或校内其他成员侵害,或者对学校处理决定不服时,向学校或主管部门申诉理由,请求处理或重新处理,从而使权益受到学校依法保护的一种制度。而校外申诉就是向教育部门、行政机关直接提起申诉,这种情况比较少见,因此大多数情况下的申诉仅仅指代校内申诉,本章中所讨论的申诉也仅指代狭义上的校内申诉。

(一) 申诉制度的法律特征

1. 准司法性

所谓准司法性,是一个与"司法"相对应的概念,与司法活动密切相关或者功能类似,具有一定裁判权或证明权的行为,准司法性的最大价值就是能够体现公正性,核心是保证当事人的合法权益,维护社会公正。高校学生申诉制度的准司法性主要表现在:一是申诉机关的设立、职责、权限、组织原则等具有与审判机关共同或类似的特点,它是学校依法设立的处理学校与学生之间纠纷的专门机构,具有不受学校各方行政机关、团体和个人干涉的特殊地位;二是申诉机构审理纠纷时参照合议、回避、时效等司法诉讼制度;三是申诉机构可以采用调查取证、裁决、送达等职权行为。[①]

2. 行政性

虽然它具有准司法性,但学校的性质决定了它依旧是学校的一个特殊的行政机构,而且就目前来看,高校申诉机构的组成人员大都是学校相关职能部门的负责人,行政色彩颇为浓厚。大多数高校的申诉机构在裁决时都有行政仲裁的办法,如果原处理单位对申诉机构决议不服,可以报请校长办公会议讨论决定,如果还不服,则可以通过正当途径向学校上级主管部门乃至司法部门申诉。

3. 专门性

高校申诉机构一般都具有相对的独立性,不依附于学校的任何一个行政部门。现今,更多的高校在申诉委员会的组成人员上偏重于采用法律专家或者法律意识较强的普通师生,并且最终通过无记名投票来裁决纠纷,这些做法都体现了高校学生申诉制度专门性的特征。

4. 宽泛性

高校申诉机构对于申诉的内容具有宽泛性,涉及学生事务的方方面面,比如有关侵害学生人身权利的,还有侵犯学生财产权利的乱收费、违法收费等行为,以及违反法定程序剥夺学生名誉的,不给予学生学位证明及毕业证书的情形,不过更加常见的是学校的处分行为。这些都能成为学生申诉的理由,从而体现申诉制度的宽泛性。

(二)申诉制度的内容

1. 申诉主体

根据《规定》,高校学生申诉的主体必须是不服学校处分,或认为其合法权益遭受学校侵害的受教育本人或其代理人。而被申诉主体往往是学校内专门负责处理学生申诉的相关部门或申诉学生所在高校隶属的上级教育主管部门。

2. 申诉范围

根据我国《行政复议法》《教育法》和《规定》的规定,申诉范围主要包括以

[①] 张小芳、徐军伟:《法理视野下的高校学生申诉制度研究》,载《宁波大学学报》2005年第2期。

下几个方面：一是学生对学校做出的各种违纪处分不服的；二是学校或教师侵犯学生人身权的行为，比如教师在教学管理中体罚或者变相体罚学生，随意剥夺学生是荣誉称号、侵犯学生的个人隐私等；三是学校或者教师侵犯学生财产的行为，比如违法乱收费、罚款等行为；四是认为符合法定条件，申请学校颁发许可证、资质证、学位证、毕业证等，学校没有依法办理的；五是认为学校的其他行政行为侵犯其合法权益的。

3. 申诉期限

《规定》明确规定："学生对处分有异议的，在接到学校处分决定书起 5 个工作日内，可以向学校学生申诉处理委员会提出书面申诉，学生申诉委员会应在学生提出复查后的第 15 个工作日内，给出复查结论并告知申诉人。"

4. 申诉程序

首先，学生或者代理人提起申诉，申诉申请应当以书面形式提出，并写明相关内容，如申请人的姓名、性别、年龄、职业、住址，被申请人的姓名、住址，申请的事件、理由，以及相应的证据，等等，如果这些都符合条件，申诉机构应当在受到申诉申请后的规定期限内进行处理，对不符合条件的可以不予受理并告知理由，受理机构应在规定期限内通过审查、调查、听证、听取双方意见及时做出申诉处理决定，如果受理机构逾期未做处理，申诉人则可依法提起诉讼。

5. 结果处理

对于申诉处理决定，学生申诉委员会应当将复查结果告知申诉人，需要改变处分决定的，学生申诉委员会应当提交学校重新研究决定，并告知学生，如果申诉人对复议决定有异议，则可以向学校所在地的省级教育行政部门提出书面申诉，省级教育行政部门在接到学生书面申诉之日起 30 个工作日内，对申诉人的请求进行处理并答复。

二、申诉制度建立的意义

1. 实现纠纷解决机制合理化

高校与学生之间因教学管理行为而产生的纠纷通常并不真正涉及法律问题，因而完全可以通过合理制度安排使这些纠纷在被提交法院之前即得以解决。而申诉制度的设计，恰恰可以缓解不必要的诉讼，相比行政诉讼，具有更加迅速、简洁、经济和便利的特性。[1]

---

[1] 尹晓敏：《高校学生申诉制度研究》，载《高教探索》2004 年第 4 期。

2. 为高校解决学生具体工作搭建良好平台

诉讼制度作为救济途径,存在着成本高、耗时长的局限性,对于急于寻求救济且经济能力有限的学生而言,并非最佳的救济途径,相反很可能对学生权益造成二次伤害。而在申诉制度中,由于受理学生申诉的人员基本上都是熟知教学和教育管理的专业人员,他们会更多地从教育规则的角度协调双方的矛盾,可以减少救济结果的不确定性和执行结果的难度,尽可能地避免二次伤害。①

三、现有申诉制度的局限性

1. 申诉制度定性不清

学生申诉制度究竟属于行政裁决制度,还是属于行政复议制度,或仅仅是一种救济制度,目前尚无明确规定。② 申诉制度的定性不清直接导致相关规则的制定不明确,笔者认为,所谓申诉,即学生对学校做出的涉及本人权益的处理决定不服,向学校提出意见和要求的一种制度,即使申诉制度定性不清,学生的任何权利受到损失,都应当在校内的相关制度中去设计申诉制度,以求最大限度地维护学生的权益。

2. 申诉处理委员会人员组成和地位规定不明确

学生申诉委员会人员的组成问题依旧不明确,教师代表、学生代表究竟有无资质限制也没有明确规定,从学生申诉委员会的设置目的上看,学生代表和教师代表理应占多数,但这在《教育法》和《规定》中都没有明确规定。

除此之外,申诉委员会正如之前所说应当是一个相对独立于行政管理部门的学校内设机构,但是由于现今的组成人员过于偏重于行政管理人员,所以它的地位也开始模糊起来。

3. 申诉处理流于形式

一些高校学生申诉委员会在处理学生申诉时存在有法不依、侵犯学生合法权益的现象,从而使得申诉处理流于形式,有些高校甚至设置烦琐的申诉程序来为难学生。这些莫不表明现在的高校申诉处理大多只是一种形式,实质上到底能否真正维护学生的权利还不知道。

四、案例分析

在此,可以分析一下最高人民法院公布的一个关于高校大学生申诉的指导

---

① 湛中乐:《高等学校大学生校内申诉制度研究(上)》,载《江苏行政学院报》2007年第5期。
② 康建辉,张卫华,胡小进:《高校申诉制度存在的问题及对策》,载《西安电子科技大学学报(社会科学版)》2008年第1期。

性案例:田永诉北京科技大学拒绝颁发毕业证、学位证案"。基本案情如下:

原告田永于1994年9月考取北京科技大学,取得本科生的学籍。1996年2月29日,田永在电磁学课程的补考过程中,随身携带写有电磁学公式的纸条。考试中,去上厕所时纸条掉出,被监考教师发现。监考教师虽未发现其有偷看纸条的行为,但还是按照考场纪律,当即停止了田永的考试。被告北京科技大学根据原国家教委关于严肃考场纪律的指示精神,于1994年制定了校发第068号《关于严格考试管理的紧急通知》(简称"第068号通知")。该通知规定,凡考试作弊的学生一律按退学处理,取消学籍。被告据此于1996年3月5日认定田永的行为属作弊行为,并做出退学处理决定。同年4月10日,被告填发了学籍变动通知,但退学处理决定和变更学籍的通知未直接向田永宣布、送达,也未给田永办理退学手续,田永继续以该校大学生的身份参加正常学习及学校组织的活动。1996年9月,被告为田永补办了学生证,之后每学年均收取田永交纳的教育费,并为田永进行注册、发放大学生补助津贴,安排田永参加了大学生毕业实习设计,由其论文指导教师领取了学校发放的毕业设计结业费。田永还以该校大学生的名义参加考试,先后取得了大学英语四级、计算机应用水平测试BASIC语言成绩合格证书。被告对原告在该校的四年学习中成绩全部合格,通过毕业实习、毕业设计及论文答辩,获得优秀毕业论文及毕业总成绩为全班第九名的事实无争议。

1998年6月,田永所在院系向被告报送田永所在班级授予学士学位表时,被告有关部门以田永已按退学处理、不具备北京科技大学学籍为由,拒绝为其颁发毕业证书,进而未向教育行政部门呈报田永的毕业派遣资格表。田永所在院系认为原告符合大学毕业和授予学士学位的条件,但由于当时原告因毕业问题正在与学校交涉,故暂时未在授予学位表中签字,待学籍问题解决后再签。被告因此未将原告列入授予学士学位资格的名单交该校学位评定委员会审核。因被告的部分教师为田永一事向原国家教委申诉,国家教委高校学生司于1998年5月18日致函被告,认为被告对田永违反考场纪律一事处理过重,建议复查。同年6月10日,被告复查后,仍然坚持原结论。田永认为自己符合大学毕业生的法定条件,北京科技大学拒绝给其颁发毕业证、学位证是违法的,遂向北京市海淀区人民法院提起行政诉讼。

在此我们不难看出,本案争议的焦点在于北京科技大学拒绝颁发给田永毕业证、学位证是否有法律依据,田永可否通过申诉来维护自己的合法权益。

后来,北京市海淀区人民法院于 1999 年 2 月 14 日做出〔1998〕海行初字第 00142 号行政判决:

(1) 北京科技大学在本判决生效之日起 30 日内向田永颁发大学本科毕业证书;

(2) 北京科技大学在本判决生效之日起 60 日内组织本校有关院、系及学位评定委员会对田永的学士学位资格进行审核。

(3) 北京科技大学于本判决生效后 30 日内履行向当地教育行政部门上报有关田永毕业派遣的有关手续的职责。

(4) 驳回田永的其他诉讼请求。北京科技大学提出上诉,北京市第一中级人民法院于 1999 年 4 月 26 日做出〔1999〕一中行终字第 73 号行政判决:驳回上诉,维持原判。

法院为什么会这么判呢?根据我国法律、法规规定,高等学校对受教育者有进行学籍管理、奖励或处分的权力,有代表国家对受教育者颁发学历证书、学位证书的职责。高等学校与受教育者之间属于教育行政管理关系,受教育者对高等学校涉及受教育者基本权利的管理行为不服的,有权提起行政诉讼,高等学校是行政诉讼的适格被告。

高等学校依法具有相应的教育自主权,有权制定校纪、校规,并有权对在校学生进行教学管理和违纪处分,但是其制定的校纪、校规和据此进行的教学管理和违纪处分,必须符合法律、法规和规章的规定,必须尊重和保护当事人的合法权益。本案原告在补考中随身携带纸条的行为属于违反考场纪律的行为,被告可以按照有关法律、法规、规章及学校的有关规定处理,但其对原告做出退学处理决定所依据的该校制定的第 068 号通知,与《普通高等学校学生管理规定》第二十九条规定的法定退学条件相抵触,故被告所做退学处理决定违法。

退学处理决定涉及原告的受教育权利,为充分保障当事人权益,从正当程序原则出发,被告应将此决定向当事人送达、宣布,允许当事人提出申辩意见。而被告既未依此原则处理,也未实际给原告办理注销学籍、迁移户籍、档案等手续。被告于 1996 年 9 月为原告补办学生证并注册的事实行为,应视为被告改变了对原告所做的按退学处理的决定,恢复了原告的学籍。被告又安排原告修满四年学业,参加考核、实习及毕业设计并通过论文答辩等。上述一系列行为虽系被告及其所属院系的部分教师具体实施,但因他们均属职务行为,故被告应承担上述行为所产生的法律后果。

国家实行学历证书制度,被告作为国家批准设立的高等学校,对取得普通高等学校学籍、接受正规教育、学习结束达到一定水平和要求的受教育者,应当为其颁发相应的学业证明,以承认该学生具有的相当学历。原告符合上述高等学校毕业生的条件,被告应当依《中华人民共和国教育法》第二十八条第一款第五项及《普通高等学校学生管理规定》第三十五条的规定,为原告颁发大学本科毕业证书。

国家实行学位制度,学位证书是评价个人学术水平的尺度。被告作为国家授权的高等学校学士学位授予机构,应依法定程序对达到一定学术水平或专业技术水平的人员授予相应的学位,颁发学位证书。依《中华人民共和国学位条例暂行实施办法》第四条、第五条、第十八条第三项规定的颁发学士学位证书的法定程序要求,被告首先应组织有关院系审核原告的毕业成绩和毕业鉴定等材料,确定原告是否已较好地掌握本门学科的基础理论、专业知识和基本技能,是否具备从事科学研究工作或担负专门技术工作的初步能力,再决定是否向学位评定委员会提名列入学士学位获得者的名单,学位评定委员会审查通过后,由被告对原告授予学士学位。

因此,从这个案例中,我们可以看出,高校虽然有制定校规校纪的权力,但是,首要前提是不得与教育部门颁发的《规定》在内容上有根本的矛盾,这会严重侵犯到高校学生的切实利益,这就是一个学生通过申诉制度有效维护自己合法权益的典型例子。

五、如何完善高校学生申诉制度

(一)建立完善的学生申诉体系

有学者指出,高校学生合法权益的维护不仅需要法律明确规定学生申诉制度的内容,更重要的是要求在实施学生救济的时候能把工作落实到实处。根据我国现有的法律和规定,我国高校学生申诉制度的完善需要一系列的配套制度的建立,比如申诉过程中的回避制度、听证制度、陪审团制度的建立等。①

(二)明确申诉委员会的性质

根据《普通高等学校学生管理规定》的精神,各高等院校应成立学生申诉处理委员会,专门负责处理学生对取消入学资格、退学处理、违规违纪等处分的申诉工作,并且赋予了其必须做的复查结论,并有告知申诉人的义务和需要改变

---

① 刘艺:《对高校学生申诉制度的解读与思考》,载《高校发展与评估》2006年第5期。

原处分的决定的权利。由此可见,这些独有的、排他性的权利表明学生申诉委员会是一所高等学校内部执行普通高等学校学生管理规定、维护学生合法权益的法定监督组织。①

(三)实现高校学生申诉程序的公正

学生申诉制度的落实必须要体现程序的公正和透明,必须要保证申诉过程的合法、公开和公正。有些学校的申诉处理委员会在处理学生申诉案件时往往不能居中裁判,所以笔者建议,应当将申诉处理委员会的讨论过程和讨论结果公开,同时要附上赞成与反对的理由,这样才有利于学校教师和学生对申诉处理过程的监督。

(四)尊崇学生申诉制度的基本原则

1. 坚持"以学生为本"的原则

现代大学的教学理念是坚持"以学生为本"②,把学生培养成品德高尚、心理健康、富有学识和创造才能的全面发展的人。而这原则的落实除了体现在尊重学生的人格以外,还应当包括维护学生的合法权益受到侵害时的申诉、抗辩权。

2. 坚持科学、合理、合法原则

这一原则最主要体现在学生申诉委员会人员设置上,如委员会的人员数量要科学合理,比如组成人员为奇数13人,其中校级领导2人、学工部1人、教务部1人、校监察室1人、校法律顾问1人、研究生院1人、教师代表2人、学生代表2人、院系学生工作室代表2人。③

3. 保持独立中立原则

这就需要学校在申诉机构的设置上更多地吸纳没有行政兼职的教授等学术人员,这样可以使申诉机构独立于学校的违纪处分管理部门,从而可以独立地做出自己的判断和决定,而不会过多地受制于大学内部各职能部门的压力。④

---

① 黄国满,陈洪彬:《对建立高等学生申诉制度的思考》,载《长春工业大学学报》(高教研究版)2006年第2期。
② 万云:《人本理念下的高校学生校内申诉制度研究》,载《教育与职业》2011年第24期。
③ 尹力,黄传慧:《高校学生申诉制度存在的问题与解决对策》,载《高教探索》2006年第3期。
④ 湛中乐:《高等学校大学生内申诉制度研究(下)》,载《江苏行政学院学报》2007年第6期。

附：苏州大学受理学生听证要求和申诉工作细则（试行）

第一章 总 则

第一条 为了进一步落实"一切为了学生，为了一切学生，为了学生一切"的教育管理理念，坚持依法办学，切实保障学生的合法权益，依据《中华人民共和国教育法》和《中华人民共和国高等教育法》，特制定本细则。

第二条 本细则所称的申诉，是指学生对学校做出的涉及本人权益的处理决定不服，向学校提出意见和要求。

第三条 本细则所称的处理决定包括学校的处理决定及学校授权学院、研究所等做出的处理决定。

第四条 本细则适用于全日制本专科生、第二学士学位学生、硕士研究生、博士研究生、成人教育学生等具有我校学籍的学生。

第五条 本细则所称的工作日，是指除国家法定的节假日及学校规定的寒假、暑假以外的日子，工作日的工作时间按照学校有关规定执行。

第六条 学生坚持严肃、认真、诚实的原则提出申诉；学校坚持公开、公正、实事求是的原则处理学生的申诉。

第二章 学生的申诉权

第七条 凡对学校依据相关规章制度对各类在籍学生的处理决定，下列人员均有权依据本细则提出申诉：

1. 被处理的学生本人；
2. 与处理结果有利害关系的其他学生；
3. 被处理学生所在班级、专业或学院的学生组织；
4. 确实了解处理所依据的事实的其他学生；
5. 经学生申诉受理委员会同意受理的校内教职员个人或有关部门、学院。

除被处理学生是未成年人或被处理学生确因特殊情况必须委托他人代为申诉外，其他人代为申诉的，一律不予受理。

第八条 学生对学校做出的涉及本人权益的下列处理决定不服，须在收到决定或公告之日起五个工作日内向学校提出申诉。

1. 对学生本人做出的警告、严重警告、记过、留校察看、开除学籍等行政处分。
2. 法律、法规规定可以提出申诉的其它处理决定。

第三章 申诉的受理机构及权限

第九条 受理苏州大学学生申诉的机构是苏州大学申诉受理委员会，简称申诉受理委员会。

第十条 申诉受理委员会由常设委员和任设委员组成。其中，常设委员由校团委2人、校学生会(校研究生会)2人、学校学籍管理部门(教务处、研究生部、继续教育处)、保卫处、学生管理部门(学生工作处、研究生党工委、继续教育处)各1人共计7人组成；任设委员由各学院分团委、学生分会(研究生分会)的学生代表各1人担任；申诉受理委员会主任由校团委书记担任；委员会日常办事机构设在校团委。

第十一条 申诉受理委员会受理申诉案件时，由常设委员和受处分学生所在学院的任设委员组成共计9人的受理小组。

第十二条 受理小组受理申诉案件时，可以根据需要调阅有关部门处理该案件所形成的书面材料、向知情人员调查情况以及召开各种形式的听证会等，有关部门和人员必须予以配合。

第十三条 受理小组在充分调查和研究的基础上，必须对所受理案件的申诉是否成立按一人一票进行表决，并依据少数服从多数的原则做出受理小组的决定。受理小组的决定经申诉受理委员会主任签字确认即为受理委员会的决定。

第十四条 受理委员会决定申诉不成立的，应将不成立的决定和理由书面通知申诉人、被处理学生本人及其所在学院，学校原定处理决定立即执行；受理委员会决定申诉成立的，应将成立的决定、理由、票数书面通知教务处和学生工作处，教务处和学生工作处接到通知后，必须按照职能分工提出审核意见，提交校务会议复议，校务会议的复议决定为最终决定，立即执行。

第四章 申诉的受理

第十五条 学校依据相关规章制度对学生实施的各类处理决定均给予自收到处理决定书之日起5个工作日的申诉期，逾期不再接受申诉，学校处理决定立即执行。

第十六条 按本细则有申诉权的人员要求申诉的，必须在申诉期内向申诉受理委员会提交申诉申请书，并附上学校做出的处理决定(复印件)。申诉书必须载明自己真实姓名、学号、班级和所在单位及其它基本情况；就不服学校处理的事实或依据提出具体理由；明确表述取消、减轻或其它更改学校处理决定的要求；并签字和注明申诉日期。

第十七条 申诉受理委员会对学生提出的申诉，应当在接到申诉申请书之日起3个工作日内，区别不同情况做出如下处理：

1. 予以受理,同时,告知申诉人。

2. 不予受理。申诉受理委员会接到申诉申请书后,经审查有以下情形的,一律不予受理并公布不予受理的理由和决定。

（1）申诉申请书未署名、学号、班级或所在单位的；

（2）申诉申请书未就不服学校处理决定的事实或依据提出具体理由的；

（3）申诉申请书未对更改学校处理决定提出明确要求的；

（4）申诉申请书提交时间已超过申诉期限的；

（5）申诉的案件是学校已复议并决定的。

3. 申诉材料不齐备,限期补全。过期不补全的视为不再申诉。

第十八条　申诉受理委员会对学生提出的申诉进行复查,除依据规定不予受理外,应立即组成受理小组并按本细则自接到申诉申请书之日起15个工作日内,做出复查结论并告知申诉人。需要更改原处理决定的,由申诉受理委员会提交学校重新研究决定。在申诉受理委员会决定受理至申诉受理委员会做出申诉不成立或校务会议做出复议决定前,学校原处理决定暂停执行。

第五章　申诉的处理程序

第十九条　申诉受理委员会根据实际情况可采取书面审查或开听证会的方式处理查证。采取书面方式的,申诉受理委员会也应对相关当事人进行询问,开展必要的查证。申诉受理委员会决定采取听证会方式进行调查的,应按照第六章的有关规定和程序进行。

第二十条　申诉受理委员会根据实际情况提出处理意见,区别不同意见,下列决定：

1. 原处理决定正确的,维持原处理决定；

2. 原处理决定依据不当或者处理明显不当的,做出变更原处理决定的决定或建议。

第二十一条　在未做出申诉处理决定前,学生可以撤回申诉。要求撤回申诉的,必须以书面形式提出。申诉受理委员会在接到关于撤回申诉的申请书后,可以停止受理工作。

第六章　关于听证的规定和程序

第二十二条　申诉受理委员会根据申诉人或代理人请求,或认为应该实施听证程序的,实施听证程序。对没有请求的听证,在实施前应征得申诉人或代理人同意。听证主持人由申诉受理委员会成员担当。

第二十三条　听证主持人就听证活动行使下列职权：

1. 决定举行听证的时间、地点和参加人员；

2. 决定听证的延期、中止或者终结；

3. 询问听证参加人；

4. 接收并审核有关证据；

5. 维护听证秩序，对违反听证秩序的人员进行警告，对情节严重者可以责令其退场；

6. 向申诉受理委员会提出对申诉的处理意见。

第二十四条　听证主持人在听证活动中应当公正地履行主持听证的职责，保证当事人行使陈述权、申辩权。

第二十五条　参加听证的当事人和其他人员应按时参加听证，遵守听证秩序，如实回答听证主持人的询问，依法举证。

第二十六条　听证开始前，听证记录员应当查明听证参加人是否到场，并宣读听证纪律。

第二十七条　听证应当按照下列程序进行：

1. 听证主持人宣布听证开始，宣布案由；

2. 做出处分或处理的经办人就有关事实和依据进行陈述；

3. 申诉当事人就事实、理由、证据或依据进行申辩，并可以出示相关证据材料；

4. 经听证主持人允许，听证参加人可以就有关证据进行质问，也可以向到场的证人发问；

5. 有关当事人作最后陈述；

6. 听证主持人宣布听证结束。

第二十八条　听证记录员应当将听证的全部活动进行笔录，并由听证主持人和听证记录员签名。

听证笔录还应当由当事人当场签名或者盖章。

第二十九条　听证结束后，听证主持人应当主持制作听证报告。

第七章　附　则

第三十条　本细则自2005年9月1日起施行。

第三十一条　本细则由校务会议授权申诉受理委员会负责解释。学校原有规定如与本细则有冲突者，以本细则为准。

苏州大学

二〇〇五年八月二十四日

第三节 复议制度

一、复议制度概述

复议制度是公民对相关行政主体所做出的决定不服,从而向复议机关提起复议的权利救济制度,对于学生而言,复议的对象往往是行政机关,即使是校内的复议部门,也是经过复议机关授权的。因此在本质上,几乎所有的复议机构都具有行政的性质,当然不排除有些学校内设专门的复议委员会,但毕竟是少数,大多数学校仅仅设置了申诉委员会,而复议委员会实不多见。由此,本章中笔者所论述的复议制度将仅仅围绕行政复议展开。

行政复议是民主和法制的重要制度架构,它解决了高校管理中法制缺失的问题,很大程度上保障了高效管理的法制性与民主性。行政复议是指公民、法人和其他组织认为行政机关或者其他行政主体的具体行政行为侵犯了其合法权益,依法向上级机关或者法律规定的特定机关提出申请,由受理申请的行政机关对原行政行为再次进行审查并作出裁决的制度。

(一)行政复议制度的特法律征

(1)提出行政复议的人,必须是认为行政机关行使职权的行为侵犯其合法权益的公民、法人和其他组织。

(2)当事人提出行政复议,必须是在行政机关已经做出行政决定之后,如果行政机关尚没做出决定,则不存在复议问题。复议的任务是解决行政争议,而不是解决民事或其他争议。

(3)当事人对行政机关的行政决定不服,只能按法律规定,向有行政复议权的行政机关申请复议。

(4)行政复议,主要是书面审查,行政复议决定书一经送达,即具有法律效力。只要法律未规定复议决定为终局裁决,当事人对复议决定不服的,仍可以按行政诉讼法的规定,向人民法院提请诉讼。

(二)复议制度的内容

(1)有权提出复议的只能是认为具体行政行为侵犯其合法权益的公民、法人或者其他组织,向行政机关提出行政复议申请。

(2)申请复议的对象,只能是具体行政行为,是指行政机关和工作人员,法律法规授权的组织,行政机关委托的组织和个人,在行政管理活动中行使行政职权,针对特定的公民、法人或其他组织,就特定的具体事项,做出的有关公民、法人或其他组织权利义务的单方行为。

(3) 复议期限。行政复议申请人应自知道行政机关的具体行政行为侵犯其合法权益之日起 60 日内申请行政复议。因不可抗力或其他正当理由耽误法定申请期限的,申请期限自障碍消除之日起继续计算。复议申请人如对行政复议机关作出的复议决定不服,可以自收到《行政复议决定书》之日起 15 日内向人民法院提起诉讼。

(三) 复议制度建立的意义

面对高校学生管理过程中的种种非法制化现象,司法审查的个别性、滞后性、消极性使得法院显得力不从心。根据权利的主张要素"有权利必有救济,无救济就无权利",学生有申诉权,就必然相对拥有法律救济权。因此,有学者认为,在高校这样一个特殊的环境中,权利救济的方式应当是多样的,而不仅仅局限于校内仲裁,行政复议作为一种事后救济,具有很大程度上的优越性。[①] 具体体现在:第一,它不仅审查具体行政行为的合法性,还审查其适当性;第二,它利用行政层级中的上下级监督关系。下级在纠错时没有很大的抵触情绪,便于落实执行,如果学生在权利受损后提出行政复议,其问题很可能在行政诉讼之前得到解决,这不仅能减少各方当事人的诉累,同时也保障了高校管理秩序的持续和稳定。

(四) 现有复议制度的局限性

1. 高校规章制度中具有程序瑕疵

现行《规定》仅为国家教育部颁发的部委规章,不仅效力不高,且其中仍缺乏明细规定,这种情况下,各高校为使学生管理有据可依,纷纷制定自己的规章政策,这些校纪校规虽然可操作性强,但是严重影响了管理的公平性,并且在许多校级规章制度中都没有提及关于学生复议制度的规定,即使提及也是泛泛而谈,毫无具体的操作程序。

2. 复议制度功能难以发挥

在复议制度的实际运行中,某些行政复议机构形同虚设,一方面,这些行政复议机构没有起到化解纠纷的作用;另一方面,学生对这些复议机构信任程度不高,毕竟这些复议机构与学校这种行政主体是一种行政隶属关系,这就决定

[①] 何蓉:《浅析高校管理中的行政复议制度》,载《沿海企业与科技》2007 年第 8 期。

了复议机关在做出裁决时难以十分公正,久而久之,必然会使得复议机关的权威性大为降低。①

3. 发挥的监督作用有限

《教育法》明确规定,学生如果认为在高校行使行政权时遭受不公正待遇,可以向教育行政部门申请行政复议,但事实上,学生很少有人会通过这条途径来维权,倒是高校内部管理纠纷增多时,一些教育行政部门主动提出要求学生在维权时必须要先申请行政复议,然后才能提起诉讼,但是行政复议不是行政诉讼的必经程序,因此,复议制度发挥的监督作用实在是有限。

二、案例分析

在此,依旧援引最高人民法院公布的一个关于高校学生复议的案例"杨丽丽不服北京市教育委员会教育申诉不予受理案"来进行分析论述。基本案情如下:

> 北京市西城区人民法院经一审公开审理查明:杨丽丽是北京大学医学部2004级博士研究生,于2007年5月9日通过博士学位论文答辩,但北京大学医学部于2007年6月7日通知杨丽丽只发其毕业证书而不授予其博士学位。杨丽丽就此事分别向北京大学及北京市教育委员会(以下简称"北京市教委")学位办公室申诉,北京大学及北京市教委学位办公室均认为杨丽丽没有达到《北京大学医学部研究生在学期间发表论著的规定》的要求。故北京大学维持了该校医学部不授予博士学位的决定,北京市教委学位办公室以信访答复的形式维持北京大学的决定。
>
> 杨丽丽认为:第一,《中华人民共和国学位条例》第十条规定,学位论文答辩委员会负责审查硕士学位论文、组织答辩,就是否授予硕士或博士学位做出决议。决定以不记名投票方式,经全体成员2/3通过,报学位评定委员会。学位评定委员会负责对学位论文答辩委员会报请授予硕士学位或博士学位的决议,做出是否批准的决定。决定以不记名投票方式,经全体人员过半数通过。杨丽丽已经通过了博士学位论文答辩,根据以上规定,应当由学位论文答辩委员会报学位评定委员会批准授予博士学位。而北京大学只依据医学部一个部门文件就不授予杨丽丽博士学位是错误的。第二,杨丽丽入学后始终刻苦学习,积

---

① 田昕:《我国行政复议制度创新:比较与展望》,载《中国行政管理》2012年第5期。

极研究学术。由于导师王××变相体罚杨丽丽,诬陷杨丽丽弄虚作假,研究生院的领导在没有调查清楚事实真相的情况下,偏袒王××,在没有任何法定理由的情况下,让杨丽丽退学,给杨丽丽造成很大打击,导致她大部分时间用在与学院交涉上。更换导师后,原来研究课题更改、中断,导致杨丽丽一年半学习研究成果荒废。尽管如此,杨丽丽还是努力完成了博士学位论文,并通过了答辩。杨丽丽没有论文发表,责任在研究生院。第三,杨丽丽在更换导师后,即由原来的科研型博士研究生变更为临床型博士研究生。而医学部和北京大学依据的学院规定的条款,都是针对科研型博士研究生的,对杨丽丽并不适用。第四,北京大学医学部无权拒绝授予博士学位,根据《中华人民共和国学位条例》第十条规定,是否授予博士学位,应当由学位评定委员会决定,而不是学校,更不是医学部。所以,该校医学部拒绝授予杨丽丽博士学位程序违法。综上,杨丽丽在学校期间完成了规定学业,进行了博士学位论文答辩并获得论文答辩委员会一致通过,符合《中华人民共和国学位条例》所规定的授予博士学位的条件。北京大学不授予杨丽丽博士学位是违法、错误的,北京市教委学位办公室以信访答复的形式维持北京大学的决定亦是错误的。

杨丽丽就此向北京市西城区人民法院提起行政诉讼,该院答复,北京市教委职能部门以信访回复的形式所做决定不是具体行政行为,不能予以立案。

杨丽丽遂于2008年6月向北京市教委递交"申诉申请书",请求:(1)撤销北京大学医学部拒绝颁发杨丽丽博士学位的决定;(2)责成北京大学对杨丽丽博士学位的授予予以重新审查,授予其博士学位。

北京市教委根据《中华人民共和国教育法》和《中华人民共和国学位条例》第八条关于硕士学位、博士学位由国务院授权的高等学校和科学研究机构授予的规定,以及《中华人民共和国学位条例暂行实施办法》第十八条关于学位授予单位的学位评定委员会根据国务院批准的授予学位的权限,分别履行研究和处理授予学位的争议和其他事项等职责的规定,认为:"(杨丽丽)提出的申诉不属于学生申诉的受案范围。"因此,该委于2008年7月17日做出被诉的京教法申字〔2008〕第13号《不予受理决定书》,决定对该申诉不予受理。

一审北京市西城区人民法院经审理认为:《中华人民共和国学位条例》第八条规定,学士学位,由国务院授权的高等学校授予,硕士学位、博士学位,由国务院授权的高等学校和科学研究机构授予。《中华人民共和国学位条例暂行实施办法》第十八条规定:"学位授予单位的学位评定委员会根据国务院批准的授予学位的权限,分别履行以下职责:……(九)研究和处理授予学位的争议和其他事项。"《中华人民共和国教育法》第四十二条规定:"受教育者享有下列权利:……(四)对学校给予的处分不服向有关部门提出申诉,对学校、教师侵犯其人身权、财产权等合法权益,提出申诉或者依法提起诉讼……"根据以上规定,学位的授予应当由学位授予单位的学位委员会进行评定后决定,不属于学生申诉的审查范围,因此原告向被告提出的申诉不属于被告的法定职责。原告请求法院判令被告撤销两次《关于对杨丽丽同学信访的回复》的决定,请求判令被告撤销北京大学医学部拒绝颁发原告博士学位的决定,判令被告责成北京大学对原告博士学位的授予予以重新审查,授予原告博士学位的诉讼请求,不属于人民法院行政诉讼的审理范围。故对于原告的起诉,应予驳回。

一审法院做出判决后,杨丽丽不服,遂向二审法院请求撤销一审裁定,撤销被告京教法申字[2008]第13号《不予受理决定书》,指令北京市西城区人民法院继续审理此案。

北京市第一中级人民法院经审理认为:在本案审理过程中,被上诉人北京市教委于2009年10月23日撤销了被诉的不予受理决定,并决定对杨丽丽的申诉请求进行调查处理,上诉人杨丽丽遂向本院申请撤回上诉。本院经审查认为,该撤诉申请确系上诉人的真实意思表示,且北京市教委撤销被诉教育行政申诉不予受理决定,并决定对杨丽丽的申诉请求进行调查处理不违反法律、法规的禁止性规定,未超越或者放弃职权,不损害公共利益和他人合法权益,应予准许。鉴于北京市教委已撤销了被诉决定,该决定及一审裁定不再执行。

所以,最终北京市第一中级人民法院依照《中华人民共和国行政诉讼法》第五十一条之规定,做出准许上诉人杨丽丽撤回上诉的裁定。

看到现在,我们可以看出,这个案例的争议焦点在于:学生不服高校(学位授予单位)不授予学位证书决定而提出复议是否属于教育行政部门受理者的复议案件范围。

一种观点认为:学位授予问题的争议具有其特殊性,国务院学位委员会是全国各学位授予单位学位授予工作的专门主管机构,该机构有权对各学位授予单位的学位授予工作进行监督管理。目前正在起草的《中华人民共和国学位法》草案(以下简称"《学位法》草案")已将学位授予问题的争议处理纳入国务院学位委员会的职权范围,因此,由学位授予的问题而引起的行政复议申请或者申诉不宜由教育行政部门处理。

另一种观点认为:虽然国务院学位委员会是全国各学位授予单位学位授予

工作的专门主管机构，《学位法》草案亦将学位授予问题的部分争议处理纳入国务院学位委员会的职权范围，但是《学位法》草案尚未通过和实施，现有法律规范又未将学位授予问题的争议处理职权授予国务院学位委员会，因此，学生如果就学位授予问题的争议向教育行政部门提起行政复议申请或者申诉，依照《中华人民共和国教育法》的相关规定，应由教育行政部门予以受理。

  本案中，法院其实是倾向于支持第一种观点的，为什么呢？

  根据《中华人民共和国教育法》第二十二条规定，国家实行学位制度，学位授予单位依法对达到一定学术水平或专业技术水平的人员授予相应的学位，颁发学位证书。《中华人民共和国学位条例》第八条规定，学士学位，由国务院授权的高等学校授予；硕士学位、博士学位，由国务院授权的高等学校和科学研究机构授予。根据上述法律规定，高等学校享有代表国家对受教育者颁发相应学位证书的权力。高等学校作为公共教育机构，其对受教育者颁发学位证书的权力是国家法律授予的，其颁发学位证书的行为作为教育者在教育活动中的管理行为，是由教育者单方面做出，无须征得受教育者的同意，属于行政行为的范畴。虽然学位授予问题的争议具有其特殊性，其中涉及毕业论文的学术水平是否达到授予学位的要求的学术判断问题，这属于有关学术组织（如学位论文答辩委员会）的法定职权，所做学术判断并不属于行政行为的范畴，但由于该学术判断直接影响到是否授予学位，是作为是否授予学位的一项重要条件予以考量的，所以，有权做出该学术判断的学术组织的设立、组织等程序问题依法亦属于颁发学位证书行为合法性审查的内容，应符合程序正当原则的要求。综上，由学位授予问题而引发的争议应属于行政纠纷的范畴。

  另外《中华人民共和国学位条例暂行实施办法》第十八条规定，学位授予单位的学位评定委员会根据国务院批准的授予学位的权限，履行研究和处理授予学位的争议和其他事项等职责。因此，对于学生关于授予学位问题提出的争议，高等学校的学位评定委员会应当代表学校进行处理。

  本案中，北京大学作为国家批准成立的高等院校，在法律、法规或者规章授权的情况下，享有代表国家对受教育者颁发相应的学位证书的权力。该校的学位评定委员会作为具体负责学位评定工作的机构，对学生关于授予学位问题提出的争议，应当代表学校进行处理。相应地，杨丽丽对于北京大学不授予其博士学位的决定及该校对其所提争议的处理决定，依法可以申请行政复议或申诉。从杨丽丽提交的"申诉申请书"所载内容可看出，该申请应认定为行政复议申请书。

国务院学位委员会是全国各学位授予单位学位授予工作的专门主管机构,对各学位授予单位的学位授予工作进行监督管理是该机构的职权,因此,由该机构对学生就学位授予问题提出的行政复议或者申诉进行审查和处理更合理。

但由于国务院学位委员会在学位管理中的相关职责范围正处于立法予以规范的进程中,《学位法》草案尚未通过和实施,因此,在法律、法规明确规定学位管理行政纠纷的主管机关之前,从保护当事人合法权益的角度出发,目前仍应该依据《中华人民共和国教育法》的相关规定,由教育行政部门处理。

所以,北京市教委根据《中华人民共和国学位条例》第八条和《中华人民共和国学位条例暂行实施办法》第十八条第(九)项的规定,以杨丽丽提出的申诉不属于学生申诉的受案范围为由做出被诉不予受理的决定不妥。一审法院根据《中华人民共和国教育法》第四十二条第(四)项、《中华人民共和国学位条例》第八条、《中华人民共和国学位条例暂行实施办法》第十八条第(九)项的规定,以学位的授予应当由学位授予单位的学位委员会进行评定后予以决定为由,认定杨丽丽针对学位授予问题提出的申诉不属于学生申诉的范围,对该问题的审查并非北京市教委的法定职责,杨丽丽的诉讼请求不属于人民法院行政诉讼的审理范围亦欠妥。

在二审审理过程中,经协调,2009年10月23日,北京市教委做出了撤销被告的京教法申字〔2008〕第13号《不予受理决定书》,并对杨丽丽的申请请求进行调查处理的决定。2009年11月3日,杨丽丽认为北京市教委改变具体行政行为,维护了其合法权益,故向二审法院提出撤回上诉申请。同日,二审法院做出终审裁定,准予上诉人杨丽丽撤回上诉。

笔者之所以在复议制度中援引这个案例,是因为它比较典型地反映了高校大学生复议制度的一个常见的问题,就是很多复议机关弄不清哪些是属于它们复议的案件范围,而这个典型的案例则很好地体现了这一点。

三、如何完善高校学生复议制度

(一) 简化程序,提高效率

效率意味着当事人可以以较少的时间、精力、经济投入来获取高效的权利救济,当然这也有个前体,就是必须要保证公平正义,如果没有复议制度上的高效,当事人很有可能会对复议制度失去信心,复议维权也就成了纸上谈兵,所以简化复议程序,提高复议效率对于维护公平正义也是很重要的。

（二）建立完善相关配套监督程序

行政复议是由上下级机关通过对具体行政争议的合法性和合理性进行审查,以监督下级机关的行为是否违法或不当,所以,对于行政机关来说,行政复议制度重在监督。① 在具体的管理行为中强调程序正义,一方面是为了促使行使权力一方谨慎地做出行政行为,另一方面也为相对人在受到侵害前主动制约权力滥用提供保障。必要的监督程序能更好地促使复议程序的公平正义,还能有效地提高行政人员的效率和责任心,这就要求一系列的配套程序来保障,比如事前的送达与告知、在做出复议决定后的理由说明、书面审查②以及相应的听证制度③等。

（三）尊崇复议制度的基本原则

1. 合法原则

行政复议机关必须严格按照法定职权、法定依据、法定程序,开展行政复议活动。学生认为具体行政行为所依据的规定不合法,并提出审查申请的,还应依法启动审查程序。尤其是复议程序要合法,一定要按照规定的程序办事,不能先后颠倒,也不能跳过某一必经的程序,同时也要注意一定的形式,严格遵守复议的有关期限的限制。

2. 公正原则

公正是复议制度的灵魂④,复议机关履行复议职责必须要遵循公正原则,因为申请人往往是学生,处于弱势地位,被申请人往往是学校,所以绝不能偏听偏信,偏袒一方,尤其不能"官官相护",同时,在对具体行政行为的适当性进行审查时,要严格以法律的目的和社会公认的标准为尺度,不能任意而为。

3. 公开原则

作为一种对学生权利的救济制度,复议制度更应体现公开原则。公开原则是合法原则、公正原则的外在体现。复议机关要做到及时将案件材料、证据、复议过程、人员组成和复议结果及理由进行公开。

4. 及时原则

正如之前讨论申诉制度一样,效率问题也很重要,而及时原则就是保证复

---

① 李季:《完善我国行政复议制度的思考》,载《四川行政学院学报》2013 年第 3 期。
② "根据《行政复议法》的规定,行政复议原则上采用书面审查的方式。"滕明荣:《我国行政复议制度的缺陷及合理建构》,载《宁夏社会科学》2005 年第 11 期。
③ 沈福俊:《我国行政复议听证程序的实践与制度发展》,载《江淮论坛》2011 年第 2 期。
④ 青峰:《中国行政复议制度的发展、现状和展望》,载《法制论丛》2006 年第 1 期。

异效率的重要准则。如果学生的复议申请不符合要求,应当及时书面告知并说明理由。对于需要调查取证的,要抓紧进行,不能拖延,同时,要及时了解申请人、被申请人履行行政复议决定的情况,针对不同情况,依法采取相应的措施。

第四节 诉讼制度

当学生权利受损时,可供选择的诉讼救济方式主要分为行政诉讼与民事诉讼。学生选择何种诉讼方式,主要是依据被侵害的权利类型来决定的。因教育权利引起的纠纷属行政性质,应当依法提起行政诉讼,因学生的人身权和财产权等权益引起的纠纷当属民事诉讼的受案范围。对于法律性质模糊的纠纷,应当依据具体的案情,综合考虑行政诉讼与民事诉讼的制度特点加以选择。《行政诉讼法》第三十四条第一款规定:"被告对做出的行政行为负有举证责任,应当提供做出该行政行为的证据和所依据的规范性文件。"举证责任倒置的制度设计强化了原告在诉讼中的权利和保障。而民事诉讼贯彻的是"谁主张谁举证"的证明责任原则,某种程度上来说,原告在案件事实真伪不明时承担的败诉风险更大。但是,民事诉讼在损害赔偿方面有较之于行政诉讼更大的优势。因此,诉讼方式的选择决定了纠纷能否"跨入法院大门",也在很大程度上影响当事人的切身利益。合理的选择诉讼方式至关重要。

一、行政诉讼概述

(一) 行政诉讼制度的法律特征

在我国,行政诉讼是指人民法院根据行政诉讼法的规定,解决一定范围内行政争议的活动。借此可以分析出行政诉讼具有以下几大特点:①适用范围上有限制——"一定范围内",即指行政诉讼法律规定的属于受案范围的争议,我国的行政诉讼无法解决所有的行政争议;②原告是非行政主体的公民、法人、其他组织,被告是行政主体,具体而言,行政主体包括行使行政权时的行政机关和法律、法规、规章授权的组织,原告也就当然包括作为相对人时的行政机关;③实施方面是以人民法院审查行政行为的合法性为基础的。

(二) 行政诉讼制度的内容

1. 诉讼主体

根据《行政诉讼法》第二十五条规定可知,行政行为的相对人以及其他与行政行为有利害关系的公民、法人或者其他组织,有权提起诉讼。有权提起诉讼的公民死亡,其近亲属可以提起诉讼。有权提起诉讼的法人或者其他组织终止,承受其权利的法人或者其他组织可以提起诉讼。

2. 受案范围(高校与学生的纠纷纳入行政诉讼解决的依据)

(1) 高校与学生的部分纠纷属于行政诉讼的受案范围。

① 2014 年 11 月颁布的《中华人民共和国行政诉讼法》(2015 年 5 月 1 日生效)第二条规定:"公民、法人或者其他组织认为行政机关和行政机关工作人员的行政行为侵犯其合法权益,有权依照本法向人民法院提起诉讼。前款所称行政行为,包括法律、法规、规章授权的组织做出的行政行为。"在本章第一节中已对高校作为授权主体进行了论述,符合第二条规定的范围。

② 《行诉法》第十二条、十三条分别从正反两方面列举、概括了具体的范围。其中第十二条第一款第(12)项规定:"认为行政机关侵犯其他人身权、财产权等合法权益的。"与旧的行政诉讼法相比,在条文中增加了"等合法权益"的规定,扩大了行政诉讼保护的权利范围。高校与学生之间因受教育权引发纠纷时,学生对学校的决定或者已作出的申诉、复议结果不服的,可以援引该项依法提起行政诉讼。

(2) 高校作为行政诉讼被告与学生作为行政诉讼原告的合理性。

如前所述,高校是法律、法规、规章的授权主体,在对学生做出记过、勒令退学、开除等处分和不予颁发学位证书、毕业证书等决定时,是以行政主体的身份对相对人(学生)实施了具体行政行为,符合行政诉讼被告的要求。学生在校期间接受学校的管理,是非行政主体的自然人,是适格的原告。

3. 诉讼期限

《行政诉讼法》第四十五条:公民、法人或者其他组织不服复议决定的,可以在收到复议决定书之日起 15 日内向人民法院提起诉讼。复议机关逾期不作决定的,申请人可以在复议期满之日起 15 日内向人民法院提起诉讼。法律另有规定的除外。

第四十六条:公民、法人或者其他组织直接向人民法院提起诉讼的,应当自知道或者应当知道做出行政行为之日起 6 个月内提出。法律另有规定的除外。

因不动产提起诉讼的案件自行政行为作出之日起超过 20 年,其他案件自行政行为做出之日起超过 5 年提起诉讼的,人民法院不予受理。

第四十七条:公民、法人或者其他组织申请行政机关履行保护其人身权、财产权等合法权益的法定职责,行政机关在接到申请之日起两个月内不履行的,公民、法人或者其他组织可以向人民法院提起诉讼。法律、法规对行政机关履行职责的期限另有规定的,从其规定。

公民、法人或者其他组织在紧急情况下请求行政机关履行保护其人身权、财产权等合法权益的法定职责,行政机关不履行的,提起诉讼不受前款规定期限的限制。

第四十八条:公民、法人或者其他组织因不可抗力或者其他不属于自身的原因耽误起诉期限的,被耽误的时间不计算在起诉期限内。

公民、法人或者其他组织因前款规定以外的其他特殊情况耽误起诉期限的,在障碍消除后10日内,可以申请延长期限,是否准许由人民法院决定。

4. 诉讼程序

相对人应当在时效期限内向人民法院递交起诉书,并按照被告人数提供副本。人民法院在接到起诉后应当登记立案,并按照相关法律的规定审理案件并依法作出裁决。

5. 结果处理

当事人不服人民法院第一审判决的,有权在判决书送达之日起15日内向上一级人民法院提起上诉。当事人不服人民法院第一审裁定的,有权在裁定书送达之日起10日内向上一级人民法院提起上诉。逾期不提起上诉的,人民法院的第一审判决或者裁定发生法律效力。当事人对已经发生法律效力的判决、裁定,认为确有错误的,可以向上一级人民法院申请再审,但判决、裁定不停止执行。

(三)行政诉讼制度的意义

高校与学生之间形成的行政特别权利关系有其特殊性,以行政诉讼方式实现权利救济是借助司法的力量调整高等学校与学生之间的纠纷,能够以更加完善、更合乎程序正当的方式解决纠纷,实现形式正义与实质正义的统一。同时可以监督高校依法行政,促进高校管理法治化。而且,司法的权威性也更为人们所信服和认同,有助于彻底解决争议。

(四)适用的纠纷类型与具体的制度设计

因教育权利引起的纠纷应当适用行政诉讼制度。对于其他利益中具有行政性质的部分,学生也可以针对学校的作为与不作为提起诉讼,请求法院分别判决其撤销或履行相应的行为。具体有:招生录取类行政诉讼;身份性惩戒类行政案件;学业与学位证书类行政案件。①

根据"鼓励非讼方式优先原则",应当将调解作为前置阶段,鼓励申诉、复议解决。若调解不成或对申诉、复议的结果不服,可提起行政诉讼,具体程序按行诉法规定的审判秩序进行。

二、行政诉讼案例分析

案例1:刘燕文诉北京大学不授予博士学位案

案情介绍:

原告刘燕文系北京大学1992级无线电电子学系电子、离子与真空物理专业博士研究生。1994年4月27日,刘燕文通过北京大学安排的笔试考试,并于当年5月10日通过了博士研究生综合考试,成绩为良。之后,刘燕文进入博士论文答辩准备阶段。1995年12月22日,刘燕文提出答辩申请,将其博士论文《超短脉冲激光驱动的大电流密度的光电阴极的研究》提交学校,由学校有关部门安排、聘请本学科专家对该论文进行评阅和同行评议。其中,同行评议人认为论文达到博士论文水平,同意答辩;评阅人意见为"同意安排博士论文答辩"。1996年北京大学论文学术评阅、同行评议汇总意见为"达到博士论文水平,可以进行论文答辩"。1996年1月10日,刘燕文所在系论文答辩委员会召开论文答辩会,刘燕文经过答辩,以全票7票通过了答辩。系论文答辩委员会做出决议"授予刘燕文博士学位,建议刘燕文对论文做必要的修订"。1996年1月19日,刘燕文所在系学位评定委员会讨论博士学位,应到委员13人,实到13人,同意授予刘燕文博士学位者12人,不同意授予刘燕文博士学位者1人,表决结果为:建议授予博士学位。1996年1月24日,北京大学学位评定委员会召开第41次会议,应到委员21人,实到16人,同意授予刘燕文博士学位者6人,不同意授予刘燕文博士学位者7人,3人弃权,该次会议将3票弃权票计算在反对票中,其表决结果为:校学位评定委员会不批准授予刘燕文博士学位。

原告刘燕文不服不批准授予博士学位的决定,诉北京大学学位评定委员会(以下简称"校学位委员会"),原告于1999年9月24日向北京市海淀区人民法院提起行政诉讼。

海淀法院当庭做出一审判决:按照国家教委的《研究生学籍管理规定》第三十三条规定:

---

① 章瑛:《学生诉我国公立高校行政案例之类型化研究》,上海交通大学出版社2013年版,第1页。

(1) 撤销北大为刘燕文颁发的博士研究生结业证书,责令北大在判决生效后两个月内向原告刘燕文颁发博士研究生毕业证书。

(2) 撤销北大学位评定委员会不授予刘燕文博士学位的决定,责令北大学位评定委员会于判决生效后三个月内对是否批准授予刘燕文博士学位的决议审查后重新做出决定。

(3) 本案的诉讼费用由被告承担。

判决后,北大不服,上诉至北京市第一中级人民法院。

2000年12月,二审法院以原审法院"未能查清诉讼时效问题"为由,撤销原判,发回重审。后刘燕文不服,向本院提起上诉。

2001年3月,北京市第一中级人民法院做出终审裁定,驳回刘燕文的上诉,维持原裁定。

评析:

本案与"田永诉北京科技大学案"都可谓是学生诉高校行政第一案。主要涵盖两个要点问题。首先解决的便是关于高校行为可诉性的问题。刘燕文与北大关于毕业证、学位证颁发的争议为行政争议,属于司法主管的范围。当然,属于司法主管的范围并不意味着法院必须受理。一个具体行政案件,法院要予以受理尚须符合下述条件:第一,该案属于《行政诉讼法》第十二条规定的行政诉讼受案范围;第二,起诉人具有原告资格;第三,被告适格。新《行政诉讼法》第十二条第一款第(12)项规定的受案范围是"认为行政机关侵犯其他人身权、财产权等合法权益的"。在新法扩大了行政诉讼的受案范围后,学生认为受教育权益受损向法院提起行政诉讼的,法院就应当受理。另外,根据我国法律、法规规定,高等学校对受教育者有进行学籍管理、奖励或处分的权力,有代表国家对受教育者颁发学历证书、学位证书的职责。高等学校与受教育者之间属于教育行政管理关系,受教育者对高等学校涉及受教育者基本权利的管理行为不服的,有权提起行政诉讼,高等学校是行政诉讼的适格被告。显然,高校关于颁发证书及刘学生做出一定处分的行为属于行政行为,是行政诉讼的受案范围,高校是适格的被告。在法院的理由中也肯定了这一点。其次是本案中北京大学做出的行政行为是否合法的问题。不少学者在对本案进行评析时指出:"就适用法律、法规而言,教育部的规章规定毕业证和学位证书的颁发是可分的,而北大规定颁发毕业证要以取得学位证书为前提,两证不可分,这显然与教育部的规章有抵触。"这里我们暂且不论北大是否确实违背了教育部的规章,但是本案无疑给高校的管理敲响了警钟,敦促高校在指定校园管理规则时不能与法律法规及规章相抵触。

总的来说,本案作为行政法学领域重要的里程碑,引发了学界众多的关注和思考。北京市海淀区法院的裁判更是书写了行政法学上的众多"革命诗篇"。它为高校与学生之间的纠纷解决提供了新的血液;它将司法审查的阳光洒入大学的校园;为高校管理法治化奠定了重要的基础。

案例2:何小强诉华中科技大学拒绝授予学位案①

案情介绍:

原告何小强系第三人华中科技大学武昌分校2003级通信工程专业的本科毕业生。武昌分校是独立的事业法人单位,无学士学位授予资格。根据国家对民办高校学士学位授予的相关规定和双方协议约定,被告华中科技大学同意对武昌分校符合学士学位条件的本科毕业生授予学士学位,并在协议附件载明《华中科技大学武昌分校授予本科毕业生学士学位实施细则》。其中第二条规定"凡具有我校学籍的本科毕业生,符合本《实施细则》中授予条件者,均可向华中科技大学学位评定委员会申请授予学士学位",第三条规定"达到下述水平和要求,经学术评定委员会审核通过者,可授予学士学位……(三)通过全国大学英语四级统考"。2006年12月,华中科技大学做出《关于武昌分校、文华学院申请学士学位的规定》,规定通过全国大学外语四级考试是非外国语专业学生申请学士学位的必备条件之一。

2007年6月30日,何小强获得武昌分校颁发的"普通高等学校毕业证书",由于其本科学习期间未通过全国英语四级考试,武昌分校根据上述《实施细则》,未向华中科技大学推荐其申请学士学位。8月26日,何小强向华中科技大学和武昌分校提出授予工学学士学位的申请。2008年5月21日,武昌分校做出书面答复,因何小强没有通过全国大学英语四级考试,不符合授予条件,华中科技大学不能授予其学士学位。

湖北省武汉市洪山区人民法院于2008年12月18日做出〔2008〕洪行初字第81号行政判决,驳回原告何小强要求被告华中科技大学为其颁发工学学士学位的诉讼请求。湖北省武汉市中级人民法院于2009年5月31日作出〔2009〕武行终字第61号行政判决,驳回上诉,维持原判。

评析:

本案争议焦点主要涉及被诉行政行为是否可诉、是否合法以及司法审查的

---

① 最高人民法院第九批指导性案例39号。

范围问题。首先,根据《中华人民共和国学位条例》等法律、行政法规的授权,被告华中科技大学具有审查授予普通高校学士学位的法定职权。依据《中华人民共和国学位条例暂行实施办法》第四条第二款"非授予学士学位的高等院校,对达到学士学术水平的本科毕业生,应当由系向学校提出名单,经学校同意后,由学校就近向本系统、本地区的授予学士学位的高等院校推荐。授予学士学位的高等院校有关的系,对非授予学士学位的高等院校推荐的本科毕业生进行审查考核,认为符合本暂行办法及有关规定的,可向学校学位评定委员会提名,列入学士学位获得者名单",国家促进民办高校办学政策的相关规定,华中科技大学有权按照与民办高校的协议,对于符合本校学士学位授予条件的民办高校本科毕业生经审查合格授予普通高校学士学位。武昌分校与华中科技大学签有协议,对于原告何小强的申请被告做出不予受理的行政决定,原告不服,有权依照《行政诉讼法》及其司法解释提起行政诉讼。本案再一次回答了高校与学生之间关于学位授予等教育权方面的法律关系属行政法律受案范围。其次,《中华人民共和国学位条例暂行实施办法》第二十五条规定:"学位授予单位可根据本暂行条例实施办法,制定本单位授予学位的工作细则。"其允许高校在不违反规定的前提下享有学术自治。因此,法院认为将大学英语四、六级考试成绩与学士学位挂钩属学术自治,不与上位法冲突。最后,法院表示,对学术自治方面的规定只进行合法性审查,充分给予了高校教学管理的自由,这也反映出学校与学生之间教育行政管理关系的特殊性。

当然,本案也反映出我国很多法律法规存在漏洞、可操作性不强等问题,比如法院空谈学术自治却无坚实的法律支撑。这有待于法律的进一步发展,完善的法律体系是构建完善的学生权利救济体系不可缺少的一环。

三、民事诉讼概述

民事诉讼,是指民事争议的当事人向人民法院提出诉讼请求,人民法院在双方当事人和其他诉讼参与人的参加下,依法审理和裁判民事争议的程序和制度。[①] 当然,也有学者指出,民事诉讼是社会现象、法律活动,是一种概称,不应当以制度和程序约束。而且,现代诉讼强调的是当事人的主体性,而非法院的职能。因此提出:民事诉讼是指人民法院、人民检察院、当事人及其他诉讼当事人,为解决民事争议,依据各自的诉讼目的,所进行的诉讼活动;以及由此产生

---

① 张卫平:《民事诉讼法(第三版)》,法律出版社 2015 年版,第 5 页。

的诉讼法律关系总和。虽然学者们对民事诉讼的概念界定存在争议，但是对民事诉讼的适用等方面还是具有一致性的。

（一）民事诉讼制度的法律特征

民事诉讼是等腰三角形式的关系结构，双方当事人在诉讼中的地位平等、利益对立。因此，民事诉讼是解决平等主体的自然人、法人或其他组织之间的民事争议的活动。其内容由诉讼活动与民事法律关系二元构成。在诉讼过程中，体现为前后衔接、但任务各异的若干阶段。

（二）民事诉讼制度的内容

1. 诉讼主体

《民事诉讼法》第四十八条规定："公民、法人和其他组织可以作为民事诉讼的当事人。法人由其法定代表人进行诉讼。其他组织由其主要负责人进行诉讼。"民事诉讼的当事人是因民事权利利益发生纠纷、以自己名义进行诉讼并能够引起民事诉讼程序发生、变更或消灭的主体。学生因人身权、财产权等民事权利利益受损与高校发生纠纷时，即可以以自己的名义依法提起民事诉讼。

2. 受案范围

纠纷进入法院民事诉讼需要考察四个方面内容，《民事诉讼法》第一百一十九条做了具体规定：第一，当事人，即原告是与本案有直接利害关系的公民、法人和其他组织，有明确的被告；第二，理由，有具体的诉讼请求和事实、理由；第三，管辖，属于人民法院受理民事诉讼的范围和受诉人民法院管辖。

那么，高校与学生之间的纠纷纳入民事诉讼范围又缘起何处呢？

（1）法理依据。

将学生与学校之间的法律关系定性为在平等、自愿基础上的提供服务和接受服务的类合同关系的教育契约理论为民事司法介入教育纠纷提供了基础。这一理论在实践也逐渐被推广。2001年11月，教育部基础教育司司长李连宁在苏州"21世纪教育论坛"上指出："当我们今天正式加入WTO以后，教育方面的开放有三个关键词：第一，教育服务，教育被纳入服务贸易这样一个范畴；第二，市场准入，我们将开放我国的教育市场；第三，承认这种服务是一种商业存在。"这是我国首次把"教育是一种服务"的观念提了出来。"教育服务"的理念表明学校与学生之间是符合民事诉讼的"等腰三角形式"的关系结构的。同时也表明，教育契约有其合理性所在。

（2）法律依据。

在前文中提到，学生与学校的纠纷之一是因人身权、财产权受侵害引起的。

此类纠纷应当能够适用或比照适用《侵权责任法》的相关规定,理应适用民事诉讼程序。

进一步来说,在某些方面,"当我们把学校和其他一些社会组织如企业进行一番比对分析后,我们就可以十分清晰地看到,学校在我国是与企业一样属于完全平等的民事主体"。以消费者为例,消费者在与企业(商家)的关系中处于弱势地位,因此不论是《侵权责任法》《食品安全法》,抑或是《消费者权益保护法》都对其给予了倾斜性的保护。但是,在他们之间产生的纠纷包括公益诉讼在内都是民事诉讼制度的范畴。可以说,学生与学校之间私法上的纠纷虽有现实的地位不对等的特征,但是不影响其性质。而且对于这样的纠纷可以也理应适用民事诉讼制度。

3. 诉讼时效

根据《民法通则》第一百三十五条,向人民法院请求保护民事权利的诉讼时效期为二年,法律另有规定的除外。第一百三十六条,下列的诉讼时效期间一年:(1)身体受到伤害要求赔偿的;(2)出售质量不合格的商品未声明的;(3)延付或者拒付租金的;(4)寄存财物被丢失或者损毁的。第一百三十七条,诉讼时效期从知道或者应当知道权利被侵害时起计算。但是,从权利被侵害之日起超过二十年的,人民法院不予保护。有特殊情况的,人民法院可以延长诉讼时效期间。第一百三十八条,超过诉讼时效期,当事人自愿履行的,不受诉讼时效限制。第一百三十九条,在诉讼时效期的最后六个月内,因不可抗力或者其他障碍不能行使请求权的,诉讼时效中止。从中止时效的原因消除之日起,诉讼时效期继续计算。第一百四十条,诉讼时效因提起诉讼、当事人一方提出要求或者同意履行义务而中断,从中断时起,诉讼时效期重新计算。第一百四十一条,法律对诉讼时效另有规定的,依照法律规定。

4. 诉讼程序

当事人起诉到人民法院后,法院应当在形式审查起诉条件后作出受理或不予受理的裁定。依法应当受理的案件,应依据《民事诉讼法》的相关规定开庭审理,并做出裁决。

5. 结果处理

当事人不服地方人民法院第一审判决的,有权在判决书送达之日起15日内向上一级人民法院提起上诉。当事人不服地方人民法院第一审裁定的,有权在裁定书送达之日起10日内向上一级人民法院提起上诉。当事人对已经发生法律效力的判决、裁定,认为有错误的,可以向上一级人民法院申请再审;当事人一方人数众多或者当事人双方为公民的案件,也可以向原审人民法院申请再审。当事人申请再审的,不停止判决、裁定的执行。

(三) 民事诉讼制度的意义

民事诉讼制度除了借助司法的手段彻底解决高校与学生之间的民事纠纷、促进高校依法治校外,还能够使学生的权益得到更有利的保障。民事诉讼制度以《民法通则》《侵权责任法》等实体法律为依托,包含了民法的"填补原则",当学生权利受损时,可以获得相应的损害赔偿,从实处维护了学生的利益。

(四) 适用的纠纷类型与具体的制度设计

因学生人身、财产权益引起的纠纷原则上适用民事诉讼制度,但是涉及"三金"发放等国家政策问题的纠纷应当由直接的主管部门进行处理。在程序上完全适应民事诉讼程序不存在问题。

四、民事诉讼案例分析

案例:女大学生"跳龙门"人身损害赔偿案

案情介绍:

西南林学院2000级学生刘某,因感情问题产生轻生念头,曾试图跳楼自杀。被民警奋力救下后,学校及同学对其进行了思想疏导,但刘某再次出走,并从昆明市西山森林公园的著名景点"龙门"石崖跳下自杀。对此,刘某的家人认为学校管理不善,导致其自杀成功,将学校起诉至法院,要求学校赔礼道歉并承担精神损害费5万元。

官渡区人民法院依法审理了此案,驳回了刘某家人的诉讼请求,但其母不服,遂将该案上诉至昆明中院。法院审理后认为:刘某在事发时已年满20岁,具有完全民事行为能力,应对自己的行为负责,在刘某轻生获救后,学校对其做了大量思想工作,尽到了管理义务,刘某再次出走自杀,应由其本人负责,学校与其死亡没有直接的因果关系。且学校在其自杀后,以积极态度补偿了原告生活困难补助费等31787.7元,故不应承担民事责任。

评析:

本案中,刘某的母亲就女儿自杀的结果以学校管理不善为由起诉,要求学校承担损害赔偿。从理论上来说,刘某作为西南林学院的学生,其与学校之间存在管理与被管理的关系,不论是依据"教育服务"还是"教育契约"理论,双方当事人都是平等的契约主体,提起民事诉讼都是没有任何异议的。从法律上来说,法院审理案件时比照适用《侵权责任法》第三十四条、三十八条、三十九条、四十条的规定,并结合《民法通则》的相关规定做出了处理。

综合本案,将学生与高校之间因民事法律关系引起的纠纷纳入民事诉讼的受案范围,既符合实体法和程序法的原理,也有利于正确处理二者间的权利义务关系,做到不偏不倚、公平公正。

第七章　突发事件的预防与应对

第一节　突发事件的基本内涵

一、突发事件的界定[①]

突发事件，是人们对于突然出现的、计划外发生的各类事件的总称。这类事件通常会造成巨大的经济损失、环境破坏、人员伤亡，甚至危害国家的政治安全、经济安全、金融安全、社会安全等。"突发事件"是人们约定俗成的名词，并不具有规范性和科学性，它所涵盖的外延仅仅指时间，而它的内涵并不明确，国外使用更多的是"危机"这一概念。所以，突发事件应理解为突然发生的形成危机的事件，而突然发生的并未形成危机的事件并不能称为突发事件。

从系统论的角度来分析，危机是一种对社会、自然系统的不同层面突然释放冲击使其发生混乱、失序和不平衡，而对系统基本目标的实现构成威胁，要求系统在极短时间做出关键性反应的突发事件。换言之，危机即国家全局或局部出现严重天灾、大规模混乱、暴动、武装冲突、战争等，使社会秩序遭受严重破坏，人民生命、健康和财产遭受直接威胁的非正常状态。

本书着重论述的是法治化背景下大学生突发事件的应对和完善，因此对本书所述突发事件的界定范围较为狭隘，仅限于高校事务范围内的各类危机，是指发生在校园内外，涉及的主体是大学生，不以高校管理者意志为转移的，危害学生生命、财产安全的，对学校的教学、生活和工作秩序造成一定影响、冲击或危害的突发性事件。

---

① 袁辛奋、胡子林：《浅析突发事件的特征、分类及意义》，载《科学与管理》2005 年第 2 期。

二、突发事件的分类

依据涉及学生数量可以将突发事件分为群体性事件和个体性事件两大类。若涉及的学生数量较多,则属于群体性事件,如广东省某职业技术学院一次性辞退18名教师,上千师生停课抗议就属于典型的群体性事件。涉及单个学生的突发事件就在个体性事件的范畴之列,如高校出现的学生个体自杀事件等。

依据事件性质可将突发事件分为四类:政治类事件、安全类事件、校园管理类事件和后勤保障类事件。大学生文化层次高,参政议政热情高,但因其社会经验不足,理性思考能力不强,在看待复杂问题时容易片面化、极端化,缺乏全面深入辩证看待问题的能力,他们碰到祖国与国外之间的政治事件时,因怀着强烈的爱国热情,常常迅速参与到此类事件中,从而可能引发政治类事件。如2012年钓鱼岛事件引发大量高校学生自发涌上街头举行抗日游行。不可否认,学生在此类政治性事件中充当了急先锋的角色,他们表现出了真挚的爱国情怀,但此种高涨的政治热情如果引导不当,或被坏人利用,就可能成为不稳定因素。由自然灾害、公共卫生、意外伤害等引发的突发事件属于安全类事件。如广西某高校食堂食品安全把关不严,导致学生出现集体食物中毒的事件便在此范畴。而校园管理类事件则涉及学校管理的方方面面,常见的包括学位学历、试卷保密、奖惩制度等,如某高校一名大二学生,对所在学院大一学年奖学金评比的最终结果存在异议,在向学院领导多次反映无果后,便在同学中煽动闹事并讨要说法,就属于校园管理类事件。后勤保障类事件与学校的后勤保障工作息息相关,饮食、宿舍安排、洗浴等能引起突发事件的后勤保障问题均属于这类事件。

值得注意的是,以上四个分类标准与相应的归属案例并不是一一对应的,在同一标准下也可能出现"一对多"的分类状况。如南京某高校一学生在浴室触电而死,就属于除政治类以外的后三类突发事件。

鉴于突发事件的分类是为了使其后期的处置工作更加便捷,因此笔者更加倾向于下一种分法:按突发事件最终造成的结果进行分类。笔者认为可分为四大类,分别是行为失范类、人身伤害类、涉财损失类、综合损害事件,也有的分为健康与生命安全损害事件、信誉损害事件、财产损害事件、学校秩序损害事件以及综合损害事件等。

行为失范类事件有些虽是学生个体行为造成的,但一般与学校教育管理工作有关。如某高校更改作息时间,从原23点后熄灯改为22点30分后熄灯,但该通知发布得比较仓促,没有让广大学生充分知晓,学校熄灯时,部分仍未就寝的学生无法继续工作。于是,一些学生情绪很激动,开始大声喧哗、敲脸盆并向楼下投掷杂物,影响到了学校其他学生的休息。类似事件还有,譬如,在炎炎夏日,学生洗澡时突遇停水,引起学生的不满和愤慨,处置不当就会引发群体性突发事件。又如部分学生在宿舍违反校园规章私自使用违禁电器,如热得快、电磁炉等,引发火灾,产生重大影响,事后引发一部分学生情绪不满而责备学校监管不力,进而引发突发事件。此外还有学生在网上发布不实言论,引起第三方声誉的损害等。

人身伤害和健康与生命安全损害事件有相当多的重复,也与上文提到的安全类事件基本相似。由于学生自律性不强,在校外或校内容易与人发生人际冲突,易引起社会或校园治安突发事件。校园周边环境复杂,流动人口、出租房屋、无证摊点、交通安全隐患比较多,各类黑车更是屡禁不止,针对在校学生的抢劫、伤害、打架等治安刑事案件也时有发生。社会上一些不法分子利用招工等形式,诱骗学生进行传销、色情等活动,导致学生出走、失踪,被人控制利用。另外,高校周边娱乐场所多,其中相当部分不规范、不健康,学生在校外失去监督,易成为出事群体。如学生之间的群体性斗殴、学生与校园周边社会闲杂人员打架、学生参与社会实践遭遇危险情况、学生被骗以及人为引起的恐怖事件等。[①] 也有学生之间由情感纠纷、人际矛盾等问题引起的一方对另一方的人身伤害事件,包括杀人、伤人事件。如复旦大学林沫事件、云南大学马嘉爵事件。

此外人为的学校豆腐渣工程或房屋年久失修等,造成教室、寝室倒塌而引发部分学生情绪不满,造成群体性突发事件等都既属于学校秩序损害事件[②],又属于人身伤害事件。

学校每年处理的财产纠纷在突发事件数量中有相当大的比重。当前我国正处于社会转型时期,大学生在总体感受经济发展和社会进步的同时,也强烈感受到贫富差距扩大等经济方面的不平衡,借助于一定的事缘而可能引发突发事件,如学生个人的财产、财物的遗失、被盗等现象。学校偷盗案件屡有发生就是一个值得注意的现象。

包含上述两项或两项以上结果的为综合损害类事件。包括对学生个人的

---

① 李玉娟、李育全:《高校学生突发事件的类型及预警机制研究》,载《云南农业大学学报》2013年第7期。

② 李玉娟、李育全:《高校学生突发事件的类型及预警机制研究》,载《云南农业大学学报》2013年第7期。

或对学校及老师的损害。如某高校学生在宿舍使用违禁电器致使火灾发生,但由于消防设施未及时检修,火情发生时不能正常使用,导致火势迅速蔓延,楼内学生在逃生过程中发生踩踏事故造成多名学生死伤就属于综合损害事件。又如,校园网贷事件导致当事学生跳楼身亡,进而引起学生群体对公安、电信、银行和学校有关部门不满,利用网络发表过激的言论,在社会上引起广泛的影响也属于由这一类突发事件演变成的综合损害事件。此外,网络谣言、毕业后经举报有学术造假行为等突发事件也属于综合损害类事件。重庆某大学学生皮某,在网络上发布了一条未经核实的诋毁学校的信息,使众多网民被谣言误导,严重影响了学校声誉。加之网络具有催化、扩大和扭曲效应,容易使个人的偏激言论扩散为非理性的社会情绪,使一些局部问题扩大为全局性问题,最终导致了群体性事件的发生,给学校及相关老师造成了极其严重的后果。

三、突发事件的特点

高校突发事件常常发生在特定的环境当中,又面对着特定的群体,这决定了它除了具有其他突发事件的特征以外,还具有自身的特征。具体而言,主要有以下四个特征[①]:

1. 突发性

突发性是指事件发生的时间、地点、原因和影响程度超出了广大师生的预想,它可能前期经过了一个长期的量变积累过程,却被忽视,而在量变的过程中,一个不经意的导火索引发质变的爆发,由于事件短时间发生,一时间超出高校管理者的预测和掌控,往往令高校无所适从,手忙脚乱。

2. 危害性

高校肩负人才培养、科学研究、服务社会以及文化传承四大职能,需要良好的运行秩序。高校突发事件一旦发生,会在一定程度上影响高校正常的工作秩序。如果得不到妥善、及时的解决,不仅会在学生和教职工中造成心理方面的不良影响,甚至还会使事件进一步升级,影响高校的和谐与稳定,给高校和社会带来无法估量的损失。[②]

3. 敏感性

敏感性是高校突发事件最显著的特征。高校集中着全社会思想最先进、最

---

① 孔银生,李娜:《高校突发事件发生的原因及对策分析》,载《赤峰学院学报(自然科学版)》2014年第30卷。

② 刘艳华:《大学生思想政治教育防范高校突发事件的对策探析》,载《南京工程学院学报(社会科学版)》2015年第15期。

活跃的知识分子,他们对社会的各种问题也最关注,再加上当今社会互联网和媒体技术的高度发展,使得危机一旦发生,若处理不当,极易造成"一呼百应"的局面,从而形成群体性事件,导致局面难以控制。

4. 迅捷性

当今高校分布的相对集中和通信技术的迅速发展,使得高校任何突发事件的发生,其影响程度必然不会局限于校园当中,而是随着网络媒体的报道与宣传在社会上引起广泛的影响,由此事件的影响便会超出发生地的范围,成为区域、全国乃至全球共同关注的问题。高校突发事件的传播速度与影响程度往往呈正向关系,因此具有传播的迅捷性。此外,在舆论媒体的影响下,若处理不当还会向不利于高校的方向迅速发展,所以,也具有发展的迅捷性。

第二节 突发事件预警机制的构建

一、高校学生突发事件预警机制的界定及现状分析

(一) 高校学生突发事件预警机制的界定

《中华人民共和国突发事件应对法》第一章第三条对突发事件进行了明确的规定:"突发事件是指突然发生,造成或者可能造成严重社会危害,需要采取应急处置措施予以应对的自然灾害、事故灾难、公共卫生事件和社会安全事件。"高校学生突发事件既有一般突发事件的共性,又有其独特性。高校学生突发事件是由高校内外因素引发,以大学生为主体,对高校正常教学、科研活动、管理秩序造成一定程度的影响或危害的事件。"根据我国相关法律规定以及高校学生突发事件的特点,高校学生突发事件可以定义为:突然发生在校园内外,高校学生自行实施或者以高校学生为侵害对象的,造成或者可能造成高校教学、科研、管理秩序危害,需要采取应急处置措施予以应对的自然灾害、事故灾难、公共卫生事件和安全事件。"[①]

预警,源于军事领域,在《汉语大词典》中被释义为事先察觉可能发生某种危险情况的感觉;在《辞海》里的解释是警惕和告知,以引起人们的注意和防范。机制,根据《现代汉语词典》的解释,其本义是机器运转过程中各个构造单元之

---

① 陆岸:《高校学生突发事件预警机制构建初探》,载《黑龙江高教研》2014年第4期。

间相互衔接以及运作的方式,现已延伸为某系统内各要素之间的组织与运行方式。所谓预警机制则是指在获取信息的基础上,利用信息技术和组织管理等手段进行信息加工、分析和处理,进行监测和风险评价,从而预报并预先应对危险情况,最大限度地降低突发事件造成的损失。

结合"高校突发事件""预警""机制"的含义,"高校学生突发事件预警机制可以界定为:高校对可能突然发生在校园内外,高校学生自行实施或者以高校学生为侵害对象的,可能造成高校教学、科研、管理秩序危害的自然灾害、事故灾难、公共卫生事件和安全事件进行信息资料收集并进行分析和预测,通过危险情况的预报进行危险预先防范的系统"[①]。

(二) 我国高校学生突发事件预警机制的现状分析

随着国内各类高校学生突发事件的频频发生,一些学校管理机构与社会学者加大了对高校危机管理的研究,国家及高校制定了相关的规章制度,社会对于学生突发事件的关注度也持续升温,但是与国外及我国港澳地区学校突发事件管理相比,我国内地高校起步较晚,尚未建立完善的高校学生突发事件预警机制,危机管理的现状并不乐观。

首先,没有形成完善的理论体系。在大陆地区,学者周贝隆1994年在《从"危机"禁忌谈到中国的教育危机》一文中首次提出中国的教育存在危机,为我国高校危机事件管理研究奠定了基础。在2003年之前,高校管理者及学术界并没有对突发事件的管理有足够的重视,直到"非典"事件发生后,我国政府开始关注高校突发事件,制定了相关的政策法规,并积极鼓励专家学者开展相关研究,初步形成一定规模的理论体系,如"高校危机管理是社会危机管理的有机组成部分,是政府危机管理的有效延伸"[②],《高校公共突发事件预警机制研究与探讨》一文中对高校突发事件的特点进行了详细阐述,提出了"作为完整的预警系统,学校安全预警系统包括学校安全系统现状评估、变化趋势预测、调控方案三个部分"[③]。但是总体看来,研究大多集中于管理理论和管理机制上,对于高校学生突发事件预警机制的研究则较为零散,没有形成完善的理论体系,实证研究较少。因此,我国对高校学生突发事件预警机制的研究处于非常初级的阶段。

其次,尚未形成健全的管理运行体系。第一,组织领导不力。我国高校应

---

① 陆岸:《高校学生突发事件预警机制构建初探》,载《黑龙江高教研》2014年第4期。
② 纪宝成:《关于提高高等教育的若干问题》,载《四川师范大学学报(社会科学版)》2012年第6期。
③ 张博、高伟:《高校公共突发事件预警机制研究与探讨》,载《辽宁高职学报》2009年第8期。

对学生突发事件的组织力量散布于学校各个部门或机构,多由学校领导以及各院系领导组成,缺乏常设的突发事件管理机构,突发事件发生后组建的临时小组事先没有一个有效的应急处理计划或应急处理操作方案,降低了危机处理效率,甚至错过了处置的最佳时期。第二,信息管理滞后。信息管理包括对信息的获取、分析、判断及应用,是有效预防、控制和处置突发事件的基础,而目前我国高校普遍缺乏有效的学生突发事件信息管理,缺乏有效的预警。在信息管理上存在以下不足:一是缺乏有效的信息获取系统。收集和掌握丰富的信息量是预防、控制和处置突发事件的第一步,在此基础上,有关人员才能对事件的起因、过程、评估进行分析判断,拿出解决方案,并在事后成为经验借鉴,整合形成备用预案。目前我国高校中学生反映问题和意见的渠道不通畅,对学生思想行为的动态了解不及时、把握不到位,不利于学生突发事件的预防。二是缺乏对信息的合理利用。在信息及时收集后要运用多种方法进行深入的分析,探导规律,把握规律,进而利用规律来进行危机处理。"近年来发生的高校学生突发事件看似偶然,实际上在事件发生之前已有相应的征兆,只是由于信息收集和评估体系的缺失导致了无法挽回的严重后果。"[①]三是缺乏信息资源共享。我国高校还存在着对学生突发事件进行隐瞒、对相关信息实施封锁等现象,严重者甚至不向上级机关报告,导致信息难以共享,不能为高校研究和构建学生突发事件预警机制形成提供帮助。第三,应急预案不完善。目前各高校所编制的突发事件应急预案的水平参差不齐,主要存在应急预案内容粗略、可操作性差、未建立分级和分等预案、缺乏有效演练与必要的应急教育等问题。

二、高校学生突发事件预警机制建构的重要性与可行性论证

(一)高校学生突发事件预警机制建构的重要性

高校学生突发事件一般可以分为潜伏期、发作期、蔓延期和恢复期等阶段,"突发"意味着事件突然发生,难以应对并且发展速度很快,需要采取非常规方法。突发事件往往越往后发展,其导致的后果危害性越大。高校突发事件的管理关键在于预防,"在高校学生突发事件的潜伏期进行预警和提前干预,不仅可以将突发事件扼杀在萌芽中,大大降低学生突发事件的发生率,而且可以减少甚至消除突发事件可能带来的巨大危害"[②]。

---

① 陆岸:《高校学生突发事件预警机制构建初探》,载《黑龙江高教研》2014年第4期。
② 陆岸:《高校学生突发事件预警机制构建初探》,载《黑龙江高教研》2014年第4期。

1. 构建预警机制是中国特色社会主义事业发展的需要

大学生是十分宝贵的人才资源,是民族的希望和国家的未来。优秀的大学生群体还是中国特色社会主义事业的接班人。当前,我国发展正面临着前所未有的挑战,这些挑战既是对中国特色社会主义事业的挑战,也是对大学生的挑战。如果大学生不能直面这些挑战,将会对社会主义事业带来极大的损失。

一是面临着世界技术文化发展的挑战。当今时代,科学技术的发展突飞猛进,极大地推动了社会生产力和人类经济社会的发展。科技文化竞争已然成为综合国力竞争的焦点。谁能在知识和科技创新方面占据优势,谁就能够掌握发展的主动权。当代大学生是我国未来科学技术发展和文化建设的中坚力量,理应勤奋学习、刻苦钻研、努力成才,义不容辞地肩负起发展我国科技文化的历史重任。

二是面临复杂多变的国际环境的挑战。当今世界,和平与发展仍然是时代的主题。现今,国际局势正发生着新的深刻变化,世界多极化和经济全球化的趋势继续在曲折中发展,影响和平与发展的不稳定因素增多,我国经济社会发展和安全正面临着新的挑战。为此,当代大学生应当具备较强的身心素质和承挫能力,时刻保持清醒的头脑,才能从容应对复杂多变的国际竞争,承担起振兴中华的重任。

三是面临新世纪新阶段我国发展任务的挑战。全面建设小康社会是党的十六大确定的新世纪新阶段我国社会主义现代化建设的宏伟目标。实现这一宏伟目标,当代大学生肩负着特殊的责任。能否按照全面建设小康社会、加快推进社会主义现代化建设对人才提出的要求,全面提高自身素质,担负起历史赋予的光荣使命,这是当代大学生必须直接面对的根本性的挑战。

当代大学生是社会主义事业的建设者和接班人,是成功应对当前科技文化迅猛发展、国际环境复杂多变以及改革开放深入发展给社会主义事业带来的挑战的关键。通过构建预警机制,可以保障大学生在诸多挑战面前保持昂扬向上的精神状态,直面挑战,推进中国特色社会主义的航船继续乘风破浪,奋勇前进。因此,构建突发事件预警机制,确保大学生健康成长,是社会主义事业后继有人、蓬勃发展和兴旺发达的根本保障。

2. 构建预警机制是社会和谐发展的需要

大学生是社会重要的资源。大学生的培养需要家长、学校和国家花费大量的人力、物力、财力,尤其是家长和老师需要耗费许许多多的心血。当突发事件发生时,学生所在家庭受到巨大的冲击,往往就会出现白发人送黑发人的凄凉场面,生命陨落的同时也意味着家庭成员的缺失,不仅直接破坏了家庭温馨和谐的气氛,更是影响了家庭的幸福。众所周知,培养一名德智体美劳全面发展的大学生绝非易事,对于大学生个人而言,经历千军万马过独木桥的激烈角逐进入大学,肩负的是整个家庭的命运。因此,广大的老百姓对于大学生突发事件的社会关注度极高,尤其是将学生及其家庭与学校之间的对抗视为弱者与强者之间的博弈,激发社会同情心理,引起共鸣,牵动天下父母心。

从学校层面来说,高校突发事件通常是突然爆发的,因而具有非常规性和不可预见性,其发生的时间、态势、规模和影响难以预料,因此,事件一旦发生,学生和学校极易陷入被动和恐慌之中,不仅威胁到学校正常的教学秩序、管理秩序与生活秩序,而且使学校人才培养任务中断、育人目标难以实现。其次,在突发事件善后处置的过程中,常因家校观点不一,学校难以满足家长的诉求,引发家长及其亲友聚集校园,产生类似"医闹"的过激行为。这些行为不仅严重扰乱了校园正常的教学秩序,破坏了稳定和谐的校园环境和良好的育人氛围,更会损害学校的社会声誉,对学校的发展带来不良影响。

从社会层面来看,我国当下进行的供给侧改革,其实质是突破因人口红利缩水带来的经济下滑瓶颈,一方面原本依靠廉价的劳动力成本发展起来的第一、第二产业面临市场份额的锐减,另一方面第三产业、新型科技产业的壮大依靠的是源源不断的智力资源,而大学是输出智力资源的储蓄池。此外,在信息化高速发展的自媒体时代,突发事件的传播速度远远超乎我们的想象,突发事件一旦发生,就会受到社会的广泛关注,如果处理不恰当、不及时,会危害社会的安全稳定,破坏整个社会的和谐。因而做好高校学生突发事件预警工作是学校和学生都该承担的共同责任——为了整个国家的稳步发展与社会的繁荣和谐。

因此,构建预警机制对于高校学生突发事件的应对、处置是非常重要的。预警是应对高校学生突发事件的首要阶段,也是最重要的一道防线。因此,在突发事件发生前,应当主动预防,通过监测学校各方面的管理与运行状况,及时发现有可能引发各类突发事件的苗头,进而有效预防突发事件的发生,或者减少突发事件的不良影响,把学生、家庭、学校的损失都降到最低,为社会稳定和谐贡献力量。

3. 构建预警机制是大学生自身健康成长、顺利发展的需要

身心健康是大学生步入社会、事业成功的基石,身心健康发展的大学生是社会主义事业顺利发展的重要保障。强健的体魄、健全的人格和健康的心理是大学生为祖国和人民服务的基本前提,是中华民族旺盛生命力的体现,也是现代教育的要求。大学生是一群富有朝气、充满活力的年轻生命,其个体的灭亡会对集体事业产生重要的影响。因此,大学生一旦发生突发事件,他们如鲜花般灿烂的人生便会逐步凋谢,甚至灭亡,不仅不利于大学生的全面发展,更会让为培育大学生而做出的辛勤努力瞬间化为泡影。因此,构建预警机制,有效减少甚至避免突发事件的发生对于大学生的健康成长和顺利发展具有极其重要的作用。

在社会转型时期,大学生的思想观念和行为方式呈现出"五强无弱"的新特点,即时代感强,责任意识弱;认同感强,践行能力弱;参与意识强,辨识能力弱;主体意识强,集体观念弱;个性特征强,承受能力弱。众所周知,大学时期是一个人从青年成长为成人阶段的重要转折点,在逐渐接触社会的过程中,大学生的世界观、人生观和价值观尚未成熟,易受外界影响,易被舆论左右。独生子女家庭环境造就了他们思想、个性、行为、需求等方面新的特点,他们思维独立、追求个性、强调自主,对自己及社会有较高的期望,对未来充满了美好的憧憬,但大学生活中的学业压力、人际交往、就业压力、情感问题、与父母之间的代沟等也给他们带来了许多困惑与迷茫,加上年龄较轻涉世不深,导致心理素质较差,特别是心理承挫能力较弱。

大学生自身呈现出的这些新特点使得他们在面对突发性事件时往往会比较敏感甚至恐慌,极易卷入关注与参与的漩涡,难以在第一时间做出积极的反应。在紧急情况下,他们的判断容易忽视人情常理和风俗习惯,甚至违反正常的行为规范,从而做出违背规章制度、违反国家法律法规的事情。如果高校管理者和广大师生对突发事件的认识不足、重视不够、预防不力,那么在突发事件发生时就仅能依靠本能来解决,造成严重的后果就必然成为一种常态。

通过预警机制,在大学生突发事件发生前加强监控、分析、判断,并对可能出现的结果进行干预,及时发现并解决问题,这样就能掌握工作的主动性,将损失降到最低。因而预警机制的构建可以在一定程度上减少甚至避免学生突发事件的发生,为学生自身健康成长和顺利发展提供强有力的保障。

(二)高校学生突发事件预警机制建构的可行性

1. 事物规律的可认识性决定了预警机制建构的可行性

高校学生突发事件和其他事物一样,在发展中有自身的规律可循,都是由量变到质变的过程。高校学生突发事件的爆发总会有一定的矛盾背景,往往是某一种或某几种矛盾相互交织,长期积累,并且正常的解决渠道不畅通,由此在学生中引起强烈不满,一旦有某种外界因素的诱导,就自然形成突发危机事件。我们可以通过事件发生前的征兆等现象来看到事物背后固有的、本质的、必然的、稳定的联系。人们不能藐视、创造和消灭规律,但是可以认识发现并利用规律来指导实践,还可以通过改变规律发生作用的条件和形式,使事物朝着有利于人类的方向发展。因此,高校学生突发事件预警机制的建构应遵循规律,及时解决涉及大学生切身利益的问题,将矛盾化解在萌芽状态,防止事件蔓延与扩大。

2. 科技发展及相关理论的研究成果为构建预警机制建构提供了可行性

高校学生突发事件预警机制建构包括监控、汇集、分析、警报四大内容,而现代科技的发展为预警机制具体制度构建提供了可行性。"首先,高校校园的新媒体应用的普及,尤其是学生的智能手机媒介和高校网络开放性平台的迅猛发展,为高校收集信息以及及时沟通信息提供了科技保障。"[①]其次,"社会系统论、控制论、扩展危机理论、社会心理学理论、公共管理理论、行为学理论、信息论、应用危机理论、大众传播理论、社会燃烧理论等比较成熟的社会科学及软科学理论可以为高校突发事件信息评估以及干预手段提供有效的指导"[②]。

3. 预警实践证实了预警机制建构的可行性

首先,国外许多国家为了应对高校学生突发事件,从法律制度、组织机构、资金保障等方面都建立了一些相对成熟的预警机制。如20世纪60年代美国学校制定针对学校安全的《校园安全法》、教育部2003年5月发布的指导性文件《危机计划的实用资料:学校和社区的指南》、日本建立的由"文部科学省"直接领导的预警系统等。其次,国内"非典"事件后,许多地区以国务院《突发公共卫生事件应急条例》为蓝本,结合本地实际制定了相应的突发事件管理规范性文件,并开展了深入的理论探讨,高校也开始制定学生突发事件管理制度,进行了学生突发事件防控方面的尝试,如2006年8月31日,教育部在清华大学举办高校突发事件应急演练等。不论是国外还是国内,这些实践都证明了预警机制建构的可行性。

三、构建大学生突发事件预警机制的基本原则

1. 科学性原则

科学性就是要求在构建预警机制的过程中,充分从理论上进行辨析,如果

---

① 陆岸:《高校学生突发事件预警机制构建初探》,载《黑龙江高教研》2014年第4期。
② 张毅翔:《突发事件背景下复杂性思想政治教育研究》,载《理论与改革》2008年第3期。

预防到位,很多事情可以完全避免。所以,对于突发事件预警机制而言,是否具有科学性是其能否有效运行的关键。首先,在大学生突发事件预警机制的构建中,必须要以科学的理论为指导,体现出思想政治教育在培养学生树立中国特色社会主义远大理想和弘扬以爱国主义为核心的民族精神和以改革创新为核心的时代精神、学习实践科学发展观等方面的重要作用。其次,在预警机制的设计上,需要继承和弘扬党在学生工作中的优良传统,及时吸收理论界的优秀成果,不断优化和完善预警机制。最后,科学地制定机制建设的目标,加强机制建设的针对性。系统协调机制内部各要素的关系,调控和把握好机制运行的环境,根据运行情况和外界环境的变化,及时做出准确的判断和修改,确保机制运行的实效性。

2. 系统性原则

系统性原则也称为整体性原则,它要求在构建大学生突发事件预警机制时,要把研究处理的对象当成一个整体的系统来对待,考量系统中各要素之间的关联,全面、整体地协调这些关联,使整体的系统达到最优的状态。突发事件预警机制的构建需要贯穿高校教育、管理和服务的全过程,整合各项社会资源、考量突发事件产生的社会大背景,将其与高校教育、管理和服务关联起来。在构建突发事件预警机制时遵循系统性原则,使其按照一定的结构关系、运行方向、运行路线运行和反馈,建立更加规范、有序、高效的大学生突发事件预警机制。

3. 可操作性原则

任何机制可靠、有序的运行,都表现为构成系统的机制为了达到一定的目标而将各要素进行整合,并按照一定的轨迹运行。大学生突发事件预警机制构建的目的,是预防和阻止突发事件苗头演变为突发性危机事件,或避免突发事件的发生。一个具体的、可操作的方案,是我们面对突发事件时的锦囊妙计。突发事件预警机制不应该局限于几个简简单单的文件,或是空洞的口号式方案。而是应该具体分析、考量各要素之间关联成的系统,制订具体的、可供实施的机制方案。在制定预警机制时,需要全方位、系统化地考虑,一些细节问题都需要预测到并写入预警机制。

四、高校学生突发事件预警机制的系统建构

1. 构建组织机制,加强高校学生突发事件预警的组织领导

古语云,"凡事预则立,不预则废"。高校学生突发事件的预警工作在于未

雨绸缪。尽管高校学生突发事件有偶然性和突发性,但是它的发生也是有预兆的。所以,这就要求高校在面对突发事件时要从维护稳定的大局出发,构建集中统一、反应快捷、运转高效、坚强有力的组织机制。高校学生突发事件预警的组织机制是突发事件预防和有力应对的组织保障。一个完善的预警组织机制,一方面可以通过对学生开展相关的危机教育、安全教育,强化学生的自我保护意识,掌握自我保护方法,增强应对突发事件的能力;另一方面可以对危机科学预测,做好各方面的预案,及早做好应对准备,防患于未然。

构建高校学生突发事件预警的组织机制需要从以下几个方面着手:(1)建立健全学生突发事件预警与处置的专职机构和专业队伍,可以由党政主要领导担任组织的总指挥,相关职能部门与二级学院(部)作为责任单位,按照专职机构制定的突发事件应急预案开展预警工作,做到主管领导亲自抓,分管领导具体抓,其他领导配合抓,各部门共同抓,形成分工明确、责权清晰、层层落实的学校突发事件预警组织体系。(2)加强辅导员、班主任队伍建设。辅导员和班主任要随时掌握学生的动态信息,在日常工作中深入细致地开展大学生的思想政治教育工作,引导大学生紧跟时代步伐,实现自身的人生价值。辅导员、班主任要从学生的思想行为轨迹中了解他们的专业学习的动向,了解他们的身心状况,判断他们的价值取向,为突发事件的有效预警打下良好的基础。(3)发挥学生骨干队伍的作用。学生骨干的身份是学生,他们对自己身边的事比学校管理者更早获得相关信息,更易发现苗头,第一时间上报,能够得到及时的分析与处理,对突发事件起到预警作用。可以发挥学生社团组织的作用,形成预警合力,一方面学生社团组织通过举行安全警示教育活动,普及学生的危机预警知识,强化危机意识,帮助他们培养基本预警技能;另一方面学生社团组织往往能够汇聚志趣相投、心理相容的学生,在相互的交往中,他们交流感受、诉说委屈、发泄情绪、形成共鸣,有利于促进社团成员之间增进友谊、加深感情、互信互助,并提升组织的凝聚力,增强成员对组织的归属感、依赖度,使组织对成员的张力加大,帮助学生缓解和舒散心理压力。还可以通过聘任学生担任辅导员助理等职务,协助学校应对学生突发事件,发挥学生在组织机制中的作用,实现学生自我教育、自我管理、自我监督、自我防范。(4)加强与社会力量的联系与协同。建立以高校为主体,社会各方面力量联动的全方位的预警组织机制,进而在面对突发事件时,可以以政府组织协调为基础,实现高校、社会、政府、家庭等人力、物力、财力的全方位的合作,进一步提升高校应预防与应对突发事件的效能。

2. 构建制度机制,保障高校学生突发事件预警的运行管理

突发事件的预防过程是相关规章制度得到贯彻落实的过程,规章制度越科

学，人们对规章制度越认同，越能够有效减少和避免突发事件。因此，高校学生突发事件预警机制的运作必须以健全科学的规章制度为保障。只有将技术和规章制度两个方面紧密结合起来，才能够有效地保证预警系统正常运转。在建立健全科学决策机制、突发事件和复杂局面应对机制，处理各种利益关系和矛盾机制，并且保证机制的延续性、严肃性和有效性的基础上，还必须以规章制度形式加以确定。只有制定了相关规章制度，负责突发事件预警工作的机构、人员才能够按章办事，真正做到在各种突发事件和风险面前处变不惊、反应迅速、科学应对、妥善处理、总结完善。

首先，高校要提供人、财、物等方面的条件保障制度，人员保障前文已经阐述，是由专职人员、分管老师和学生骨干多方位提供支持。在经费保障方面要单独列出经费预算，规范程序，明晰使用细则，为突发事件的预警和处置提供必要的资金支持，为事件中受到伤害的学生及其家庭提供关爱帮扶。此外，要为突发事件预警活动的开展开辟线上网络场域和线下活动场地，从空间上为优化突发事件预警的效果提供便利。

其次，高校要在制定安全管理制度、巡逻制度的基础上，根据学校实际制定校园综合治理实施办法、校园治安管理暂行规定、消防安全管理条例、大型活动治安管理规定、学生伤害事故预防和处理办法以及日常检查、考评、督办制度。每学期应该对各职能部门履行消防、治安综合治理责任书的情况进行全面检查，对发现的问题及时提出整改意见，并限期整改，建立健全高校安全管理制度。

再次，高校要开展网络思想政治教育、法制教育，重视网络舆情危机的预警与应对。大学生的阅历和年龄等物理特性，使得他们的思想认识水平的局限性较大，很难在短时间内厘清事情背后复杂的社会和心理动因，在网络舆情中非理性和过于主观的声音经常容易占据上风，甚至会形成一种"极化现象"。因此，高校要掌握主动权，从事件发生的根源入手，剖析其内在机理，从学生的态度和行为上，引导网络舆情危机事件中的抗争性表达向建设性表达转变、从非理性博弈向理性博弈转变、从无序参与向有序参与转变，网络参与追求权责一致。

3. 构建培训机制，推动高校学生突发事件预警的形式创新

高校学生突发事件有效预警依托于学校、教师、家长与学生共同发挥角色功能，这就需要我们全面评估专职人员、辅导员、班主任预防与应对突发事件的能力现状，建立并完善培训机制，按照理论与实践相结合的原则，切实加强专业

培训与实践演练,着力打造一支素质过硬、专业精湛、理念先进的突发事件预防与应对的专门人才队伍,坚持实践经验与专业理论学习并重;针对突发事件中隐藏的不同问题,开展形式多样、针对性强的培训活动,以培训促发展,使高校育人理念在家长和学生中得到贯彻与传递,强化榜样引领,传播校园青春正能量,激发学生维护自身与校园安全的责任意识。

针对突发事件中存在的心理健康问题,我们要构建校、院、班三级心理健康教育培训网络体系,各级成员分工合作,协同开展。学校坚持对校心理健康教育与咨询中心的专、兼职心理咨询师、学院心理辅导教师(辅导员、班主任等)、班级心理委员(学生骨干)开展不同层面的针对性培训,努力提高这支队伍的专业化水平,确保心理健康教育工作的有效运行。例如,苏州大学心理健康教育与咨询中心针对各学院心理辅导教师(含辅导员、班主任),开展专业知识和操作技能方面的培训;鼓励专职辅导员积极报考心理咨询师。对班级心理委员开展心理学基础知识、自我成长训练、工作技能培训,开展心理学基础知识竞赛等。创办《心桥杂志》,创建心理健康教育网站,定期开展大学生心理健康普查,并对结果存在异常的学生进行进一步的访谈与测试,以筛查、确认学生心理健康状况,建立健全并及时更新大学生心理健康档案。还通过举办各种心理健康教育活动,如自主成长工作坊等互动活动、心理剧大赛与心理微电影大赛以及心理征文比赛等心理健康节系列活动,切实加强学生对心理健康知识的了解,充分发挥心理健康教育的发展性功能、预防性功能、弥补性功能,努力提高学生的心理素质,增强其心理调节能力,有效预防因心理问题引发的突发事件。

针对突发事件中存在的安全防范问题,要建立学生处牵头组织,各部门深度参与,各学院分级负责,纵向统一、横向协同的辅导员/班主任、学生骨干和普通学生安全防范能力提升培训联动机制。首先,学校层面要高度重视,加大经费支持力度,并严格执行培训经费管理办法落实培训经费,确保经费规范使用的同时不断提升使用效率;即时更新学习资源,鼓励知识共享,加强培训全过程管理,完成各类培训资源的有效整合和合理使用,提高培训效率。突发事件预警和处置专家对学院辅导员/班主任进行安全防范工作培训,并对辅导员/班主任开展的安全防范活动效果实施考核。要把学院安全防范教育工作的组织与实施列入学院学生工作年度考核指标,增强学院领导和辅导员/班主任对安全防范教育工作的重视程度,促进二级学院预警工作的有效开展。

其次,二级学院层面要推动培训信息化建设,进一步推广掌上学院,服务辅导员/班主任和学生移动学习、碎片化学习,让"学习无处不在"的理念成为现实。另外,学院要通过各种渠道宣传预防安全事故的方法,特别注重生活园区的教育宣传。要高度重视在学生生活园区的教育宣传工作,强化安全提醒功能。

再次,学生层面要在基本知识培训的基础上开展特色活动,要把理论性的知识学习与实践性的模拟演练结合起来,强化教育培训的效果。例如,学校通过举办防火逃生演练,普及消防知识,引领学生学会识别与使用消防安全器材,提高学生应对火灾等突发事件的自救能力。演练结束后,还可通过开展心得体会报告会、座谈会等活动,巩固所学、总结经验和修订完善预警计划,提高培训与预警的教育性与实效性。针对学生骨干层面,以安全防范为主题开展相关团体活动,通过总结交流、活动评比、先进表彰等措施,总结、分享教育培训的成功举措与科学经验。

无论是何种类型的突发事件,背后折射的心理健康问题抑或安全防范问题,都需要家长和学生自己早知道、早预防、早化解。因此,从学生角度出发,以"点面结合、分类破解"为原则开发培训方案,即针对学生骨干和全体学生两类培训对象,针对突发事件不同预警类型,制定不同的培训方案。一方面要对全体学生进行普及性的突发事件安全教育,将显性育人课程与隐性育人课程相结合,将传统课堂式讲解分析与互动式案例交流讨论相配套,将纸质媒介宣传教育和自媒体移动学习相统筹,进一步深化广大学生对规避突发事件与自身健康成长、顺利发展的重要性与必要性的认识;在有效开展教育培训的基础上,要重视学生的自律作用,引领学生在树立正确认知的同时积极投入实践,切实提高自己的抗压能力和辨别是非能力,努力依靠自己的力量自主地迎接纷繁复杂的社会环境中的种种挑战,进而将各种知识与能力内化于心,外化于行,知行合一,最终战胜困难,走向成功。另一方面,学生骨干作为教师与学生之间的桥梁纽带,在突发事件预警中是一支重要的力量,有着不可替代的作用。对他们开展针对学生的教育培训要做到三个方面。一是统一培训标准,让学校放心,给教师分忧,为学生代言;二是拓宽培训渠道,不断提升学生骨干的自我教育、自我管理、自我监督、自我服务的能力,努力建立一支满足教师和学生工作需要的高素质队伍,较好地协助教师和学校掌握学生最新动态,关心学生,防范于未然;三是创新培训形式,通过采取师带徒、经验交流、课题研究、专题培训等形式,不断提升学生骨干的整体能力。要强化学生的预警自觉,发挥他们的主体作用,使他们进一步明确自己的角色定位,充分认识到自己不是来高校的"消费者",亦非体制内的"弱者",而是与母校荣辱与共的一分子,应以主人翁的心态和作为去承担维护学校荣誉的责任。

从家长角度出发,高校可组织家长和学校构建"家校委员会""家校联盟"等多样化形式,创新培训家长的方式,请专家向家长传递最新的教育理念,清醒客观地认识学生在大学期间面临的挑战与困境,反思自身在对孩子教育中存在的问题,并能予以更正。还可以通过在校园网站上发布培训课程,利用微信、QQ分享与突发事件预防相关的知识和实际案例解析。但是,突发事件的预防不可能一蹴而就,需要通过高校与家长常态化的双向互动,积极引导学生树立正确的人生观、价值观、世界观,注重孩子良好情绪的培养与良好道德行为习惯的养成。

4. 构建信息机制,畅通高校学生突发事件预警的家校沟通渠道

高校学生突发事件如火燎原的背后是家长参与热情的迸发与高涨。传统的"告知式"交流不顺畅、家长维权意识的高涨和网络参与的便捷,正是高校转变思路,变被动应对为主动预防的主要驱动力。从这个角度出发,构建信息机制,畅通高校学生突发事件预警的家校沟通渠道,就会从根本上削弱突发事件的消极效应,也能减轻高校应对学生突发事件的压力。信息化是辅导员、班主任和专职人员开展教育管理与服务工作的基石,努力为学生突发事件的预警提供良好的平台和有效的证据支撑,应充分利用新媒体与大数据等技术,全面推进信息机制的升级与应用。构建信息机制需要做到以下几个方面:

一是推进信息共享与集成,缩短信息传递反馈的流程与环节,促使高校与家长、学生之间的交流更顺畅、过程监控更便捷,促进高校教育理念与家长教育思想的深度融合。为适应学生突发事件的新变化、新发展而不断调整、充实和完善信息的双向沟通渠道,应建立线上与线下互补的信息共享。将电话与微信在各自充分运用的基础上结合起来,高校与家长信息共享、优势互补,从而实现高校发展与学生服务之间的动态平衡。

二是规范信息报送与存档,确保信息的及时性、准确性和实效性。辅导员通过日常的思想政治工作,加强与家长、学生的联系沟通,全面掌握学生的思想动态,及时发现学生工作中存在的隐患;建立家庭经济困难生、感情受挫情绪生、心理异常失控生等各类特殊学生的档案,形成信息库,密切关注重点学生的状况并及时处理。将辅导员与学生的谈话记录、会议记录以及与家长的聊天信息、语音记录进行整理,以时间为线索,进行实时更新,纳入信息库备份。

三是深化信息分析与处理,以大数据挖掘为基础,实现统计、监测、研判、预警等辅助决策功能,为思政工作落地提供客观依据。如苏州大学的"感知校园"

工程就充分体现了信息收集和分析系统的科学建构。"感知校园"工程以对应学生学号的"校园一卡通"为媒介，包含基础信息、行为信息、评奖评优和资助管理、校园互动、数据分析五大子系统，用以全方位、多角度掌握学生的学习、生活和就业等信息，了解学生的现实困境和迫切需求，在与家长充分沟通了解的基础上，逐个击破，培育学生健康、稳定的成长情绪，有效预防突发事件的发生。

5. 构建干预机制，加大高校学生突发事件的防控力度

高校在应对学生突发事件的过程中，应当从以下四个方面建立提前干预机制，减少学生突发事件的发生概率：第一，快速反应启动干预机制。基于高校学生突发事件具有紧迫性的特点，预警机制必须快速做出反应，提前干预措施的速度越快，形成的损害会越小。而快速反应是建立在全面总结经验的前提下的，只有认识、把握并遵循突发事件的发生发展规律才能做到正确地应对，才能针对高校突发事件做到有效预防。

第二，认真执行信息公开制度。随着网络、微博、微信等新媒体的普及，信息封锁的控制方式非但不利于事件的解决，反而会造成权威信息的缺失，消耗高校公信力，引起恐慌和混乱。因此，学校要积极利用公共宣传平台及时通报有关情况，引导学生以正面的心态来应对突发事件，消除师生的疑虑心理和恐惧心理，防止信息的误传和谣言的传播，合理维护学校的声誉。

第三，加强沟通与协同。这种沟通是多层次、全面的，既包括与学生、教师、学校部门等的内部沟通，也包括与上级主管部门、当地政府部门、新闻媒体、学生家长等的外部沟通，形成横向和纵向并且信息对称的沟通体系，调动一切力量协调化解矛盾。其中，与家长的沟通是重中之重，这与家庭对大学生道德品质和学业有关键影响密切相关。通过与家长的沟通或翻阅学生入学档案，能够洞察家庭经济收入、父母婚姻变化情况、亲子关系乃至对孩子的教养方式和家庭氛围等对大学生心理健康发生潜移默化影响的因素，也是探寻学生心理问题和行为偏差的根源。以此为基础，一旦突发事件爆发，在后期的处置中，能够最大限度地取得家长和学校意见的一致性，达成共识，把负面影响降到最低。

第四，创新前端性干预举措。针对具体学生突发事件危机，根据客观情况，采取前端性的干预措施进行个别处理。高校学生突发事件聚焦于心理、学业和行为失范等方面的问题，因此可以从这几个方面进行跟踪反馈，筛选出高危人群，即强化重点对象的前端性干预。一是专业教师与重点学生进行沟通交流与疏导，保密、亲近的谈心谈话有助于引领学生走出阴霾；二是学生骨干陪伴，辅导员可安排学生骨干24小时轮流陪伴亟需帮助的学生，第一时间掌握动态，甚

至缓解困难学生的压力;三是亲友家长的支持,不仅学生需要家长的理解,教师开展工作也需要家长的合作;四是社会专业机构的提前干预,例如心理问题,建立高危人群的心理档案,定期观察、记录对象的行为和心理变化,一旦发现其心理或行为有异常,可由专业心理医生进行诊断和治疗,及时予以干预。

第三节 突发事件的处置与应对

根据前文的描述,我们将大学生个体突发事件中的几种典型事件的处置介绍如下:

一、行为失范类

(一)高校学生行为失范的概念

学生失范行为是指违反教育规范的行为。教育规范是制约和控制学校成员个人行为合理性的重要途径,可以分为正式与非正式两类。正式规范是以法律、法规的形式固定下来的,对违反者有特定的惩罚;非正式规范是不成文的,但能被学校成员普遍理解和接受。[①]

目前高校普遍存在一些大学生行为失范现象,不仅与大学教育目的背道而驰,更是严重影响学生群体的身心健康以及学校的正常教学秩序,给学生管理工作带来了新的难题。因此,采取必要的措施,加强对行为失范学生的教育、管理和转化显得十分重要。

(二)高校学生行为失范的类型

根据违反教育规范的程度,可以将学生失范行为划分为两类,即违规行为和违法行为。

违规行为是违背教育习俗、教育规章,违反校纪校规的行为,大致包括旷课行为、逃学行为、作弊行为、论文造假与剽窃等。

违法行为则是违反了各种教育法律与法规的行为。根据违法的程度不同,又可以将违法行为具体划分为普通违法行为和触刑行为。普通违法行为指的是违反法律法规,但不触犯刑法的行为,例如小偷小摸、打架、流氓行为、毁坏学校设备等;而触刑行为主要指违反了法律法规,并构成刑事犯罪的行为。比如

[①] 马和民:《学生失范行为及其教育控制》,《全球教育展望》2002年第4期。

在大学生中发生的吸毒、赌博、卖淫、偷窃乃至持械行凶,杀害老师、同学等对社会造成重大危害的行为。这也是最严重的失范行为。

(三) 高校学生行为失范的处置机制

1. 程序设置

对于行为失范类突发事件来说,加强失范后的教育与引导极其重要,因此,要以"加强教育引导,强化过程管理,完善预防机制,注重工作实效"为原则,建立行为失范学生的教育转化机制和违法犯罪预防机制,有效促进行为失范学生的思想进步和行为改进,预防和减少不良行为及违法犯罪行为的发生,促进学生健康成长。

违规行为。针对此类行为学生,应该本着以"教育为主,惩罚为辅"的原则,纠正其违纪违法行为,使其改过自新,重新做人,以达到教育全体高校学生,提高他们的道德素质和法律素质的目的,尽可能有效地遏制高校学生的违纪违法行为发生。学生发生例如作弊、剽窃等违反校纪校规的行为之后,首先要进行失范后的教育,要在思想教育方面对学生进行引导,一方面要让其认识到自身行为已经违反校纪校规,对学校正常的教学秩序和教育公平带来损害;另一方面,要让学生对自身行为有一个正确的认识,并且及时纠正。其次,根据校纪校规的相关规定给予相应的处分。例如,《普通高等学校学生管理规定》第十六条明确规定学生严重违反考核纪律或者作弊的,该课程考核成绩记为无效,并由学校视其违纪或者作弊情节,给予批评教育和相应的纪律处分。给予警告、严重警告、记过及留校察看处分的,经教育表现较好,在毕业前对该课程可以给予补考或者重修机会。

处罚不是目的,我们要实现的是让行为失范学生回归正常轨道。为促进行为失范学生更早步入行为规范学生行列,学校应组织专人负责对行为失范学生参加教育培训活动及社会公益性活动、做好人好事等进行考评、记录,并作为学生申请撤销处分的重要依据,帮助行为失范学生实现转化。

违法行为。由于大学生身心发展不健全,法律意识淡薄,缺乏正确的是非观和价值观,极易受到外界各种不良因素的影响,产生一些违法行为,例如打架、斗殴等,甚至出现吸毒、杀人等触犯刑法的严重行为。这些行为不仅严重影响了学生的身心健康,更是破坏了学校正常的教学秩序,不利于校园的稳定和谐。因此,构建突发事件的处置机制,能够保证在事故发生时得到及时有效处理,将学生、家庭和学校的损失降到最低。为了减少甚至避免此类事件的发生,学校在日常教育中,也应加强大学生的法制教育,培养大学生的法律意识,帮助学生了解违法犯罪行为的危害性和承担的法律责任。

一旦发生突发事件后,应该做到以下几个方面:第一,辅导员或班主任首先应第一时间赶往事故现场,根据现有条件和能力及时进行救护并拨打"110"电话报警,需送医院的立即指派人员送专科医院或大医院进行救治。第二,处理过程中及时汇报领导,并根据领导指示通知受伤害学生的父母或其他监护人。第三,争取在第一时间做好知情人的笔录,调查人员应至少2名,调查人员和被调查人员要有签名。第四,在将事故当事人移交执法机关的过程中注意稳定学生的情绪,保证其人身安全,以免发生二次伤害,造成更为严重的后果。第五,如属重大伤害事故,及时启动事故处理应急预案,事故应急处理小组及时开展工作。

2. 证据固定

证据固定是突发事件处理过程中的关键步骤。突发事件处理的全部过程,就是收集、审查、判断证据和运用证据证明突发事件发生的既定事实,在此基础上适用相应处理规定进行处理的过程。因此,前期的证据收集和固定对突发事件的处理来说至关重要。现阶段,高校法治化建设越来越健全,对突发事件证据的可推敲性要求越来越高。这就要求相关证据收集、固定时注意以下几个方面的工作:

(1)证据的收集、固定须完备、妥当。

2015年新修订的《刑事诉讼法》第四十八条规定:"证据包括:物证;书证;证人证言;被害人陈述;犯罪嫌疑人、被告人供述和辩解;鉴定意见;勘验、检查、辨认、侦查实验等笔录;视听资料、电子数据等八项。"因此,证据收集、固定人员在工作过程中需警惕以上证据是否收集完备、妥当。突发事件的支撑证据越完备,后期学校在进行责任划分和事件处置时越有利,同时还能减少因处理不当带来的当事人的无理要求和诸多法律纠纷。

(2)证据的收集、固定须符合法定程序。

2015年新修订的《刑事诉讼法》第五十条规定:"审判人员、检察人员、侦查人员必须依照法定程序,收集能够证实犯罪嫌疑人、被告人有罪或者无罪、犯罪情节轻重的各种证据。严禁刑讯逼供和以威胁、引诱、欺骗以及其他非法方法收集证据,不得强迫任何人证实自己有罪。必须保证一切与案件有关或者了解案情的公民,有客观地充分地提供证据的条件,除特殊情况外,可以吸收他们协助调查。"要求在调查取证过程中必须严格按照法律规定程序收集、固定证据。

虽然学校绝大多数突发事件的证据收集、固定并不需要像对待刑事犯罪一样具有极其正规的证据处理程序,但高校法治化建设的要求迫切需要此过程的规范化,只有来源合法的证据才会被当事人和公众所认可。要使证据来源合法,在收集、固定证据时就必须严格地按照规定的方式、步骤进行,不能图省事而减少环节,造成证据来源不合法,导致千辛万苦收集到的证据丧失证明力。

(3) 证据收集、固定应注意时间性。

时间对于证明事实来说起着十分重要的作用,证据收集的时间性主要是以下两个方面:一是由于任何事件都是在一定时间段内发生的,因此收集、固定的证据中确认的时间必须与突发事件发生时间相吻合。如果所收集的证据中确认的时间没有在事件发生的时间段内,证据就失去证明力。所以,在证据的收集、固定过程中应十分注意对时间的锁定。

在处理考试作弊行为时,尤其要注重证据的收集和时效性。首先,在考场内给考生及其作弊所使用的材料与工具拍照留作证据,如有监控设备,必要时也可用作证据。其次,对考生用于作弊的材料、工具等应予扣留。监考员应向违规考生告知其违规记录内容,并由其写出书面材料,并签字按手印。最后,请周边考生就当前的状况写一份情况说明并签字确认。所有这些行为都必须在考生离开考场前完成,以确保证据的实时、有效。

二是对突发事件的处理过程看似是一个平常的校内事件处置,实则在很多情况下是学校与当事人进行博弈的过程,有些证据可能会随时间的延长而消失,抓住了时间学校就掌握了事件处置的主动权,所以对证据的收集、固定一定要及时。

3. 责任划分

根据我国侵权行为法的相关规定,侵权行为法的核心是归责原则的问题,即依据何种归责事由、价值标准确认侵权责任的成立及其归属。在我国,侵权责任归责原则的主要形式为过错责任原则、无过错责任原则和公平责任原则。过错责任原则,即因故意或过失不法侵害他人权利时,应就所发生的损害负赔偿责任。无过错责任原则指法律在某些情况下行为人承担责任不以其主观上具有过错为必要条件,行为人造成他人损害时,即使主观上没有过错,也应当承担侵权责任。公平责任原则即是指当事人对造成的损害都没有过错,又不能适用无过错责任原则要求行为人承担赔偿责任,而使受害人遭受的重大损害得不到补偿,在显失公平的情况下,由审判机关根据实际情况,依公平合理负担原则,判由双方分担损失。

行为失范类突发事件是由学生自身行为引起的,因此针对此类突发事件的责任划分需要根据具体情况具体分析。学生违背教育规范或道德习俗,在这类事件中,学校负有采取正确适当的方式及时批评教育的责任和义务。正确的、适当的方式是指,尽可能地控制范围,不得公布学生行为细节以及个人隐私,切实保护未成年人的合法权益,不激化矛盾。

学生违反《治安管理处罚条例》的治安事件,如学生在学校内盗窃公私财产、破坏公私财产,在校内打群架、校周边打群架、殴打教师或他人,赌博等尚不构成犯罪的治安案件。在这类事件中,其法律责任由学生自负,学校负有相应的管理责任。

学生行为构成犯罪的,由司法机关处理,学生依法承担相应的刑法处罚。在刑事案件个案中,学校可能负有相应的管理责任。

(四)高校学生行为失范的案例分析

案例:学生替考被学校勒令退学

案例介绍:

今年22岁的吕某是郑州某大学化学系2002级学生。据他称,2003年12月28日上午,他替好友王某补考被发现后,12月29日,他向学校写下书面检讨,并希望学校"再给我一次机会"。2004年3月份,该大学做出决定:勒令吕某、王某退学。为争取求学机会,吕某遂将母校告上法庭,请求学校撤销处分决定并恢复其学籍。记者从学生吕某处得知,他已领到了二七区人民法院对案件的一审判决书,法院撤销了学校所做的勒令退学的处分决定,恢复了他的学籍。

评析:

学校是教书育人之地,应有严格的校规校纪,但对于犯错误的学生,要热情帮助,允许其改正错误,处分要适当。据了解,该学生在学校期间一贯表现良好,无不良记录,是初次违反学校考试纪律,且事后认真做出书面检讨。因此,法院认为,学校应给学生改过自新的机会,不应因一次错误就剥夺其受教育的权利。根据1990年版《教育部普通高等学校学生管理规定》第六十四条规定,处理结论要同本人见面,允许本人申辩、申诉和保留不同意见,同时学校应将处分结论报省教育部门备案。但对这名学生,学校没有将勒令退学的处分送达学生本人。在诉状中,吕某称,学校处分之前,未给自己申辩的机会,在处分之后,也没有履行告知义务。为此,法院认为,学校处理程序违法。

针对学生作弊一事,学校方面在法庭上始终认为,该校考试工作条例是根据普通高等学校学生管理规定制定的,即学生违反学校纪律,情节严重者,可以勒令退学,这种考试严重舞弊行为,"勒令退学"处分完全适当。

据了解,学校制定的校规对考试作弊学生的处理都是依据教育部旧规定中"对犯有错误的学生,学校可视其情节轻重给以批评教育或纪律处分",而纪律处分从警告到开除学籍,共分6种,其中一项处分就包括勒令退学,而勒令退学中的一项要求是严重违反校纪。二七区人民法院行政庭张力庭长认为:"考试作弊是否算严重违反校纪,法律没有明确说明,根据'法无明文规定不为罪',学校不能自行制定这样的校规。"

2005年9月1日施行的教育部《普通高等学校学生管理规定》中第五十四条明确规定,学生由他人代替考试、替他人参加考试、组织作弊、使用通讯设备作弊及其他作弊行为严重的,学校可以给予开除学籍处分(但不可以勒令退学)。但必须遵守权限、条件、时限要求和遵循告知、送达等正当程序,而且学生有申诉的权利。

案例启示:

对于违纪学生的处理不能仅仅停留在一张处分决定书上,而是要抓住每一个时机对违纪学生进行教育,帮助学生提高认识,改正错误。要按照事前教育、事中跟进、事后关爱三个阶段进行教育。① 事前教育重在了解事实,分析原因,帮助学生认识自己所犯错误;事中跟进重在开导疏通,化解矛盾,帮助学校处理事件;事后关爱重在人文关怀,帮扶教育,鞭策和引导学生向积极健康的方向发展。处分只是形式和手段,教育才是最终目的和归宿。而在该案例中,学校的做法并没有体现这一点。大学生违纪行为危害校园的育人环境,影响大学生的健康成长,在工作中,教育工作者要以科学发展观为指导,以生为本,从原因入手,与时俱进,创新思维,采取措施,加强学生违纪预防和违纪学生的后续教育转化两方面的工作,使学生逐渐由他律走向自律,促进大学生的全面、健康、协调和可持续发展。②

二、人身伤害类

保护学生安全,是高等学校开展正常教育教学活动的前提和基础,也是高等学校必须履行的法律义务的职责。近年来,随着高等院校招生规模的不断扩大、在校生的增多及各种社会活动的频繁,高校学生在校园发生人身伤害事故

---

① 王燕芳:《浅谈高校违纪学生的教育模式与管理》,载《思想教育研究》2009年第6期。
② 连惠芗:《浅谈高校学生违纪行为成因及对策——违纪学生处理及后续教育案例分析》,载《重庆科技学院学报(社会科学版)》2011年第12期。

逐渐增多,已经引起社会各界的广泛关注。如何有效处置与应对层出不穷的学生人身伤害事故,是高校面临的一个考验。因此,在对高校学生人身伤害事故进行准确的法律界定,区分高校学生伤害事故的不同类型的基础上,建立健全科学合理的突发事件处置机制,对于及时解决高校学生人身伤害事故纠纷、促进校园和谐稳定具有十分重要的现实意义。

(一) 高校学生伤害事故的概念

高校学生伤害事故是指在高等院校实施的教育教学活动或组织的校外活动中以及在学校负有管理责任的校舍、场地,其他教育教学设施、生活设施内发生的,造成在校学生人身损害后果的事故。[①] 中华人民共和国教育部于2002年出台的《学生伤害事故处理办法》(以下简称《办法》)是当前我国司法实践中处理学生伤害事故的基本法律依据,规定高校学生伤害事故应具有以下特性:

一是时空特性,发生时间是大学生正在以学生的角色参加学校的教育教学活动或校外活动(包括见习、实习、社会实践活动等);发生的空间是在学校负有管理责任的校舍场地、其他教育教学设施、生活设施内。大学生自行返校或离校途中发生的、自行外出或者擅自离校期间发生的、节假日或者假期等学校工作时间以外大学生自行滞留学校或者自行到学校发生的事故[②],都不符合大学生人身伤害事故的概念。

二是主体特性,受害人必须是在校大学生(包括全日制和非全日制)。休学学生在休学期间,已退学学生以及外校学生到本校时受到的人身损害则不属于高校学生意外伤害事故的范畴。[③] 而责任主体主要有高校、大学生和其他个人。

三是结果特性,必须造成了学生的人身伤害事实。根据我国《民法通则》、《中华人民共和国侵权责任法》以及有关司法解释的规定,普通的人身损害赔偿案件之损害结果一般应包括人身损害、财产损害和精神损害。根据学界主流观点及学生伤害事故处理的司法实践,目前,高校学生伤害事故的损害结果只包括人身损害,单纯的精神损害、财物失窃等则不属于高校学生伤害事故的范畴。[④]

[①] 冯瑞琳、孙淑云、霍艳梅:《论高校学生伤害事故的预防及处理机制》,载《河北建筑科技学院学报(社会科学版)》2006年第4期。

[②] 苏波、杜渐:《高校学生伤害事故法律问题思考》,载《黑龙江省政法管理干部学院学报》2008年第6期。

[③] 陈山、陈少平:《高校学生伤害事故的法律分析及其预防处置》,载《高校教育管理》2012年第2期。

[④] 李景义:《高校学生伤害事故民事责任及处理机制研究》,载《黑龙江高教研究》2014年第7期。

(二) 高校学生伤害事故的类型

划分高校学生人身伤害事故的类型,有助于厘清责任主体,界定责任范围,明确责任形式,为及时准确地处理大学生人身伤害事故创造条件。根据造成事故的不同原因,高校学生人身伤害事故可以大致分为两类:由学生自身因素造成的高校学生人身伤害事故和由外在因素造成的高校学生人身伤害事故,高校学生人身伤害事故的责任认定和赔偿问题,一直困扰着高校,使高校陷入一种"尴尬境地"。

1. 由学生自身因素造成的高校学生人身伤害事故

我们可以将由学生自身因素造成的高校学生伤害事故进一步分为自身疾病等自我因素造成的高校学生伤害事故和其他自我因素造成的高校学生伤害事故。前者主要是学生有特异体质、患有特殊疾病或心理、精神有异常,但未告知学校,或者告知学校,学校采取了妥善的处理措施所发生的事故。后者如《办法》第十条详细规定,指因学生违反法律法规的规定,违反社会公共行为准则、学校的规章制度或者纪律,实施按其年龄和认知能力明知或者应当知道具有危险或者可能危及他人的行为所引发的事故;学生行为具有危险性,学校、教师已经告诫,但学生不听劝阻,拒不改正所发生的事故;没有学校方面因素刺激或者学校及工作人员行为没有任何不当,学生自杀、自伤所发生的事故;学生在校外或其他非教育教学环境中,如学生在超市购买商品、在饭馆吃饭受到侵害引起的意外事故。

2. 外在因素造成的高校学生人身伤害事故

我们将外在因素造成的高校学生人身伤害事故细分为安全事故类和其他外在因素造成的高校学生人身伤害事故。安全事故类主要指学校安排学生参加的活动,因提供场地、设备、交通工具等服务的经营者或者学校以外的活动组织者的过错造成的学生伤害事故[1],例如实验室爆炸、教学楼倒塌。而其他外在因素造成的高校学生人身伤害事故是指来自学校外部的突发性、偶发性、不在对抗性或者具有风险性的体育竞赛活动中发生意外伤害的,或者其他意外因素造成的学生伤害事故,比如,校外人员来到校内进行抢劫、杀人、强奸、伤害等意外事故,由学生本人招惹所致校外人员到校内对其行凶的;由于在校其他学生的行为造成的学生人身伤害;高校教师或者其他高校员工实施的与其教育教学

---

[1] 贾雪宁:《浅析高校学生人身伤害事故的原因及其法律责任与预防》,载《吉林广播电视大学学报》2009 年第 1 期。

工作无关的个人行为导致的意外伤害事故；火山、地震、雨雪、雷电、台风、洪水等不可抗力的大自然灾害引发的事故。

(三) 高校学生人身伤害事故的处置机制

在加强突发事件防范的同时，高校应该健全学生人身伤害事故的处置机制，能够及时有效地处理，坚持"情、理、法"与"快、准、净"相结合，充分依靠辅导员/班主任队伍、公安机关、当事人或家属辖区政府部门三支力量避免事态进一步扩大，尽量减少损失，形成快速反应的工作机制。

1. 程序设置

高校学生人身伤害突发事件处置的程序设置是一个系统联动机制，需要学校领导和全体师生具备突发事件警觉意识，熟知突发事件应急程序，掌握突发事件处置方法，一旦发生突发事件，要做到判断准确，反应迅速，措施得力，效果明显。突发事件发生时，要立即启动应急处置程序，相关人员快速到达事件现场，形成现场指挥中心，统一指挥，统一协调，调动一切资源，果断开展救援工作，维护好现场秩序，按预案要求和分工，各司其职，控制事态的发展和升级。明确的、分步骤的操作程序是整个处置机制的关键所在，先做什么，后做什么，怎么做，一环扣一环、每一环节每一步骤都要具体，不允许有"过错"或"失职"现象。具体而言分为以下三级程序：

第一级程序由各职能部门、一线工作人员及学生主导，在事件发生的第一现场，控制局势、疏散人员并实施科学救护，视不同情况报案（火警"119"、急救"120"），同时汇报职能部门领导与分管学校领导。操作过程中要保留证据、保留现场，初查原因和做好记录。

第二级程序由领导小组、专家及业务人员主导，最快速度奔赴现场从而拟订方案，工作小组快速落实方案，同时上报高校工委、教育厅等。根据现场情况，向派出所、公安局和保险公司报案，向家长反馈真实信息。

第三级程序则是主要由突发事件处置领导小组统筹，进行危机公关、处理善后、形成报告、上报领导、下达师生、总结经验、健全机制。尤其是危机公关和处理善后环节，如果处理得当，家人满意，可能事件就会朝着顺利的方向发展。如果在这个时期，在某个环节上处理不当，家人的情绪发生反复，很有可能导致僵化状态或是重新翻盘处理，导致前期工作前功尽弃。还要关心关注受伤害学生的周围同学的思想与心理状况，防止他们受到严重的影响甚至心理污染，必要时邀请心理专家给予疏导和抚慰，防止产生次生伤害（或次生灾害）。

2. 证据固定

无论是调解、协商，还是诉讼，都要做到有理有据，过错与责任相一致，靠证据来证明,靠事实来说话。在事故处理过程中,如果发生学生死亡事故,应立即报告公安部门,学校保卫部门、学生工作部门要配合公安部门收集各种证据,查清案情。在取证过程中,要坚持依法、公开、公正的原则。对学生死亡的案件,在采集证据后,要及时将尸体移送医院太平间。学校要与公安部门密切配合,依法由公安部门向家长说明学生死亡的原因。

例如在学生食物中毒类案件的处理中要特别注意证据的收集和保全工作,尤其是非普遍性学生食物中毒事件。证据收集和保全的范围包括与学生中毒有关联的一切物证、书证等,同时应封存学校食堂、餐厅当日及前一日的菜谱等,在必要情况下应考虑采取公证措施或诉前证据保全措施。

3. 责任划分

高校学生伤害事故的类型不同则法律责任划分也会因具体情况而有所不同,但均要遵循基本原则:以过错责任原则为主,公平责任原则为辅。《办法》第八条对学校学生伤害事故的责任认定原则做了明确的规定,即"学生伤害事故的责任,应当根据相关当事人的行为与损害后果之间的因果关系依法确定。因学校、学生或者其他相关当事人的过错造成的学生伤害事故,相关当事人应该根据其行为过错程度的比例及其损害后果之间的因果关系承担相应的责任"。即如果是因为学校的过错造成学生伤害的,学校应当根据过错程度承担相应的责任;学校如果没有过错,则不承担赔偿责任。

另外,《办法》第二十六条第二款规定:"学校无责任的,如果有条件,可以根据实际情况,本着自愿和可能的原则,对受伤害学生给予适当的帮助。"说明在校方无责任的情况下,"给予适当帮助"并不是一项法律责任,也不具备法律强制力,它只是一种人道主义补偿,是一种道义上的帮助,是否补偿以及补偿多少全由校方自愿确定,受害人及其家长没有权利到法院进行主张。另外,从法律精神的角度来看,让高校无缘由地承担学生伤害事故的不利后果也是不合理的。但当事人或家属的一些过激行为,不能客观公正地传递事件的真相,扰乱视线,通过社会舆论的影响给学校施压,在学生伤害事故处理实务中,有加重高校责任的趋势。

具体来看,根据造成事故的不同原因,高校学生人身伤害事故的责任划分不同。第一,学生自身因素造成的高校学生人身伤害事故。根据我国《教育法》第二十九条、《教师法》第八条、《普通高等学校学生管理规定》第三条和第四十条的规定,高等学校与成年大学生的关系主要是教育管理关系。我国《民法通则》也规定年满18周岁的人是完全民事行为能力人。我国高校大学生年龄一般都在 18 周岁以上,具有完全行为能力和责任能力,能正确判断是非和预见危害后果,能以自己的行为和判断取得各项权利、承担相应义务。学生自身因素造成的高校学生人身伤害事故情形是完全由学生自己的过错引起的,他们理应对自己的意外事故后果负责,事故的责任应当按有关法律法规或者其他有关规定认定,而不应该由学校承担责任,但学校可以遵循公平原则,对学生及其家庭进行人道主义关怀。

第二,外在因素造成的高校学生人身伤害事故。根据《办法》第十二条第(二)款、第(五)款、第(六)款规定,来自学校外部的突发性、偶发性侵害造成的伤害,在对抗性或者具有风险性的体育竞赛活动中发生意外伤害的,或者其他外在因素造成的学生伤害事故,学校已履行了相应的义务,在可以预测到的前提下进行预警,在能采取补救措施的情况下采取措施及时有效,没有使得不良后果恶化,行为并无不当的,学校不承担法律责任。具体而言,在学校安排学生参加的活动中,场地、设备、交通工具等服务的经营者或者学校以外的活动组织者有过错造成学生意外伤害事故,学校的组织并无不当的,应由其他服务提供者或者组织者根据过错程度承担责任;对于那些由在校其他学生或其他外来人员的故意或过失侵害行为造成的学生人身伤害,如果学校的安全管理措施并无不当,应当由实际的加害人承担主要法律责任。如高校的安全措施存在明显疏漏或学校对事故的发生或者损失的扩大存在过错,则承担与其过错程度相应的法律责任;因学校教师或者其他工作人员与职务无关的个人行为造成学生人身伤害的,由致害人依法承担相应的责任。①

(四)高校学生人身伤害事故的案例分析

案例

案例介绍:

原告李某与被告赵某均系被告某校学生。某日下午,由体育老师安排参加篮球教学活动,在热身准备过程中,原告与赵某发生相撞,导致原告眼、脸部受伤。经法医临床学鉴定,原告左眼眶底骨折、左眼下直肌嵌顿,构成轻伤。原告李某称:原告按照被告学校体育老师的要求进行热身准备,在排队跃触栏板的过程中,与被告赵某发生相撞,导致受伤,认为是学校管理措施不严谨,赵某练习动作不准确所导致,故两被告应对他的受伤负责。要求他们赔偿医疗费、营

---

① 王丹、郝红梅:《浅析高校学生人身伤害事故的法律责任》,载《湖北第二师范学院学报》2011年第6期。

养费、交通费、鉴定费、伤残补助费等共计人民币46066.3元。

法院认为：李某受伤事件发生于学校上课期间，其性质应根据客观事实和法律规定予以确定。就赵某而言，学生按老师的要求进行体育锻炼，并无过错。就学校而言，按教学大纲实施教学亦无过错，且李某受伤事件发生于瞬间，要求老师采取措施保证避免亦不切实际。因此，本案李某受伤事件应属意外事件。根据法律的规定，当事人对造成损害都没有过错的，可以根据实际情况，由当事人分担民事责任。根据《中华人民共和国民法通则》第一百三十二条、《中华人民共和国民事诉讼法》第一百五十三条第一款之规定，做出判决如下：一、学校给付李某人民币16576元。二、赵某给付李某人民币5712元。案件受理费3706元、鉴定费700元，合计人民币4406元，由李某承担人民币880元，学校负担人民币2206元，赵某负担人民币1320元。

案例关键：

本案涉及的主要问题就是事故的性质与民事责任的承担问题。从事故发生的过程来看，根据查明的事实，原告所受伤害是在上体育课期间，按照老师的布置在进行运动前热身过程中，与第二被告发生相撞事故导致。就原告而言，学生按老师的要求进行体育锻炼，不存在过错的情况；反过来，就第二被告而言也是同理。对老师而言，因为该老师的授课，是按照教育部门审核批准的教学大纲进行的，并无偏差或越轨之举；与此同时，整个事故是在瞬间发生的，因此，要求老师及时采取措施保证避免等也是不切实际的要求。所以此事故的发生属意外事件，三方均没有过错。判断学校有无过错时，要避免不从个案的具体情况分析，而是认为学生只要在学校发生了事故，学校就应承担过错责任。这种认识与实践，是与过错责任原则相悖的。

案例解析：

我国《民法通则》第一百三十二条明确规定："当事人对造成损害都没有过错的，可以根据实际情况，由当事人分担民事责任。"本案是意外事件，当事人都无过错，在这种情况下，适用公平原则，是合理的，也是必要的。法院最终也是按照公平原则，判决由当事人酌情分担原告的损失，并且判决的用词是"给付"而不是"赔偿"。

第一，发生学生体育伤害事故，学校应当及时救助受伤害的学生，并且应当及时通知未成年学生的监护人；有条件的，应当采取急救措施。

第二，发生严重学校体育伤害事故，学校应当向主管教育的行政部门及有关部门报告，属于重大事故的，教育行政部门应向同一级人民政府或上一级教育行政部门报告。

第三,学校的主管教育行政部门应学校要求或有必要,可以指导或协助学校进行事故的处理,尽快恢复正常的教育教学秩序。

第四,体育伤害事故,学校与受伤害学生家长可以通过协商方式解决;双方自愿,也可以请求主管教育行政部门进行调解,成年学生和未成年学生的监护人也可以依法直接提起诉讼。

第五,教育行政部门收到调解申请,认为必要的,可以指定专人进行调解,并在受理之日起60日内完成调解。双方达成一致意见,应当在调解人员的见证下签订调解协议。调解期内,双方不能达成一致意见,可以提起诉讼,终止调解。

第六,事故处理结束,学校应当将事故处理结果书面报告主管教育的行政部门;重大伤亡事故的处理结果,应向同级人民政府和上一级教育行政部门报告。

三、涉财损失类

1. 概述

大学生的财产安全,主要是指大学生在学校期间所带的现金、存折、购物卡、学习及生活用品等不受侵犯。由于大学生涉世不深,不善于保管自己的钱物,又是集体生活的特殊群体,大学生的财产就成了盗窃、抢劫、诈骗、敲诈勒索等不法分子侵害的重点对象。

涉财损失类突发事件是指学生财产在突发事件中受到损害,主要分为校内财产损失和校外财产损失。

2. 大学生财物的特点

大学生的财物,主要是指保障大学生个人学习、生活的经费,学习、生活用品。具体包括现金(银行卡、购物卡、存折)、书籍、笔记本电脑、计算器、手机、照相机、自行车、衣物等。

其特点:普遍时尚、互相通用,多数是无特殊印记的有价物品;物体小、价值高、精美实用,便于学生的学习、生活、娱乐活动而随身携带;多数物品存放在学生宿舍,有的则放在教室、图书馆、食堂、校园等公共娱乐场所,比较显现,随时随处可见;是保障学生学习、生活、完成学业的基本物质条件。一旦被盗,不但学习、生活受到影响,而且会给学生心理造成一定负担。只有认识大学生财物的这些特点,才能更好地确保其财物安全。

3. 程序设置

如果学生发生了意外财产损失,它的一般处理程序为:

① 及时赶到现场了解情况,并报警。在校内的,要立即向学校保卫部门反映情况;在校外的,立即向当地派出所反映。应在报案后注意保护现场。切忌发现被盗后,急于清点东西,而立即翻动箱子、柜子、抽屉等破坏现场;如果存折、银行卡、汇款单被盗,应立即带身份证到银行、邮局挂失,同时到公安机关报案,并实事求是地向公安机关提供被盗的相关情况,协助公安机关破案。

② 启动相应的应急预案。判定财产损失类突发事件的性质是属于盗窃、抢劫、诈骗还是其他;根据不同情况启动相应的应急预案。

③ 及时向上级汇报情况。

④ 关注相关人员的心理状况,及时疏导。对于损失财产的学生应密切关注他们的心理动态。有些学生会沉浸在丢失财产的懊悔和自责中,产生负面情绪,影响正常的学习和生活。如果发现此类情况,应及时疏导,与家长联系、反映情况;程度严重者,需联系专业的心理专家进行治疗。

⑤ 有关部门或人员做好事件总结,形成书面材料上报到学校。

4. 证据固定

证据固定是突发事件处理过程中的关键步骤。突发事件处理的全部过程,就是收集、审查、判断证据和运用证据证明突发事件发生的既定事实,在此基础上适用相应处理规定进行处理的过程。因此,前期的证据收集和固定对突发事件的处理来说至关重要。

对于盗窃类突发事件,需要注意现场的保护,不要破坏现场,影响公安机关的调查;对于抢劫类的突发事件,在保护好自身生命安全的前提下,注意观察、牢记抢劫者的相貌、衣着、举止等特征,便于向公安部门提供更多线索;对于诈骗类突发事件,留存好诈骗者的电话或者聊天记录,做好证据收集和固定。

5. 责任划分

学校在突发事件的处理过程中,要根据实际情况明确当事人的责任,尤其是学校本身作为当事人时,有责任主动承担,不推诿、不掩盖;无责任时要勇于不承担、不过分援助;公平责任时要体现出一个教育机构应有的社会责任感,给予另一方责任范围内最大的人道主义关怀。

对于发生在校内的财产损失类突发事件,学校需要进一步加强校内的保卫工作,避免类似事情的发生;对于发生在校外的财产损失类突发事件,学校需要积极配合公安部门工作。在平时的学生教育中,要加强学生财产保护意识的教育,引导学生提高警惕;对于遭遇财产损失的学生,给予密切关注和关心,必要时给予物质资助。